Gerlinde Lill

Das Krippenlexikon
Von Abenteuer bis Zuversicht

Gerlinde Lill

Das Krippenlexikon

Von Abenteuer bis Zuversicht

verlag das netz
Weimar · Berlin

Bitte richten Sie Ihre Wünsche, Kritiken und Fragen an:
verlag das netz
Redaktion Betrifft KINDER
Kreuzstr. 4
13187 Berlin
Telefon: +49 30.48 09 65 36
Telefax: +49 30.48 15 686
E-Mail: evagrueber@verlagdasnetz.de

ISBN 978-3-86892-032-1

Lektorat: Erika Berthold
Zeichnungen: Tasche
Gestaltung: Jens Klennert, Tania Miguez
Druck und Bindung: Druckhaus Gera GmbH
Printed in Germany

Weitere Informationen finden Sie unter www.verlagdasnetz.de

Inhalt

Vorwort

Liebe Leserin, lieber Leser,

zehn Jahre ist es her, seit Waltraud Sporleder und ich das Buch »Von Abflugrampe bis Zwischenlandung – Qualitätslexikon für Krippenprofis«[1] veröffentlichten. Heute ist das Interesse an diesem Thema größer denn je, denn auch in den westlichen Bundesländern setzt sich langsam die Erkenntnis durch, dass der frühe Besuch einer Kindertagesstätte nicht nur eine Chance für berufstätige Eltern ist, besonders für Mütter, sondern ebenso für die Kinder. Plötzlich werden überall Betreuungsplätze für Kinder geschaffen, die jünger als drei Jahre sind. Eine Fülle von Fragen taucht auf, Tagungen und Seminare boomen. Der Bedarf an Informationen und Anregungen steigt, und so erschien es mir sinnvoll, eine Neufassung des Buchs zu starten.

Ein Blick zurück

Um die Jahrtausendwende war Qualität das meiststrapazierte Wort. Qualitätsinitiativen wurden auf den Weg gebracht, Einschätzskalen und Managementverfahren aller Couleur wurden entwickelt und Qualitätshandbücher geschrieben. Die Politik investierte in Projekte, und vor allem freie Träger ließen es sich allerhand kosten, angesichts der wachsenden Konkurrenz zertifiziert und mit Qualitätssiegel auftreten zu können.

Hintergrund für den Qualitätsboom war das Bemühen, der Beliebigkeit in der Arbeit mit Kindern ein Ende zu bereiten und – bei aller gewünschten Unterschiedlichkeit von Konzepten – flächendeckend ein hohes professionelles Niveau zu sichern. Doch was ist ein hohes Niveau? Was macht Professionalität aus?

So lange nicht grundsätzlich geklärt ist, was gute Arbeit mit Kindern kennzeichnet, an welchen Zielen sie sich ausrichtet und auf welchen Annahmen sie basiert, bleibt es dabei:

Ich finde dies, und du findest das. Lauter Findefüchse sind unterwegs: Qualität von Ansichtssache bis Zufall. Es wurde Zeit, dem zu begegnen und Verbindlichkeit herzustellen.

Mit dem Zusammenschluss der beiden deutschen Staaten waren zudem zwei völlig unterschiedliche Gesellschafts- und Bildungssysteme aufeinander ge-

1 Erschienen im Luchterhand Verlag, Neuwied/Kriftel/Berlin 2000

troffen. Und damit unterschiedliche Biografien, Bildungsvorstellungen und Berufsbilder.

Leider hat das eine System das andere »geschluckt«, statt beide gleichermaßen durchzukauen und zu verdauen – aus meiner Sicht eine der verpassten Chancen der deutschen Einigung. Statt Auseinandersetzungen über Erfahrungen und Orientierungen in Ost und West zu führen und gemeinsame Visionen zu entwerfen, setzte eine riesige Anpassungs- und Umschulungswelle ein.

Nicht nur, dass für die Kolleginnen aus Ostberlin und den neuen Bundesländern nun alles anders war, dass sie ihre Erfahrungen und Kompetenzen abgewertet sahen – es trat ein verwirrender Zustand ein: Dem Zugewinn an Freiräumen für Eigeninitiative stand Verunsicherung durch das Fehlen von Vorgaben gegenüber. Erschwerend kam hinzu, dass ständig neue Parolen ausgegeben wurden: »Die Kindertagesstätte als Dienstleistungsbetrieb«, »Eltern als Kunden« oder »Profilierung«.

Ich erinnere mich an wachsende Genervtheit und die allgegenwärtige Dauerfrage: Was sollen wir denn nun machen? Was ist richtig?

Man sollte meinen, dass diese Fragen mittlerweile beantwortet sind. Schließlich hat kaum jemand nicht über Qualitätsansprüche und deren Umsetzung in der Praxis debattiert. In vielen Trägerorganisationen wurden Standards entwickelt, die vorgeben, was zu leisten ist. Und nicht zu vergessen: In allen Bundesländern gibt es seit Mitte der 1990er Jahre verbindliche Orientierungspläne oder Bildungsprogramme, denn nach dem PISA-Schock rückte Bildung als neuer Heilsbegriff in den Vordergrund, und Qualität tritt nur noch als Bildungsqualität auf.

Doch es scheint, dass Orientierungspläne kaum orientierend wirken und Bildungsprogramme Bildung nicht sichern. Jedenfalls nicht in dem neuen Geist, der postuliert wird: Das Kind als von Anfang an kompetentes Wesen, das sich in der Auseinandersetzung mit seiner Welt bildet, Erzieherinnen als Begleiterinnen und Wegbereiterinnen seines Bildungsprozesses, die dabei selbst Lernende sind.

Obwohl aufwändig implementiert und evaluiert wird – das gewünschten Umdenken und Umhandeln greift allenfalls zaghaft Raum. Einstellungswandel lässt sich eben nicht implementieren. Im Gegenteil: Je mehr Vorgaben von außen hereinschallen, desto mehr wird »abgearbeitet« und desto geringer ist die Wahrscheinlichkeit, dass sich innere Orientierungen wandeln können.

Der Blick nach vorn

Nach meiner Überzeugung muss es gegenwärtig und künftig darum gehen, Klarheit und Gelassenheit zu gewinnen. Denn angesichts von PISA-Panik und Bildungswahn dreht sich das Karussell aus Druck und Anforderungen, aus Messen und Fördern immer schneller und startet immer früher. Darunter leiden alle – Kinder, Eltern und Pädagogen. Die Freude am Leben und an der Arbeit gerät dabei manches Mal in Gefahr, die Freude am Lernen und an Entwicklung gleich mit.

Zum Glück formiert sich Widerstand in allen Bereichen des Bildungssystems. Die Hochschulen sind in Aufruhr, in Schulen bewegt sich ebenfalls etwas – wenn auch noch zögerlich. Doch immerhin zeigen viele »Geschichten des Gelingens«, zum Beispiel im »Archiv der Zukunft« gesammelt, eine ermutigende Tendenz. Die Schule lernt![2]

Und der vorschulische Bereich? Öffnungsprozesse haben Mühe, sich gegen Tendenzen der Verengung und Verschulung durchzusetzen. Aber es gibt Gegenwind: So veröffentlichte das Netzwerk Bildung 2008 ein Positionspapier, das für ein verändertes Verständnis frühkindlicher Bildung und pädagogischer Professionalität argumentiert. Auch dieses Buch will einen Beitrag dazu leisten.

Kita-Teams, Erzieherinnen und Leiterinnen sind gefordert, sich Klarheit zu verschaffen und Position zu beziehen. Sie sind die ersten pädagogischen Profis, mit denen Kinder und Eltern zu tun haben. Ihr Handeln und Verhalten hat Wirkung. Denn welche Erfahrungen Kinder und vor allem ihre Eltern in der ersten Stufe des Bildungssystems machen, geht in ihre Vorstellungen über Entwicklung, Entwicklungsziele und förderliche Entwicklungsbedingungen ein.

Auch darum ist es so wichtig, sich im Team zu verständigen, worum es bei der Arbeit mit Kindern geht, wie Qualität verstanden und in einem Haus gelebt werden soll.

Leiterinnen nehmen im Prozess der Klärung und Positionierung eine Schlüsselposition ein – und zwar sowohl innerhalb der Teams als auch in den Träger-

2 Siehe: www.adz-netzwerk.de
3 Siehe: www.netz-werk-bildung.de

organisationen. Sie können gemeinsam Einfluss nehmen, wohin die Reise gehen soll.

Berufliche Erfahrungen über die Grenzen der unmittelbaren eigenen Arbeitssituation hinaus miteinander zu diskutieren und zu klären, was als Bildungsqualität zu definieren ist, halte ich noch immer für die beste Form, Qualitätsentwicklung voranzutreiben.

Stichwörter für die Praxis

Die Diskussion unter Praktikerinnen und mit Eltern zu unterstützen war damals und ist heute das Anliegen des Buches. Persönliche Erfahrungen und subjektive Wahrnehmungen werden beschrieben, eherne Wahrheiten werden nicht verbreitet.

Die inhaltlichen Positionen sind – so hoffe ich – eindeutig erkennbar. Trägt dies zur Bestätigung und Auseinandersetzungen bei, macht es Mut, sich auf einen offenen Prozess der eigenen und gemeinsamen Entwicklung einzulassen, umso besser. Nichts anderes ist Bildung – bei Kindern wie Erwachsenen. Kurz: Dies ist ein Arbeitsbuch, hoffentlich mit Streit- und Orientierungspotenzial.

Die Idee, Stichwörter entlang des Alphabets aufzulisten und mal kurz, mal ausführlicher abzuhandeln, hat sich bewährt: Leserinnen und Leser können sich schnell einen Überblick über den Inhalt verschaffen und Texte gezielt herausgreifen.

Manche Stichwörter in der Neufassung gleichen zwar dem Vorgänger, wurden aber inhaltlich überarbeitet. Eine große Zahl von Begriffen und Beiträgen kam hinzu. Und es könnten noch mehr werden, denn ständig denke ich: Dies könnte, das müsste auch noch...

Doch Mut zur Lücke, sonst wird das Buch zu dick.

Über die Autorinnen

Seinerzeit waren wir zu zweit. Waltraud Sporleder, damals gerade in den Ruhestand getreten, brachte 30 Jahre Krippenerfahrung mit. Sie konnte aus einer Fülle von Erlebnissen schöpfen und berichtete von den Veränderungsprozessen, die in den 1970er Jahren in Westberlin einsetzten und an denen sie maßgeblich beteiligt war. Ihre Erinnerungen[4] sind heute noch so interessant, weil sie den Wandel der Berufsrolle in der Arbeit mit jungen Kindern markieren.

Zudem war Waltraud Sporleder 25 Jahre lang stellvertretende Leiterin, was ihr den speziellen Blick auf Probleme der Zusammenarbeit in einer großen Einrichtung mit mehreren Abteilungen, verschiedenen Altersgruppen und unterschiedlichen pädagogischen Vorstellungen ermöglichte. Deshalb beschlossen wir am Ende ihrer Berufszeit, den Schatz ihrer Erfahrungen gemeinsam zu heben und anderen Menschen zugänglich zu machen.

In unserem Autorinnenduo verbanden sich Innenansicht und Draufsicht, denn ich hatte das Team und die Leiterinnen jahrelang fachlich begleitet. Bei aller Unterschiedlichkeit der beruflichen Wege waren wir zu ähnlichen Schlussfolgerungen gekommen – eine ideale Voraussetzung für das gemeinsame Buchprojekt.

Für die Überarbeitung und Neufassung war ich nun zwar allein zuständig, aber die Spuren Waltraud Sporleders sind dennoch zu entdecken. Und sie hinterlässt neue Spuren. Seit 2008 ist sie zurück an ihrem alten Wirkungsort – als Begleiterin der neu eingerichteten Wochenendübernachtungs-Kita. Einige Beispiele und Briefe aus jüngster Zeit zeugen in diesem Buch davon.

Wort und Bild

Wörter haben bekanntlich nur begrenzte Wirkung, sei es in gesprochener oder geschriebener Form. Geschriebenes illustrieren und das Denken beflugeln – das kann Tasche[5], die wunderbare Zeichnerin, besonders gut. Mit spitzer Feder gelingt es Ihr, auf den Punkt zu bringen, wofür ich viele Sätze brauche.

Ich hoffe, dass ihre Zeichnungen die Leichtigkeit verstärken, um die ich mich beim Schreiben bemüht habe, und dazu beitragen, dass Sie beim Lesen hin und wieder etwas zu lachen haben.

Berlin, im März 2010
Gerlinde Lill

4 Siehe das Kapitel »Damals war's«
5 Im wirklichen Leben heißt die junge Frau Natascha Welz.

Waltraud Sporleder: Damals war's

Blicke ich auf die Anfänge meiner »Krippenkarriere« zurück, kommt es mir vor, als ob es sich um ein längst vergangenes Zeitalter handelt, so vollständig anders sah es damals in der Krippe aus. Als ich vor 30 Jahren nach dreijähriger Mutter-Kind-Pause – so gehörte sich das – meine Arbeit in der Krippe aufnahm, handelte es sich weniger um meinen Traumberuf, sondern vielmehr darum, ein privates Problem zu lösen. Mein dreijähriger Sohn entwickelte sich langsam zu einem kleinen Tyrannen. Mir wurde klar, das dieses Kind nicht nur Mutter und Vater, sondern dringend den Umgang mit anderen Kindern brauchte. Und wohl auch mit anderen Erwachsenen, die ihm nicht in gleicher Weise untertan waren wie wir.

Einige Anekdoten mögen die Dringlichkeit verdeutlichen:

Bemüht, dem Sohn gleichaltrige Spielgefährten zu verschaffen, knüpfte ich Kontakte mit anderen Müttern. Leider endeten die Zusammenkünfte meist in einer mittleren Katastrophe, denn mein kleiner Prinz wollte sein Reich um keinen Preis teilen. Das unerhörte Ansinnen, einem anderen Kind ebenfalls einen Keks zukommen zu lassen, löste so einen Wutanfall und Schreikrampf aus, dass der Junge blau anlief und keine Luft mehr bekam. Wiederbelebungsversuche – in der gewünschten Form ausschließlicher Zuwendung – waren erfolgreich. Der Zweck der Übung auch: Das andere Kind verschwand und ward nicht mehr gesehen.

Auf dem Spielplatz konnte mein Sohn sich munterem Tun nicht widmen, weil er die ganze Zeit Schippen, Eimer und Förmchen verteidigen musste, ob sich jemand dafür interessierte oder nicht. So stand er immer unter Spannung und umklammerte sein Eigentum. Auch ich fand nur wenig Kontakt zu anderen Müttern, obwohl ich den Austausch suchte und bestimmt zwei Jahre lang sämtliche Spielplätze im Umkreis abgraste. Man wollte mit uns nichts zu tun haben.

Aus Hilflosigkeit, Verzweiflung und weil wir nicht wussten, wie wir dieser ausgeprägten Ichbezogenheit begegnen sollten, beschlossen wir, den Jungen in einer Kita anzumelden. In der Hoffnung, dass er im täglichen Umgang mit vielen Kindern und Erwachsenen ein normales Verhältnis zu anderen Menschen und soziales Verhalten entwickeln würde.

Gesagt, aber leider nicht getan, denn es stellte sich heraus, dass wir keine Chance hatten, unseren Sohn in einer Kita unterzubringen, da ich nicht berufstätig war. Die Alternative, einen Kinderladen zu suchen oder zu gründen – das wurde in dieser Zeit in Westberlin gerade aktuell – war mir nicht bekannt und wäre damals auch nicht meine Welt gewesen. Also, was tun?

Nach vielen Bemühungen und Absagen wurde mir in der neu gegründeten Betriebs-Kita des Krankenhauses Westend ein Platz für mein Kind in einer altershomogenen Kindergartengruppe geboten – gegen die Bereitschaft, in der Krippe eine Stelle als Säuglingsschwester zu übernehmen. Zwar war ich Krankenschwester mit dem Schwerpunkt OP-Bereich und mit einer Zusatzqualifikation für Säuglinge, hatte bisher aber ausschließlich im Krankenhaus gearbeitet. Kindertageseinrichtungen kannte ich erst von innen, seit ich dort einen Platz suchte. Ich hatte also weder berufliche Erfahrungen in diesem Arbeitsfeld noch irgendeine Vorstellung davon, was Krippenarbeit bedeutete. Auf beides kam es offenbar auch nicht an.

Meine persönliche Einstellung zur Krippe war zwiespältig, um nicht zu sagen: ablehnend.

Zum einen war ich fest überzeugt, dass ein Kind in den ersten Lebensjahren zur Mutter gehört. Ich wuchs in einer »heilen« Familie auf, in der alles seine »Richtigkeit« hatte: Die Mutter sorgt für Haushalt und Kinder, der Vater verdient das Geld. Diese traditionelle Arbeitsteilung schien mir richtig und erstrebenswert, wenn ich auch im Hinterkopf hatte, nach der Kinderpause wieder zu arbeiten.

Zum anderen war das, was ich auf meiner Odyssee durch Berliner Kindertagesstätten zu sehen bekam, nicht sehr ermutigend. Insbesondere die Krippen wirkten eher abschreckend und bestätigten meine Vorbehalte.

So nahm ich das Angebot zwar skeptisch, aber in der Hoffnung an, zwei Fliegen mit einer Klappe schlagen zu können: ein Platz für mein Kind und für mich mal was anderes als Haushalt und Familie. Der neue Wirkungskreis war eine Herausforderung für mich, und so freute ich mich letztlich – trotz aller Einwände verschiedener Seiten – auf die Arbeit.

Die Ernüchterung kam schnell. Die Situation, die ich in der Krippe vorfand, sah so aus:

17 Säuglinge im Alter von acht Wochen bis zu einem Jahr wurden von drei Säuglingsschwestern betreut. Da es sich um eine Betriebs-Kita des Krankenhauses handelte, gab es schon damals lange Öffnungszeiten, von 5.45 bis 20.15 Uhr. Die Kinder waren im Schnitt zwischen acht und neun Stunden in der Krippe – je nach Schichtdienst der Eltern zu wechselnden Zeiten.

Rein äußerlich erinnerte mich die Krippe an eine Hühnerfarm. Weiße Wände, weiße Gitterbetten, weiße Bettwäsche, weiße Kittel, Mundschutz, Haube, Gummischuhe. Die üblichen Schutzhandschuhe hatten wir – fortschrittlich, wie wir waren – schon abgeschafft. Aber nach jeder Berührung eines Kindes wurde sofort alles desinfiziert. Es herrschte regelrechter Reinlichkeitswahn. Hygiene war oberstes Gebot, begünstigt durch den beruflichen Hintergrund der Eltern, die alle im Krankenhaus arbeiteten und nichts anderes gewohnt waren. Über Pädagogik wurde nie gesprochen.

Wie ein Paket wurde jedes Baby morgens am Tresen abgegeben, gebadet, gewogen, in anstaltseigene Kleidung gesteckt und in sein Bettchen verfrachtet. Das war's. Mehr passierte nicht mit dem Kind – bis zur nächsten Mahlzeit.

Die größeren Kinder wurden außerhalb ihrer Schlafzeiten höchstens mal in ein Laufgitter gesteckt. Sportlichere Typen kletterten schon mal raus, wurden aber schnell wieder eingefangen und eingesperrt, natürlich als Schutzmaßnahme.

Die Schlaf-, Wickel- und Essenszeiten wurden streng eingehalten. Extrawürste gab es nicht. Das wäre auch gar nicht möglich gewesen, denn bei der großen Anzahl von Kleinstkindern im Verhältnis zu den wenigen Erwachsenen blieb keine Zeit für individuelle Zuwendung. Man hielt sich grundsätzlich an den starren Tagesablauf. Protestierten die Kinder, bekamen sie einen Schnuller in den Mund.

Die Isolation der Kleinkinder aus hygienischen Gründen trug aus heutiger Sicht fast unmenschliche Züge: Eltern durften die Krippe nicht betreten, am Tresen war Schluss. Damals wurde mir klar, wie sie sich fühlen müssen, wenn von ihnen verlangt wird, ihr Kind sang- und klanglos abzugeben, ohne jede Möglichkeit eines sanfteren Übergangs oder die Chance, Einfluss zu nehmen.

Besuche von Erzieherinnen und größeren Kindern aus anderen Abteilungen waren natürlich ebenfalls nicht erlaubt. So musste ich mit ansehen, wie mein Sohn unglücklich und weinend an der Scheibe klebte und die Welt nicht mehr verstand. Er durfte nicht zu seiner Mama und sah, wie sie sich um andere Kinder kümmerte. Man muss sich vorstellen, was das für ein dreijähriges Kind bedeutet! Und erst recht für meinen Sohn, der noch nicht mal die Schippe abgeben wollte... Seine Trauer schlug schnell in Aggression um. Das wiederum führte zur Vermutungen seiner Erzieherinnen, bei uns zu Hause sei etwas nicht in Ordnung. Einen anderen Grund konnten sie sich nicht vorstellen.

Heute noch fragt mich mein Sohn: »Wie alt war ich eigentlich, als du mich weggeben hast?« Das hört sich fast so an wie: »Wann hast du mich zur Adoption freigegeben?«

Manchmal wünsche ich mir, ich könnte die Zeit zurückdrehen. Dann würde ich mich anders verhalten, nicht so angepasst, und würde nicht alles akzeptieren, egal, wie furchtbar es mir erscheint.

Aber damals? Wir waren auf einem ganz anderen Stand, mir fehlten Erfahrungen und die Sicherheit einer klaren Position. Mit wachsender Verzweiflung sah ich der immer mehr eskalierenden Entwicklung zu.

Zum Glück war ich nicht die einzige, die schließlich zu dem Schluss kam: Das muss ein Ende haben. Die Erzieherin tat den ersten Schritt, und nach einer Absprache zwischen uns durfte mein Sohn zu seiner Mama. Von nun an ging's bergauf. Die Öffnung der Krippe war nicht mehr aufzuhalten.

Das ging natürlich nicht von heute auf morgen. Es war ein jahrelanger, oft mühsamer Prozess, in dessen Verlauf ich für mich klärte: Wie muss die Arbeit mit jungen Kindern gestaltet werden, damit sie und ihre Eltern sich wohl fühlen? Was muss sich ändern, damit die Krippe eine Bereicherung und kein schrecklicher Notbehelf mehr ist? Die Überwindung meiner eigenen Vorbehalte – Krippe ist immer schlecht – durch eine differenziertere Sichtweise – Krippe ist unter bestimmten Voraussetzungen förderlich für Kinder – verliehen mir die Überzeugungskraft, bei Eltern und Kolleginnen für eine gute Krippe zu werben.

Schritt für Schritt veränderten sich unsere Bedingungen und Arbeitsweisen:

- Die Türen wurden geöffnet, Barrieren wurden abgebaut, Eltern und Kinder aus anderen Abteilungen waren willkommen.
- Die Hygienehysterie wurde langsam abgebaut: Kinder durften aus ihren Bettchen und auf dem Fußboden krabbeln. Diese Veränderung fiel mir keineswegs leicht, denn ich hatte gelernt, dass Kleinstkinder möglichst vor allen Bakterien geschützt werden müssen. Erst allmählich setzte sich die Erkenntnis durch, dass durch den Kontakt mit Bakterien Abwehrkräfte aufgebaut werden und die Kinder gerade dadurch ihr Immunsystem entwickeln können.
- Die Laufgitter wurden abgeschafft.
- Die weißen Kittel verschwanden, Mundschutz und Hauben auch. Die OP-Schuhe dagegen blieben lange erhalten, weil damit vermieden werden konnte, Straßenschmutz einzuschleppen.
- Die Räume wurden anregend gestaltet. Keine kalkweißen Wände mehr, bunte Bettwäsche, Bilder an den Wänden, Tische und Stühle in Kindergröße.
- Pädagogisch sinnvolles Spielmaterial wurde angeschafft. Es gab nicht mehr nur Rasseln und Beißringe.
- Der starre Tagesablauf wurde aufgebrochen, individuelle Schlaf- und andere Bedürfnisse wurden berücksichtigt.
- Wir setzen uns mit der Frage auseinander, wie der Anfang zu gestalten sei.

In den achtziger Jahren wuchsen die pädagogischen Ansprüche im gesamten Arbeitsfeld. Eltern wurden als wichtige Partner erkannt und einbezogen. Man besuchte gezielt Fortbildungen und holte sich Beratung. Anregungen durch Hospitationen in anderen Einrichtungen, in anderen Städten und anderen Ländern brachten neue Impulse. Legendär: die Reisen nach Reggio Emilia.

Gemeinsam entwickelten wir ein pädagogisch durchdachtes Krippenkonzept. Im Verlaufe dieses Prozesses entspannte sich nicht nur meine persönliche Situation und die meines Sohnes, sondern der Stellenwert der Krippe veränderte sich – auch in den Köpfen von Eltern und Kolleginnen.

Zwar war diese Zeit aufregend und anstrengend, aber auch erfolgreich und animierend. Wir hatten etwas bewegt und erhielten dafür Anerkennung von außen, was neue Energien für weitere Vorhaben freisetzte. Die Anstrengungen hatten sich gelohnt, und zwar nicht nur für die folgenden Generationen von Kindern und Eltern, sondern auch für uns selbst. Wir hatten in unserem Arbeitsalltag ein Stück Lebensqualität geschaffen, und unsere Krippe hatte weithin einen guten Ruf. Wenn ich es mir recht überlege, bin ich stolz auf diese 30 Jahre.

Blicke ich zurück, stellt sich die Frage, welche Bedingungen die Veränderungsprozesse damals vorantrieben. Was waren auslösende Elemente? Was wirkte sich förderlich aus?

- Der Arbeitskräftemangel in Westberlin führte zur Werbung um Frauen – auch mit Kindern. Daraus folgten die wachsende Bedeutung und der Ausbau der Kindertagesstätten überhaupt, aber auch der Krippe;
- der Arbeitskräftemangel im Krankenhausbereich: Man suchte qualifizierte Krankenschwestern und bot ihnen eine Betriebs-Kita mit Krippe und langen Öffnungszeiten an, um sie zu gewinnen;
- die gesamtgesellschaftliche Entwicklung, Diskussionen über Pädagogik, Stichwort: Kinderläden, antiautoritäre Erziehung. Sauberkeitsdenken, Disziplin, Ordnungsprinzipien – alles wurde in Frage gestellt. Daraus erwuchs schließlich auch eine andere Bewertung der Krippenbetreuung;

- die persönliche Betroffenheit von Eltern und die Unzufriedenheit mit den bestehenden Verhältnissen und Zwängen;
- Einblicke der Eltern, zum Beispiel durch Stillzeiten, und veränderte Sichtweisen sorgten für Erwartungsdruck;
- das wachsende Bedürfnis nach Erfahrungsaustausch, Kommunikation und Anerkennung der eigenen Arbeit bei Krippenerzieherinnen;
- die Intensivierung der Zusammenarbeit mit Eltern führte zu einer anderen Gewichtung: Eltern wurden einbezogen, statt sie tunlichst rauszuhalten. Dadurch fand ein Perspektivenwechsel statt;
- Anregungen und Einflüsse von außen lieferten Erkenntnisse und zeigten neue Wege auf: Fortbildung und Beratung, Forschung und Modellprojekte, Hospitationen in anderen Einrichtungen und in anderen Ländern, zum Beispiel in Reggio Emilia;
- der Personalschlüssel wurde deutlich verbessert und damit die Voraussetzung geschaffen, sich einzelnen Kindern ausgiebiger zuwenden zu können. Außerdem gewannen wir Zeit, konzeptionelle Überlegungen anzustellen;
- die Auflage, dass in der Krippe nur Säuglingsschwestern arbeiten dürfen, wurde aufgehoben. Bedingung wurde die Erzieherinnenausbildung – ein weiteres Indiz für eine veränderte Einordnung der Krippenarbeit.
- daraus folgte die Nachqualifizierung der Mitarbeiterinnen im Krippenbereich und damit ein anderer Status, ein anderes Selbstbewusstsein und Selbstverständnis.

Und was waren Erschwernisse auf diesem Weg?
- Die Krippen gehörten ursprünglich nicht zur Jugendverwaltung wie die Kindertageseinrichtungen, sondern zum Gesundheitsbereich. Daher die übertriebenen Hygiene- und sonstigen Auflagen, die umgangen werden mussten;
- Reaktionen auf einen furchtbaren Brand in einer Westberliner Einrichtung 1976 führten zu scharferen Brandschutz-Auflagen, die so manche Veränderung der räumlichen Gestaltung verhinderten oder erschwerten;
- die Missachtung durch Kolleginnen in anderen Abteilungen, die lange Zeit weder Interesse noch Unterstützung, geschweige denn eine Zusammenarbeit für nötig hielten. Allerdings: Je häufiger Kinder von Kolleginnen in der Krippe betreut wurden, die Frauen mehr Einblick bekamen und eigene Erfahrung sammelten, desto mehr gaben sie diese Haltung auf;
- gegen das Rabenmutter-Vorurteil, gegen das Bild von der Krippe als Notprogramm und Aufbewahrungsort mussten wir lange ankämpfen.

Viele der früheren Hindernisse sind mittlerweile aus dem Weg geräumt, aber nicht alle. So nehmen in den letzten Jahren Auflagen für Hygiene und Brandschutz nicht ab, sondern zu. Bei aller Berechtigung von Schutzmassnahmen, damit Kinder nie mehr in eine Feuerfalle geraten, ist zu bedenken, ob all diese Auflagen wirklich sinnvoll sind und an welchen Punkten sie die Qualität der Arbeit behindern.

Und was die Bewertung der Arbeit mit Kleinstkindern sowie die dafür erforderlichen fachlichen und persönlichen Kompetenzen betrifft, sind wir nur unwesentlich weitergekommen. Innerhalb des Berufsfeldes wie in der Öffentlichkeit gibt es in dieser Hinsicht weiterhin viel zu werben und zu beweisen.

Ich kann nur hoffen, dass die Arbeit mit den Jüngsten auch künftig eine Weiterentwicklung erfährt. Erfahrungen zu bündeln und aufzuschreiben ist ein Versuch, dazu und zur Sicherung bereits bestehender Qualität beizutragen, damit die Arbeit mit Kleinstkindern endlich die öffentliche Anerkennung erfährt, die sie verdient.

Diesen Text hat Waltraud Sporleder vor zehn Jahren für das erste Krippenlexikon geschrieben.

A

wie Abenteuer, Ablösung, Achtsamkeit, Altersmischung, Ängste von Eltern, Anfangszauber, Angebote, Anregungen, Atelier, Atmosphäre, Aufräumen, Aufsichtspflicht, Aufsteiger, Ausprobieren, Austausch zwischen Eltern, Außengelände

Abenteuer

Wenn wir Erwachsenen an Abenteuer denken, kommen uns aufregende Erlebnisse in den Sinn. Je nach persönlicher Biografie unterscheiden sie sich und haben sich in verschiedenen Lebensphasen ereignet. Doch immer sind Abenteuer mit intensiven Gefühlen verbunden, mit Spannung und Neugier, mit Freude und Überraschungen, mit Angst und Unsicherheit – aber auch mit Stolz, wenn Grenzen und Ängste überwunden wurden.

Abenteuer sind Aufbrüche in unbekannte Welten. Es geht um die Erkundung unbekannten Terrains, um das Ausprobieren und Ausbauen von Fähigkeiten, um das Erproben von Stärke, Kraft und Mut, um Grenzüberschreitung.

Abenteuer beginnen mit der Geburt. Man muss sich das vorstellen: Neun Monate lag ein Kind warm und gemütlich im Bauch der Mutter. Alle Geräusche waren gedämpft, alle Bewegungen sanft abgefedert. Entwicklung konnte in Ruhe und ohne Druck vonstatten gehen, heftige Veränderungen waren nicht zu befürchten. Der Raum war begrenzt, doch flexibel, und das Kind konnte sich die Lage suchen, die ihm gefiel – eine erste Form der Selbstbestimmung.

Plötzlich passiert es: Ploing! Das Kind wird durch einen engen Gang gepresst und heftigen Eindrücken ausgeliefert: grelles Licht, Kälte, zupackende Hände – grässlich. Kein Wunder, dass es laut protestiert.

Wie ein Außerirdischer, der auf der Erde landet, findet sich das Kind unvermittelt in einer Situation voller Rätsel wieder, in der fast alles unbekannt, wahrscheinlich sogar bedrohlich erscheint. Wenn das kein Abenteuer ist!

Wunderbarerweise sind Kinder mit allen Kompetenzen ausgestattet, die sie brauchen, um das »Abenteuer Leben« nicht nur zu wagen, sondern auch zu bestehen: Neugier und Entdeckerlust, Aufmerksamkeit, wache Sinne und eine feine Wahrnehmung, Hartnäckigkeit, Einfallsreichtum, Fantasie, Lebensfreude und die Fähigkeit, zu kommunizieren.

Das Erstaunlichste: Unverdrossen und flexibel reagieren Kinder auf das, was ihnen begegnet. Sie suchen und finden Wege, um mit dem zurechtzukommen, was die neue Umgebung ihnen abverlangt, und setzen alles daran, mit ihren Bedürfnissen wahrgenommen zu werden. Bedingungslos sind sie bereit, den zu lieben, der für sie da ist.

Kinder sind offen für Überraschungen und neue Erfahrungen, lassen sich vollständig ein und schalten aus, was jenseits ihres aktuellen Interesses liegt. Es scheint, als ob sie in einen Kokon eingesponnen sind, wenn sie sich in etwas vertiefen. Sie treten in einen intensiven Dialog mit der Welt. So bilden sie sich. Oft genug haben wir Mühe, ihnen zu folgen.

Andererseits sind Menschenkinder so hilflos wie kaum ein anderes neugeborenes Wesen. Das ist es, was wir als Eltern und andere verantwortliche Erwachsene vor allem sehen. Zum Glück, denn die Kinder sind ja auf uns angewiesen.

Dabei übersehen wir leicht, wie kompetent sie bereits sind. Wir neigen dazu, kleine Kinder zu unterschätzen, im Übermaß zu behüten, beschneiden ihre Abenteuerlust – und beschränken damit ihre Entwicklungschancen.

Das ist der schmale Grad, auf dem wir wandeln, ob als Eltern oder Pädagogen: So viel Schutz, wie nötig, so viel Handlungsspielraum, wie möglich.

Kinder sind geborene Abenteurer, Welteroberer, Forschungsreisende. Das heißt auch: Sie sind geborene Lerner. Denn es gibt eine Parallele zwischen Bildung und Abenteuer. Bei beiden geht es um Aufbruch und freudige Erwartung, um Geheimnisse, die zu lüften sind, und Grenzen, die zu überwinden sind. In beiden stecken Freude und Aufregung, wenn das Interesse geweckt ist und zu eigensinnigen Unternehmungen oder kreativen Einfällen führt.

Wenn kleine Kinder Neues entdecken, zeigen sie ihre Freude und Aufregung mit dem ganzen Körper, strampeln und fuchteln, sind hellwach und streben entschlossen danach, das Objekt ihrer Begierde in die Finger zu bekommen. Gelingt das, wird es von allen Seiten untersucht, in den Mund genommen, weggeworfen und erneut geangelt... Während der gesamten Prozedur sind die Kinder konzentriert bei der Sache. Sie bilden sich.

Jede Pfütze, der erste Schnee, Blumen und Knöpfe, andere Kinder und Treppenstufen – alles ist neu, will untersucht und erobert werden. Gerade für junge Kinder ist die Welt voller Abenteuer.

Abenteuerlust ist ein Bildungsmotor. Das ist eine meiner Erkenntnisse auf dem langen Weg, zu begreifen, was sich bei Kindern abspielt, wenn sie die Welt um sich herum Stück für Stück entdecken und erobern. Neugieriges Interesse, Spannung und Aufregung stehen am Anfang. Es folgen Stadien der Übung und Vertiefung, und irgendwann wird das vorher Unbekannte zu einem festen Bestandteil der bekannten Welt. Es geht ein in das Bild, das sich das Kind von der Welt macht. Und von sich.

Spätestens dann sollten neue Abenteuer locken, damit die Bildungsreise weitergeht.

Abenteuer finden nicht nur real statt, sondern auch im Kopf, zum Beispiel wenn wir uns in ein spannendes Buch vertiefen. Bei Kindern können wir solche Kopfabenteuer in ausgeprägteren Formen erleben: wenn sie Bücher anschauen und dabei mit Händen und Füßen »erzählen«, wenn sie Fantasiefreunde erfinden oder ihre Kuscheltiere lebendig werden lassen, wenn sie Löwen- oder Tigerkinder sind und fauchen, wenn sie später Ereignisse ausschmücken, in mächtige Rollen schlüpfen und fantastischen Szenarien gestalten...

Abenteuer stecken in Höhlen und dunklen Ecken ebenso wie in heimlichen, weil verbotenen Aktionen. Das kribbelt. Hoffentlich sieht mich keiner, dann schaffe ich es bis in den Waschraum und an den Wasserhahn. Ha!

All die echten und erdachten Abenteuer prägen das Erleben und das Selbstbild der Kinder. Wenn's gut läuft, nehmen sie wahr: Ich bin stark, klug und wichtig, ich werde beachtet und verstanden, kann etwas bewirken und mich ausprobieren. Ich bin ein Eroberer.

Es geht im Prozess der Welterschließung nicht allein um Wissenserwerb und Kompetenzzuwachs, sondern um die Ausprägung einer Grundeinstellung zur eigenen Kraft und Entwicklungsfähigkeit: Traue ich mir grundsätzlich zu, das zu schaffen, was für mich bedeutsam ist? Erlebe ich es als lustvoll, Neues zu erkunden und zu erproben, was ich noch nicht kann? Schaffe ich es, in unübersichtliche und verwirrende Phänomene eine für mich nachvollziehbare Ordnung zu bringen und mir ihren Sinn zu erschließen?
Darauf kommt es an.

Eigentlich ist alles ganz einfach: Wir Erwachsenen müssen der Lust auf Abenteuer nur Futter bieten. Wir müssen der Neugier und dem Mut der Kinder, ihrem Forscherdrang und ihren abenteuerlichen Fantasien Raum und Gelegenheiten verschaffen. Doch gerade das ist unser größtes Abenteuer.

↗Siehe auch: Bildung, Neugier, Höhlen und Nester

Ablösung

Für Eltern wie Kinder bedeutet der Beginn der Kitazeit in den meisten Fällen, sich zum ersten Mal stundenweise voneinander zu trennen. Ein Abenteuer. Diese Situation stellt beide vor Herausforderung.

Vielleicht ist sie für Eltern sogar schwieriger zu meistern, denn die Kinder gewinnen immerhin eine neue Welt. Zwar erhalten die Eltern ein Stück Unabhängigkeit zurück, doch bange Fragen schmälern die Freude.

Sie haben sich (aus welchen Gründen auch immer) entschlossen, ihr kleines Kind für mehrere Stunden des Tages fremden Leuten anzuvertrauen. Sie haben sich entschlossen, ihr Kind uns anzuvertrauen – und geben uns damit einen großen Vertrauensvorschuss. Dennoch: Ängste, ein schlechtes Gewissen und Selbstzweifel plagen sie. Nicht umsonst suchen viele Eltern zuerst nach einer Tagesmutter – auch wenn Kitaplätze zu haben wären. Die Ablösung fällt offenbar leichter, wenn die Betreuungsform familienähnliche Züge trägt.

Es ist nahe liegend, dass eine Kindertagesstätte mit ihrer Weite und Fülle, mit den vielen großen und kleinen Menschen zunächst verwirrend wirkt. Auch Eltern müssen sich mental erst einmal umstellen. Das sollten wir im Kopf behalten, offen und zugewandt reagieren, die Eltern ermutigen, ihre Fragen zu stellen und ihre Zweifel zu äußern. Vorwürfe, Forderungen oder saloppe Äußerungen – »Wo ist das Problem? Wir machen das schon...« – sind unangebracht. Sie zeugen vom Mangel an Empathie. Auch wenn Kolleginnen solche Prozesse schon seit zig Jahren erleben – für die Eltern und Kinder ist es das erste Mal. Nur das zählt.

Eltern sind froh, wenn sie ihre Gefühle nicht verbergen müssen, wenn sie Verständnis finden und mit Ihren Fragen nicht allein gelassen werden. Treten Erzieherinnen sicher auf, ohne überheblich und besserwisserisch zu sein, lassen sie die Eltern an dem, was passiert, nachdem sie gegangen sind, Anteil nehmen – mit einem Film, mit Fotos oder Geschichten –, entwickeln sie Übergangsrituale, die Verabschiedungen erleichtern, zeigen sie Professionalität, indem sie ihr Handeln begründen, dann entspannen sich Eltern erfahrungsgemäß schnell und sehen ihren Vertrauensvorschuss bestätigt.

Während die Eltern die Entscheidung, ihr Kind in eine Kita zu bringen, gut überlegt und aktiv getroffen haben, ist das Kind dieser Entscheidung ausgeliefert. Es hat keine Wahl, so wenig wie bei seiner Geburt, und muss mit seiner neuen Situation klarkommen.

Die Trennung von den vertrauten Personen, der gewohnten Umgebung und den gewohnten Abläufen stellt eine enorme Anforderung. Viele neue Eindrücke stürzen auf das Kind ein. Es muss fremde Geräusche und neue Bilder verarbeiten, sich die Nähe unbekannter Menschen gefallen lassen, die Trennung von den Eltern verkraften.

Kennen wir Erwachsene ähnliche Herausforderungen? Auswanderer vielleicht...

Ist ein Kind nun zu bedauern, weil es vor diesen Herausforderungen steht? Nein, denn jede Herausforderung bietet Entwicklungschancen. Zugespitzt: Ohne Herausforderungen gibt es keine Entwicklung.

Diese erste Ablösung von den Eltern ist ein wichtiger Entwicklungsschritt auf dem Weg der eigenständigen Erschließung von Lebensräumen und Beziehungen. Wie jeder Ablösungsprozess in späteren Lebensphasen wird dieser Schritt von widersprüchlichen Gefühlen begleitet: Neugier, Aufregung und Freude stehen Unsicherheit und Fremdheit gegenüber. Das Kind bewegt sich im Spannungsverhältnis von Angst vor Unbekanntem und Interesse am Neuen.

Beschreibt der Begriff »Ablösung« also treffend, was passiert?

Das Kind will in seiner neuen Welt dazugehören. Aber es hat nicht vor, seine bisherigen Zugehörigkeiten zu lösen. Im Gegenteil. Beide Lebenssphären sind wichtig. Doch es dauert eine Weile, bis klar wird: Ich kann das Neue gewinnen, ohne das Alte zu verlieren.

Und die Eltern? Sie wollen sich ebenfalls nicht von ihrem Kind ablösen, sondern sich nur ein paar Stunden lang von ihm trennen. Dabei handelt es sich um einen Schritt im lebenslangen und komplizierten Prozess sich wandelnder Beziehungskonstellationen: Wachsende Autonomie geht mit Loslösung einher. Manchmal hilft es, sich das in Erinnerung zu rufen und sich der Verantwortung bewusst zu werden, die darin liegt, Wandlung gerade in den Beziehungen zuzulassen und zu unterstützen.

↗Siehe auch: Ängste von Eltern, Bindung, Eingewöhnung, Elternbrief, Loslassen, Rituale, Übergänge

Achtsamkeit

Achtsamkeit ist die vielleicht wichtigste Kompetenz – nicht nur in der Arbeit mit sehr jungen Kindern, sondern wo immer wir mit Menschen zu tun haben.

In der Debatte über Bildung und Erziehung heißt es häufig: »Die Kinder brauchen...«[6] Das legt den Eindruck nahe, wir Erwachsenen wüssten genau, worum es sich handelt. Doch wissen wir das wirklich?

Stereotyp wird deklamiert: Die Kinder brauchen Bindung, Kontinuität der Beziehungen, Orientierung, Strukturen, Grenzen... Differenziert wird dabei nicht. Darauf käme es aber an.

Wer ist das: die Kinder? Wen meinen wir genau? Und woher beziehen wir unsere Sicherheit?

Natürlich können wir vor dem Hintergrund heutiger Erkenntnisse über kindliche Entwicklung und die Bedingungen des Aufwachsens etliche Faktoren benennen, die zu bedenken sind, wenn Räume gestaltet und der Tagesablauf in einer Kita organisiert werden soll. Mindestens so bedeutsam ist jedoch die Unterschiedlichkeit der Kinder und ihrer Bedürfnisse.

Die Kinder gibt es nicht. Jedes Kind ist anders, jedes ist besonders. Daraus folgt: Nicht alle Kinder brauchen im gleichen Alter oder gar zur gleichen Zeit das Gleiche.

Eigentlich eine Binsenweisheit, aber nicht leicht umzusetzen, denn Erzieherinnen müssen gleichzeitig sehr unterschiedliche Bedürfnisse wahrnehmen, erkennen und befriedigen. Andererseits ist das leicht, denn die Kinder zeigen, was sie brauchen. Von Anfang an.

Die Schwierigkeit liegt aber darin, die Signale jeweils wahrzunehmen, also achtsam zu sein.

Gerade das sind wir in der Regel nicht gewohnt – nicht mit uns und nicht mit anderen Menschen. Wir funktionieren, darauf sind wir programmiert. Erzieherinnen besonders. Sie sind Macherinnen, organisieren, kümmern sich, agieren pragmatisch und reagieren fast automatisch. Sie entwickeln Routine – und das ist gut so. Dadurch wächst Gelassenheit.

Doch darin liegt auch eine Gefahr: Allzu leicht verschwindet hinter der Routine das einzelne Kind mit seinen Besonderheiten, individuellen Bedürfnissen und speziellen Ausdrucksformen. Es wäre gut, wenn Achtsamkeit zur Routine werden könnte. Geht das?

In letzter Zeit nehmen die Vorgaben für die Arbeit und der Zeitdruck zu: Bildungsbereiche, Beobachtung, Dokumentation, Entwicklungsgespräche, Evaluation, Messen, Fördern... Zugleich wird Zeit zum Innehalten, Wahrnehmen und gemeinsamen Reflektieren immer knapper bemessen. Ein fataler Kreislauf.

Auch Eltern stehen unter Druck, fast alle Erwachsenen, wenn man genau hinschaut. Keine günstigen Voraussetzungen für Achtsamkeit.

Fest ins Hamsterrad geschnallt, bemüht, nichts falsch zu machen, alle Erwartungen zu erfüllen, in Konkurrenz miteinander und von sozialen Unsicherheiten bedroht – kein Wunder, dass wir an Kinder entsprechende Erwartungen stellen. Sie sollen ebenfalls möglichst reibungslos funktionieren, sich wie gewünscht und vorgeschrieben entwickeln. Auch sie

6 Siehe auch: Fink, M.: Die was brauchen, sollen, dürfen und müssen oder Das Kind bei Google. Betrifft KINDER, Heft 4-5/09, S. 16-19

werden gemessen und geprüft; es wird nach Defiziten geforscht und im Falle eines Falles die Reparaturbrigade bestellt.

Zeit für das eigene Entwicklungstempo? Raum, sich zu erproben, Fehler zu machen? Zeit der Erwachsenen, um zuzuhören, hinzuschauen, sich einzulassen, achtsam zu sein? Fehlanzeige.

Die Elemente der Achtsamkeit

Achtung

Achtung hängt mit Beachtung zusammen, und die wiederum mit unverstellter Wahrnehmung und dem Bemühen um Verstehen.[7]

Wer mit Interesse hinschaut und verstehen will, was sich bei einem Kind abspielt, wenn es spielt, entdeckt seine Leistungen, Kompetenzen und den Sinn seines Tuns. Wer darauf achtet, staunt und reagiert mit Achtung und Bewunderung. Kinder sind phänomenal, jedes für sich und alle anders. Besonderheiten nicht nur hinzunehmen, sondern ernst zu nehmen – auch das bedeutet Achtung.

Kinder haben nicht nur unterschiedliche Voraussetzungen, sie sind von Anfang an besondere Persönlichkeiten. Ihre Interessen und Vorlieben entfalten sich verschieden, ihre Entwicklungen verlaufen in Sprüngen, Tempo und Wege sind nicht gleich, nicht einmal bei Zwillingen. Dieser Erkenntnis kann sich niemand entziehen, der den Blick auf Besonderheiten richtet, statt nach Normerfüllung zu suchen.

Achtung meint vor allem: Achtung vor dem Willen und den Wünschen eines jeden Kindes.

Von Geburt an zeigen Kinder, was für sie wichtig ist. Nicht immer verstehen wir das auf Anhieb. Oft liegen wir falsch mit unseren Interpretationen. Doch das ist nicht entscheidend, wenn ein Kind spürt, dass wir uns darum **bemühen**, es zu verstehen.

Das ist eine der schwierigsten und anspruchsvollsten Aufgaben. Sie erfordert wache Sinne und einen offenen Blick.

Aufmerksamkeit

Was Kinder brauchen zeigen sie uns. Die Frage ist: Merken wir es? Bekomme wir überhaupt mit, was ein Kind bewegt und was es uns sagen will – auf seine Weise? Gerade in der Arbeit mit sehr jungen Kindern gehören Erfahrung und Training dazu, um die Antennen für kindliche Zeichen oder Signale zu sensibilisieren und das Bewusstsein dafür zu schärfen, wie ungeheuer wichtig es für die kindliche Welt- und Selbsterfahrung ist, ob ein Kind in seinen Bedürfnissen gesehen wird oder nicht.

Behutsamkeit

Auf der Hut sind Erwachsene im Umgang mit jungen Kindern fast immer – damit nichts passiert. Doch gerade das führt dazu, dass Behutsamkeit auf der Strecke bleibt. Wie oft laufen wir mit voreiligem Handeln und Bewerten Gefahr, einem Kind in die Parade zu fahren, seine Impulse zu stoppen und ihm Un-Sinn zu unterstellen. Wie oft sind wir uns zu sicher in der Interpretation einer Situation. Wissen wir genug? Sehen wir, worauf es dem Kind ankommt? Reagieren wir vorsichtig und rücksichtsvoll? Lassen wir zu, dass ein Kind sich in Ruhe ausprobiert und ungestört seinen Interessen folgt?

Achtsamkeit zeigt sich in der Arbeit mit den Jüngsten vor allem in der Bedeutung, die den alltäglichen Handlungen – dem Wickeln, Essen und Schlafen, der Begrüßung und Verabschiedung – beigemessen wird. Hier finden sich die Merkmale eines achtungsvollen, aufmerksamen und behutsamen Umgangs mit Kindern.

Achtsamkeit kostet nicht viel. Nur Zeit und Zuwendung.

---

7 Kazemi-Veisari, E.: Kinder verstehen lernen – Wie Beobachtung zu Achtung führt. Kallmeyer, Seelze-Velber 2004. Ein Klassiker, den ich allen empfehle, die sich mit Beobachtung auseinandersetzen wollen.

Natürlich spielen die Rahmenbedingungen eine Rolle. Wenn wenige Erwachsene für eine große Zahl von Kindern zuständig sind, fällt es schwer, sich Zeit zu nehmen und sich auf intensive Momente beim Wickeln einzulassen. Allzu leicht bricht Hektik aus.

Also: Mehr Personal = achtsamer Umgang? Diese Gleichung stimmt leider nicht.

Entscheidend ist, was ins Zentrum der Arbeit gestellt und als wichtigste Aufgabe definiert wird. Besteht Einigkeit darüber, dass es um ein anregendes Umfeld geht, in dem die Kinder weitgehend autonom agieren können, und darum, flexibel auf das zu reagieren, was die Kinder als ihre Entwicklungsbedürfnisse und Beziehungswünsche zeigen, kann auf manches so genannte pädagogische Angebot verzichtet werden. Statt die Zeit der Kinder und die eigene Zeit zu verplanen, wird Zeit für individuelle Zuwendung und Zwiesprache gewonnen.

Achtsamkeit zeigt sich in der Liebe zum Detail, in den Kleinigkeiten, mit denen wir die Umgebung der Kinder bestücken, um ihnen Freude zu bereiten und Anreize zu bieten.

Achtsamkeit zeigt sich in Ritualen, die den Kindern und uns schöne Momente bescheren.

Achtsamkeit ist spürbar in Geduld und liebevoller Zwiesprache mit Kindern, in Zuwendung zu Eltern, in einer gelassenen Atmosphäre, die es ermöglicht, loszulassen, ohne einander zu verlieren. Dann gewinnt Achtsamkeit lebendige Gestalt und muss nicht erklärt werden.

↗Siehe auch: Beobachtung, Eigensinn, Emphatie, Dialog, Zeit

Altersmischung

In der gegenwärtigen Phase des Ausbaus von Betreuungsplätzen für Kinder unter drei Jahren in den westdeutschen Flächenländern wird häufig die Frage gestellt: Was ist günstiger: altershomogene Gruppen (0-1, 1-2, 2-3), kleine Altersmischung (0-3, 2-4...) oder große Altersmischung (0-6, 1-10 oder 12)?

Gleichzeitig verfährt man pragmatisch nach der Maxime: Wir nehmen, was kommt. Selbst jüngste Kinder werden umstandslos in bestehende Regelgruppen gesteckt, ohne dass man sich damit befasst, was das bedeutet und was zu bedenken ist, wenn ein Kind von neun Monaten in einer Gruppe Drei- bis Sechsjähriger mitkrabbelt.

Vorweg: Die Zuordnungen nach Jahrgängen sind verwaltungstechnische Einteilungen. Auch so genannte altershomogene Gruppen sind nicht wirklich homogen. Denn was besagt schon eine Zahl? Kinder zwischen ein und zwei Jahren unterscheiden sich sehr voneinander. Auch Kinder in exakt gleichem Alter sind nicht gleich, nicht einmal Zwillinge sind es.

»Kinder kommen schon verschieden auf die Welt – und sie werden immer verschiedener«, sagt Remo Largo[8], der Schweizer Kinderarzt und Autor der Bücher »Babyjahre«, »Kinderjahre« und »Schuljahre«. In seiner jahrzehntelangen Praxis dokumentierte und erforschte er kindliche Entwicklungsprozesse.

In den ersten Lebensmonaten und -jahren kann man regelrechte Entwicklungssprünge beobachten. Doch nicht alle Kinder springen in gleichen Intervallen und schon gar nicht nach Entwicklungstabelle. Das ist allein in Größe und Gewicht unübersehbar. Aber auch in anderen Bereichen. Während das eine Kind gerade seine sprachlichen Kompetenzen verstärkt trainiert, ist das andere dabei, seine körperliche Geschicklichkeit zu perfektionieren. Während das eine stundenlang zugucken will, muss das andere alles untersuchen und überall mitmischen.

Auch beim Einstieg in die Kita reagieren Kinder unterschiedlich, selbst in gleichem Alter. Während das eine Kind die neue Situation genießt und das Haus nicht schnell genug auf eigene Faust erkunden kann, möchte ein anderes am liebsten dicht bei einer vertrauten Person bleiben. Unter Umständen ist der Unterschied zwischen einem zweieinhalbjährigen und einem dreieinhalbjährigen Kind weniger groß als der zwischen einem dreimonatigen und einem sechsmonatigen – trotz der in der Altersspanne zwischen Zwei und Drei gewichtigen Windelfrage.

Dennoch: Die Varianten der Altersmischung wirken sich auf die alltägliche Situation der Kinder und die Anforderungen an die Erzieherinnen erheblich aus. Reine Säuglingsgruppen zum Beispiel bedeuten für alle Beteiligten eine besondere Belastung. Man stelle sich vor: Zwölf Achtwochenkinder = zwölf Wickelkinder, zwölf Flaschenkinder, zwölf schreiende Säuglinge, zwölf Paar besorgte Eltern. Und zwei Erzieherinnen – wenn niemand fehlt – mit je zwei Armen und Händen, begrenztem Zeitvolumen und begrenzter Belastbarkeit. Das kann nicht gelingen.

Daher spricht alles für die breitere Mischung, auch im Kleinkindbereich. Dann verteilen sich nicht nur die Versorgungsbedarfe, sondern auch die Interessen. Schon bei Null bis Zwei ist das Spektrum enorm. Die

8 Largo, R. H.: Kinderjahre. Piper Verlag, München 2000

großen Kleinen fühlen sich stark, wollen fast alles allein machen und die Babys trösten oder füttern.

Für die Erzieherinnen bedeutet das: Je weniger Windelkinder, umso mehr Muße zum Wickeln. Genauso ist es mit dem Füttern oder Anziehen. Je mehr Kinder selbstständig agieren, umso entspannter die Gesamtsituation. Insofern kommt das Bedürfnis der Kinder nach wachsender Selbstständigkeit dem Interesse der Erzieherinnen nach Entlastung entgegen. Aber Obacht: Das darf nicht dazu führen, dass Kinder, die etwas allein tun können, es auch allein tun müssen. Denn trotz wachsender Autonomie suchen manche Kinder – phasenweise sogar intensiv – die besondere Nähe und Zuwendung, die sich zum Beispiel beim Anziehen ergibt. Dies sollte nie mit dem barschen Hinweis abgewiesen werden: »Du kannst das doch schon allein!« Aus welchen Gründen auch immer – in diesem Moment möchte das Kind etwas anderes. Und das sollte für uns Erwachsene das Einzige sein, das zählt.

Kinder zeigen bereits früh großes Interesse an anderen Kindern, das sich steigert, wenn ein deutlicher Entwicklungsunterschied vorhanden ist. Größere Kinder sind besonders spannend, die kleineren gucken ihnen gern zu und wollen sie nachahmen.

Umgekehrt sind die Kleinen für ältere Kinder interessant: Mit ihnen kann ein Stadium nacherlebt werden, dass noch nicht lange zurückliegt. Die Kleinen sind wie ein Spiegel der eigener Entwicklung: Ich wachse! Gibt es Fotos, die frühere Zeiten dokumentieren – umso besser.

Für Kinder mit Entwicklungsverzögerungen oder Behinderungen bietet die Altersmischung mit ihrem breiten Spektrum an Spielgefährten eine besondere Chance, denn Vielfalt und Unterschiedlichkeit sind selbstverständlich. Sie erleben sich nicht als Schlusslicht. Nicht von ungefähr ist das Konzept der Altersmischung parallel zum Integrationsgedanken gewachsen.

Trotz dieser Vorteile haben Eltern – und manche Erzieherinnen – oft Vorbehalte gegenüber der Altersmischung. Die einen fürchten, dass die Kleinen nicht die nötige Ruhe finden oder von den älteren Kindern umgerannt werden. Die anderen befürchten, dass die älteren Kinder nicht genug gefördert werden, zu wenig Vorbilder und Herausforderungen durch Gleichaltrige oder Ältere finden, sich deshalb zu stark an den Erwachsenen orientieren und altklug werden oder in die Babysprache zurückfallen. Fakt ist auch: Ausflüge finden mit dem Hinweis auf die Kleinen in manchen Häusern nur selten statt.

Grundsätzlich ist zu beachten: Je größer die Entwicklungs- und Interessenunterschiede, desto notwendiger ist die Differenzierung der Arbeit. Die Mischung verschiedener Altersgruppen bringt nicht nur eine Erweiterung der Spiel-, Handlungs- und Erfahrungsmöglichkeiten für die Kinder, sondern birgt tatsächlich die Gefahr, dass die Kleinen im Gewusel untergehen und die Grossen zu kurz kommen oder gar als Hilfserzieher fungieren.

Dem kann man begegnen, indem man in größeren Kooperationszusammenhängen denkt und dafür sorgt, dass unterschiedliche Aktivitäten parallel stattfinden können, ohne sich gegenseitig zu behindern. Zum Beispiel: bewegungsintensives und lautstarkes Tun in Bereiche verlegen, die nicht an Ruhe- und Rückzugsbereiche grenzen.

Dies ist nur möglich, wenn nicht mehr in starren Gruppen gedacht und agiert wird, wenn Räume gemeinsam genutzt und Kompetenzen zusammengefasst werden, kurz: wenn die Arbeit im Team konzipiert und geplant wird.

Öffnung, gruppenübergreifende Planung und Zusammenarbeit sind die Zauberworte.

Wo Kolleginnen kooperativ arbeiten, hat sich die Mischung verschiedener Altersgruppen als angenehm für alle Beteiligten erwiesen – allerdings nur dann. Altersunterschiede von mehreren Jahren werden zur Belastung für Kinder und Erwachsene, wenn die traditionelle Gruppenarbeit bestehen bleibt und die Kinder auf beengtem Raum gehalten werden. Dann sind Konflikte unvermeidlich und Reglementierungen die Folge.

In jedem Fall – egal in welcher Altersmischung – müssen wir darauf achten, dass alle Kinder, die zeigen, dass sie es brauchen und so lange sie es brauchen, ausreichend Sicherheit in einer Basisstation oder Rückzugsbereiche finden.

↗Siehe auch: Aufsichtspflicht, Bezugskindersystem, Differenzieren, Kooperation, Nest und Nestflüchter, Offene Arbeit, Planung

Ängste von Eltern

Eltern sind vor allem zu Beginn der Kindergartenzeit häufig unsicher. Sie befürchten, dass ihr Kind sich unwohl und verlassen fühlt oder sich verletzen könnte. Kein Grund, sich zu wundern oder gar zu mokieren. So ist es nun mal – alle Mütter und Väter kennen es: Kaum ist das Kind auf der Welt, setzt die Angst ein. Nichts ist schrecklicher als die Vorstellung, dass diesem Kind etwas zustößt. Wir wollen es beschützen und dafür sorgen, dass es ihm gut geht. So bleibt es ein Leben lang...

Wie kann es gelingen, diese Ängste nicht dominieren zu lassen, so dass die Kinder in ihrer Entwicklung behindert werden?

Entwicklung gründet in Erfahrung. Werden Erfahrungsmöglichkeiten eingeschränkt, schränkt das zugleich Entwicklung ein. Ein Kind muss fallen, um laufen zu lernen. Treppensteigen lernt es nicht am Tisch. Wer vor jeder Beule beschützt wird, läuft Gefahr, eines Tages ganz andere Beulen davonzutragen.

»Das Leben ist immer lebensgefährlich«, wusste Erich Kästner. Der beste Schutz vor Gefahren liegt darin, sie zu kennen und sich im Umgang mit ihnen zu üben. Wie Ronja Räubertochter, nachdem Mattis sie vor den Gefahren des Waldes warnte. Sie hütet sich vor dem Wildbach, indem sie ihn überspringt...[9]

Der Auftrag der Kindertagsstätte besteht darin, Kindern Entwicklungschancen zu eröffnen, und nicht darin, sie zu verstellen. Doch die Angst vor der Angst der Eltern – und ihren Vorwürfen – hindert viele Erzieherinnen, diesem Auftrag gerecht zu werden. Treppen werden gesperrt, Hochebenen stehen verwaist herum, Rennen wird verboten, Räume werden verschlossen und unbeobachtetes Spiel wird ausgeschlossen.

Da dennoch hin und wieder ein Kind fällt oder einem anderen Kind die Schippe auf den Kopf haut, sind Erzieherinnen bemüht, permanent alle Kinder im Auge zu behalten. Damit sie – im Falle eines Falles – wenigstens erklären können, wie es passiert ist.

So ein Stress! Und so sinnlos...

Es geht also um beides: die Ängste der Eltern verringern, ihr Vertrauen stärken und die eigenen Ängste abbauen. Letzteres muss wohl als erstes geschehen, denn solange Erzieherinnen in vorauseilendem Gehorsam alles Spannende ausschalten und sich ständig rechtfertigen, agieren sie nicht professionell und souverän. Also werden sie so auch nicht wahrgenommen.

Erzieherinnen sollten sich zunächst mit ihrem Auftrag, ihrem beruflichen Selbstverständnis und in diesem Zusammenhang mit der Aufsichtspflicht auseinandersetzen, um klare Positionen entwickeln zu können.

Natürlich müssen wir die Ängste von Eltern ernst nehmen, doch ohne sogleich alle Bewachungswünsche zu erfüllen, denn die Kita ist kein Hochsicherheitstrakt. Wir sollten herausfinden, was die Eltern tatsächlich bewegt. Sprechen wir also mit ihnen, hören wir ihnen zu, fragen wir nach und zeigen wir, dass wir sie verstehen. Vielleicht ist es sinnvoll, die Ängste von Eltern und Erzieherinnen gemeinsam und aus verschiedenen Blickwinkeln zu beleuchten, um sich allmählich einem anderen Verständnis von Verantwortung zu nähern.

In einem solchen Dialog kann sich vieles verändern. Es wird der Widerspruch erkennbar, der darin liegt, das Beste für ein Kind zu wollen und es gleichzeitig in Watte zu packen. Ich bin überzeugt, dass es einen Weg aus dem Dilemma gibt, weil auch Eltern ihn suchen.

Was neben dem Zuhören und Verstehen-Wollen hilfreich ist: Erfahrungen ermöglichen, die zu Entspannung führen. Zu diesem Zweck kann man die scheinbar halsbrecherischen Unternehmungen der Kinder filmen und sie sich gemeinsam anschauen, denn Erklärungen wirken nur begrenzt.

Ängste von Eltern und Möglichkeiten, ihnen zu begegnen

Eltern befürchten, dass ihr Kind in der Kita untergeht, nicht genügend Aufmerksamkeit erhält, nicht angemessen getröstet wird, wenn es weint...
Was können wir tun?

- Individuelle Begrüßung und Verabschiedung;
- für Kuscheltiere und andere Übergangsobjekte sorgen;
- Trauer verstehen und trösten;
- einen Film über einen Tag des Kindes in der Kita drehen, in dem Wohlfühlsituationen und liebevolle Zuwendung sichtbar werden.

Eltern fürchten, dass ihr Kind nicht satt wird, sich verschluckt, zu viel Süßes bekommt...
Was können wir tun?

- Die Eltern an einer Mahlzeit teilnehmen lassen;
- die eigenen Maximen deutlich machen: Essen ist mehr als Hunger stillen. Es ist eine lustvolle, kommunikative Situation und eine Möglichkeit, sich zu erproben, selbst zu entscheiden, dem eigenen Körpergefühl nachzuspüren, zu genießen;
- Süßes versüßt das Leben und gehört daher zuweilen dazu.

Eltern haben Angst, dass ihr Kind sich verletzt, weil die Erzieherinnen nicht aufpassen...
Was können wir tun?

9 Lindgren, A.: Ronja Räubertochter. Verlag Friedrich Oettinger, Hamburg 1982

- Die Eltern an die eigene Kindheit erinnern: Beulen und Schrammen gehören zum Großwerden;
- darauf verweisen, dass es keine lebensbedrohliche Gefahrenquellen gibt;
- gemeinsam nachlesen, was die Aufsichtspflicht besagt. Dabei wird erkennbar, dass Klettern und Rennen, das Erklimmen von Stufen, das Schaukeln oder das Hantieren mit Messer und Gabel elementare Erfahrungen sind, die einem Kind nicht vorenthalten werden sollen, weil sie seine Entwicklung unterstützen;
- Eltern an solchen Erfahrungen per Foto oder Film teilhaben lassen.

Eltern fürchten, dass ihr Kind von anderen Kindern drangsaliert wird, sich nicht wehrt, nicht beschützt wird...
Was können wir tun?
- Den Blick der Eltern darauf lenken, wie die Kinder miteinander umgehen, wie sie Kontakt aufnehmen, kommunizieren, sich abgrenzen, das eigene Ich entdecken und verteidigen, Ich-Identität entwickeln;
- mit den Eltern darüber nachdenken, wie Selbstvertrauen, Konfliktfähigkeit, das Gefühl für die eigene Kraft und für Grenzen entsteht;
- erkennbar machen: Wir beschützen Ihr Kind, wenn es in Bedrängnis gerät. Wir unterstützen und bestärken es, wenn es mutig ist. Und wir bremsen, wenn es übers Ziel hinausschießt.

Eltern befürchten, dass ihr Kind zu wenig schläft, weil es gestört wird, oder zu lange schläft und abends endlos wach bleibt...
Was können wir tun?
- Schlafen grundsätzlich thematisieren, denn darin steckt ein Schwerpunkt der Auseinandersetzung mit Eltern und im Team;
- Erfahrungen austauschen: Wie fühlt es sich an, müde zu sein? Wie geht es uns, wenn die Augen zufallen? Oder wenn wir nicht schlafen können? Der Schlaf folgt einem individuellen Rhythmus und ist nicht steuerbar – außer mit Medikamenten;
- die Eltern bitten, den Schlafrhythmus ihres Kindes zu beschreiben und selbst eine Schlafanalyse in der Kita vornehmen. Im Vergleich zeigen sich vielleicht Ähnlichkeiten;
- ein klares Konzept entwickeln und vertreten: Selbstbestimmtes Schlafen ist ein Prüfstein für die Qualität der Arbeit. Auch daran zeigt sich, wie ernst wir es mit der Achtung kindlicher Bedürfnisse meinen;
- darauf verweisen, dass es ein zentrales Bildungsziel ist, das Gefühl für den eigenen Körper und seinen Rhythmus zu entwickeln und zu erhalten. Hohe Ich-Kompetenz macht stark gegen Sucht- und andere Gefahren;
- dezentrale Schlafplätze einrichten, die es Kindern jederzeit und über den gesamten Tag ermöglichen, sich zurückzuziehen und ein Nickerchen zu machen.

Eltern befürchten, dass ihr Kind nicht oft genug gewickelt und wund wird...
Was können wir tun?
- Beruhigend und überzeugend wirkt, wenn Eltern miterleben, dass Wickeln als wesentlicher Bestandteil der zugewandten Kommunikation mit dem Kind gehandhabt wird.

Eltern befürchten, dass sich ihr Kind mit Krankheiten ansteckt...
Was können wir tun?
- Auf medizinische Erkenntnisse verweisen: Das Kind wird sich anfangs wahrscheinlich anstecken. Dadurch entwickeln und stabilisieren sich seine Abwehrkräfte.

Eltern befürchten, dass ihr Kind zu selten an die frische Luft kommt.
Was können wir tun?
- Das Gegenteil beweisen: das Außengelände ist stets zugänglich, die Kinder können draußen essen, unter Bäumen schlafen, auf der Terrasse spielen, Ausflüge machen, in den Wald fahren, die Umgebung erkunden...
- Für längere Touren und Fußmüde oder Krabbler gibt es große Transportwagen.

Eltern haben Angst, dass ihr Kind sich schmutzig macht.
Was können wir tun?
- Erinnerungen an die eigene Kindheit wachrufen und informieren: Es ist gesund, im Sand und mit Pampe zu spielen, weil das die Abwehrkräfte stärkt.
- Maria Montessori zitieren: »Liebe Eltern, wenn Sie Ihr Kind heute sauber aus dem Kindergarten abholen, dann hat es nicht gespielt und nichts gelernt.«
- Um Wechsel-Kleidung bitten und abgelegte Kleidung in allen Größen sammeln, um im Notfall gewappnet zu sein.
- Außerdem: Duschen oder Baden am Ende des Tages ist ein beliebtes Abschlussritual.

Eltern befürchten Entwicklungsdefizite ihres Kindes durch die Fremdbetreuung.
Was können wir tun?
- Zeigen, welche Möglichkeiten das Kind in der Kita

bekommt, die Welt in vielfältigen Facetten kennenzulernen und sich zu erproben;
- eine klare Position vertreten: Bildung ist der Prozess des Kindes in der Auseinandersetzung mit der umgebenden Welt. Entscheidend sind seine Erfahrungen mit Dingen und Menschen. Je reichhaltiger die Gelegenheiten und Resonanzen, umso reicher die Erfahrungsmöglichkeiten.

Eltern haben Angst, dass ihr Kind es ausbaden muss, wenn sie Kritik üben.
Was können wir tun?
- Das Gegenteil beweisen: Wir sind an Rückmeldungen jeder Art interessiert. Nur dann können wir wissen, worauf es bei Ihrem Kind ankommt und was wir verbessern können. Sie sind Experten für Ihr Kind und die Bedingungen seines Aufwachsens. Sie kennen es von Geburt an. Lassen Sie uns teilhaben und zusammenarbeiten.

Dass Eltern sich entschließen, uns ihr Kind anzuvertrauen, ist ein Vertrauensbeweis. Dieses Vertrauen gilt es zu untermauern. Wenn Eltern erleben, dass sie mit ihren Fragen und Ängsten, ihren Vorschlägen und ihrer Kritik gehört werden, dass darauf interessiert und einfühlsam reagiert wird, dass sie Informationen bekommen und Einblick erhalten, wenn sie merken, dass wir mit ihnen in einen Dialog treten wollen, verflüchtigen sich die Unsicherheiten erfahrungsgemäß ziemlich schnell, und der Weg für eine vertrauensvolle Zusammenarbeit ist frei.

Weitere Meilensteine auf dem Weg zum Abbau von Ängsten sind die gemeinsame Zeit des Beginns oder Treffen mit anderen Eltern.

↗Siehe auch: Austausch zwischen Eltern, Aufsichtspflicht, Dokumentation

Anfangszauber

Jeder Neubeginn verursacht Herzklopfen. Die Aufregung mobilisiert Energien, lässt uns zur Höchstform auflaufen und ungewohnte Anforderungen bewältigen. Neugier – oder besser: Lust auf Neues – überlagert die Angst, dass etwas schief gehen könnte. Der Reiz des Neuen lässt uns vergessen, was wir hinter uns lassen. Da wirkt der Zauber.

Kinder sind Anfangszauberer. Ihnen begegnet Unbekanntes quasi am laufenden Band. Immer wieder sind sie motiviert, sich im Umgang damit zu erproben und zu beweisen.

Der Impuls, sich einzulassen, wird durch das Erlebnis freudigen Staunens ausgelöst: Das will ich wissen! Das will ich weiter verfolgen! Damit will ich etwas anfangen, spielen und arbeiten. Vielleicht gibt es andere Kinder (und Erwachsene), die das auch spannend finden, denn gemeinsam macht es mehr Spaß.

Es gibt so etwas wie einen inneren Bildungsmotor, der von der Lust auf Neues und der Freude an dem, was beim Experimentieren und Erproben passiert, gespeist wird. Wir kennen dieses Glücksgefühl, das uns durchströmt, wenn wir Überraschendes erleben, etwas herausfinden, wenn uns ein Licht aufgeht, wenn wir Zusammenhänge verstehen… Gelingt etwas zum ersten Mal, ist das die reine Freude. Vor allem, wenn wir selbst bestimmen können, was geschieht und worauf wir uns einlassen.

»Die Welt ist dem Neugeborenen erst einmal neu. Es ist gänzlich damit beschäftigt, Muster in dieser Welt zu entdecken, die es wiedererkennen, auf die es sich verlassen kann. Auch das heranwachsende Kleinkind erschließt sich Schritt für Schritt neue Erfahrungsbereiche«, sagt Gerd E. Schäfer.[10] Die Betonung liegt auf »erschließt sich« – aus eigener Kraft und mit eigenem Sinn. Dieser Prozess ist Bildung.

»Auf den Anfang kommt es an«, heißt es heute allerorten. Leider ist mit »Anfang« meist das frühe Vermitteln von Wissen und Fähigkeiten gemeint, möglichst vom Babyalter an. Frühenglisch in Krabbelgruppen ergänzt inzwischen das schon lange übliche Babyschwimmen, und musikalische Früherziehung beginnt schon in der Schwangerschaft.

10 Schäfer, G. E.: Bildung beginnt mit der Geburt. Beltz, Weinheim/Basel/Berlin 2003, S. 21

Geben Erwachsene den Takt vor, in dem etwas Neues passieren soll, gehen der Zauber des Anfangs und der kindliche Anfängergeist leicht verloren. Wem ständig gesagt wird, was zu tun und zu lassen ist, der verliert die Lust, aktiv zu werden, verliert das Gefühl für eigene Interessen und gewöhnt sich daran, sie zurückzustellen. Aus aktiven, eigensinnigen »Selbstbildnern« werden »Bildungskonsumenten«, weiß Gerald Hüther, ein bekannter Neurobiologe und Verfechter einer Pädagogik, die Kindern Raum und Gelegenheiten bietet, sie jedoch nicht dominiert: »Wenn Sie ein intelligentes Kind haben wollen, hören Sie auf, es zu fördern«, formuliert er zugespitzt in einem Rundfunkinterview.

Eltern und Pädagogen schauen häufig weder auf den Anfang noch auf den Weg, sondern auf das Ende und gewünschte Ergebnis: Was soll herauskommen? Wie soll das Kind werden? Was soll es können? Oder gar: Was muss es in welchem Alter können? Diese Manie hat sich in den letzten Jahren extrem verbreitet.

Dem möchte ich entgegensetzen: Der größte Schatz im Bildungsprozess ist die Lust der Kinder, sich aus eigenem Antrieb zu neuen Ufern des Wissens, Könnens und Verstehens aufzumachen. Jedes Kind hat diese Impulse vom Beginn seines Lebens an. Wir Erwachsenen müssen sie nur wahrnehmen und aufgreifen, ihnen Futter und freie Bahn verschaffen und so dem Anfangszauber den Boden bereiten.

Wenn Pädagogen sich anstecken lassen, wenn sie sich mit Neugier und der Bereitschaft zu staunen auf die Suche nach der Entdeckerfreude und Bildungsabenteuerlust der Kinder begeben, entsteht eine neue Qualität in der Beziehung zwischen Kindern und Erwachsenen.[11]

↗Siehe auch: Abenteuer, Bildung, Kreativität, Neugier, Übergänge

Angebote

Viele Eltern und Pädagogen sehen in den sogenannten pädagogischen Angeboten den Dreh- und Angelpunkt der Bildungsqualität: Zeige mir deine Angebote, ich sage dir, ob du eine gute Erzieherin bist. Manche Teams hängen ihre Angebote aus wie der Gemüseladen um die Ecke. Fehlt nur noch das Sonderangebot: Frisches Frühenglisch zum halben Preis...

Traditionell wird mit »Angebot« umschrieben, was Erzieherinnen planen, vorbereiten und durchführen. Das gilt als besonders wichtig. Alles andere, Spielen zum Beispiel, ist nett, aber nicht so wichtig.

Obwohl alle neueren Erkenntnisse aus Neurobiologie und Frühpädagogik darauf verweisen, dass Kinder sich in ihren Auseinandersetzungs- und Verarbeitungsprozessen bilden und sich der Fokus folglich verstärkt auf ihr Erleben richten muss, wenn wir kindlicher Bildung auf die Spur kommen wollen, obwohl die Bildungspläne und -programme fast alle dieses neue Bildungsverständnis beschwören, obwohl wir Erwachsene aus eigener Erfahrung wissen, dass nur »hängen« bleibt, was für uns selbst von Bedeutung ist – es scheint, als ob die alten Vorstellungen unsterblich sind.

Kein Wunder, dass Erzieherinnen sich angesichts der widersprüchlichen Botschaften, die sie seit Jahren empfangen, nicht sicher sind, was »richtig« ist und was von ihnen erwartet wird. Da werden neuerdings jede Menge Fortbildungsangebote zu den verschiedenen Bildungsbereichen beworben, die das traditionelle Rollenverständnis eher bestätigen als aufbrechen. An die Stelle altbackener Bastelangebote treten anspruchsvolle Experimente, mit denen man punkten kann, selbst wenn man sie weder interessant findet noch versteht. Was bleibt, das ist die Vorgabe durch Erwachsene. Dafür gibt es Anerkennung.

Je jünger die Kinder, umso geringer ist der Anteil an fest geplanten Angeboten. Zu sehr dominieren die Anforderungen des wirklichen Lebens. Zum Glück – für die Kinder.

Das sehen Eltern und Erzieherinnen leider häufig anders. Kolleginnen zerbrechen sich den Kopf, um einen Wochenplan mit Angeboten zu bestücken und damit ihre Professionalität zu beweisen: Malen, Singen, Turnen, Kreisspiele, Fingerspiele, musikalische Früherziehung, Frühenglisch. Damit bestärken sie die Eltern, solche Angebote für das Wichtigste zu halten. Natürlich wollen die dann wissen, ob und woran ihr Kind beteiligt war. Also führen Erzieherinnen Listen: Welches Kind hat wobei mitgemacht? Fällt ein Angebot aus, wird das gar nicht gern gesehen. Kinder, die sich verweigern, geben Anlass zur Sorge. All das setzt die Erzieherinnen erneut unter Druck. Ein fataler Kreislauf.

Das Stöhnen über Eltern und ihre überzogenen Erwartungen ist unangebracht. Woher sollen Mütter und Väter es besser wissen, wenn die Profis keine

11 Solche Prozesse schildert Rosy Henneberg nachvollziehbar, zum Beispiel in: Henneberg u. a.: Mit Kindern leben, lernen, forschen und arbeiten. Kallmeyer, Seelze-Velber 2004

anderen Botschaften senden und keine neuen Erfahrungen ermöglichen?

Doch Erzieherinnen sind häufig unsicher. Vor allem scheint es ihnen schwer zu fallen, die Hauptrolle in dem Stück, das »Bildung« heißt, den Kindern zu überlassen. Denn welche Rolle bleibt ihnen dann noch? Ich behaupte: eine spannende und befriedigende.

Zunächst gewinnen sie Zeit. Denn je mehr sie sich auf besondere Angebote konzentrieren, dafür Zeit und Energie aufwenden, desto weniger Zeit bleibt für die Kinder, ihre unmittelbaren Bedürfnisse und spontanen Aktivitäten.

Bildung von den Impulsen der Kinder her zu denken, das führt zwangsläufig dazu, den Begriff »Angebote« neu zu definieren und Angebote der anderen Art zu entdecken.

Raum und Material ist das erste Angebot und immer verfügbar – drinnen wie draußen.

Je nachdem, was das Umfeld bietet, können Kinder ihren Bewegungs- oder Ruhebedürfnissen nachgehen, Herausforderungen annehmen, Neues kennen lernen, sich zurückziehen, zuschauen, handelnd tätig werden. Welche Interessen sie entfalten und welche Kompetenzen sie zeigen, das hat nicht nur mit ihren individuellen Voraussetzungen und Begabungen zu tun, sondern mit den Anreizen, die ihnen täglich begegnen, und den Gelegenheiten, sich zu erproben.

Die Kindertagesstätte kann ein Ort sein, der die Fülle und Vielfalt der Welt zugänglich macht.

Für all das, was Kinder zu Hause nicht kennen lernen oder tun können, kann die Kita Raum bieten. Dazu gehört auch die Welt um die Kita herum, eine Welt mit jeder Menge Abenteuerpotenzial.

Mindestanforderung sind Bewegungsräume aller Art, denn Bewegung ist die elementare Form, in der Kinder die Welt erobern und ihre Fähigkeiten entwickeln. Genauso wichtig sind Ruhezonen und Rückzugsbereiche.

Basis(raum)bedingungen für Kinder – je jünger, umso bedeutsamer – sind Matsch-, Plansch- und Wasserexperimentierplätze drinnen und draußen.

Aber auch »malerische« Gestaltungsmöglichkeiten und Gerätschaften, um Töne und Rhythmen zu erzeugen, gehören zur Basisausstattung, die eine Kita im Angebot haben sollte.

Unverplante Zeit ist das wertvollste Angebot, das wir Kindern machen können, damit sie sich in ihre Vorhaben vertiefen können. Das ist ja gerade eine ihrer Kompetenzen: Ganz im Hier und Jetzt zu sein, einzutauchen, Störungen auszublenden und sich auf das zu konzentrieren, was sie interessiert. Dabei bilden sie sich.

Selbst wir Erwachsene profitieren davon, denn wir haben die Chance, eine andere Erfahrung zu machen: Zeit haben, um mit Kindern auf Entdeckungsreise zu gehen, uns einzulassen, mitzuspielen, ganz nah dabei zu sein.

Unverplante Zeit gestattet es, einen Ruhepol zu schaffen: Jemand sitzt an einem Ort, den die Kinder gut erreichen können, und ist einfach nur da, für die Kinder. Das ist mehr, als Kinder üblicherweise gewohnt sind. Das ist Luxus.

Offenheit und Gelegenheit für eigensinnige Unternehmungen, ausgiebige Forschungen, für Streifzüge, Abenteuerlust und Lebensfreude – das ist ein Angebot, das Kinder gern annehmen. Aus Gelegenheiten erwachsen Ideen für weitere Angebote in Form von Material und Aktionen. Vorausgesetzt, wir nehmen wahr und greifen auf.

Natürlich funktioniert es auch umgekehrt: Gelegenheiten schaffen, Spuren legen. Ideen der Kinder entstehen aus kleinen, feinen Angeboten und Impulsen der Erwachsenen. Hier ein Klumpen Ton, dort ein Lied zur Gitarre, ein Haustier mitbringen, Plätzchen backen, den Dachboden erkunden, denn die Bodentür steht offen... Aus allem kann etwas Interessantes und Weiterführendes entstehen und wachsen. Kann, aber muss nicht.

Das Angebot der Aufmerksamkeit hat zwar mit Zeit zu tun, aber nicht nur. Entscheidend ist der veränderte Fokus: Offen sein für die Signale der Kinder, ihre Impulse und Bedürfnisse; verstehen wollen, worin der Sinn ihres Tuns liegt, und darauf angemessen reagieren.

Das ist schwer genug. Denn was wir sehen, aufgreifen oder fallen lassen, hat mit uns zu tun.

Das Angebot der erwachsenen Personen. Sie sind unterschiedlich, und jede Person ist besonders: Damit bietet sich den Kindern ein Spektrum an Charakteren, Temperamenten, Interessen und Leidenschaften. Wer ist die Ruhe in Person? Wer macht gern Quatsch? Wer singt oder spielt Gitarre? Wer ist kuschelig rund? Dem nachzuspüren, wie wir uns selbst und einander wahrnehmen, richtet den Blick auf diese Ressourcen.

Wie jedes Angebot müssen Kinder auch das Angebot an Personen ablehnen können. Die Freiheit der Wahl und das Neinsagen als grundlegendes Recht gilt ganz besonders in Beziehungen zu Erwachsenen – nicht zuletzt als Beitrag zur Stärkung gegenüber jeder Art von Übergriffen.

Wenn es gelingt, einen Rahmen für Achtsamkeit und Differenzierung zu schaffen, in dem Kinder in ihren individuellen Besonderheiten gesehen und in ihren eigenwilligen Bildungsbewegungen respektiert und unterstützt werden, ist dies das beste Angebot, das Kindern begegnen kann.

↗Siehe auch: Abenteuer, Achtsamkeit, Bildung, Differenzierung, Raum, Resonanz, Zeit, Zeug zum Spielen

Anregungen

Kinder müssen nicht an alles »herangeführt« werden. Sie lassen sich von vielem anregen und erkunden ihre Umwelt von allein. Manchmal intensiver, als uns lieb ist.

Kinder begreifen, was sie greifen können. Sie lernen, was sie kennen lernen, und entwickeln Fähigkeiten in Bereichen, für die es Erprobungsfelder gibt.

Anregen kann nur, was da ist. Welche Erkenntnisse Kinder gewinnen, welche Fähigkeiten und Kompetenzen sie erwerben, welche Entwicklungschancen sie erhalten, das hängt in hohem Maße vom Anregungsreichtum ihrer Umgebung ab. Ihre gesamte erreichbare Umwelt ist Erlebnis- und Erfahrungsraum – und in diesem Sinne anregend. Entscheidend ist folglich, wie dieser Erfahrungsraum gestaltet ist, welche Anregungen er bietet.

Unterschiedliche Bodenbeläge regen die Wahrnehmung an, wenn man sie mit Händen und nackten Füßen fühlt. Wände mit verschiedenen Materialien regen zum Entdecken und Betasten an, Kletterlandschaften verführen zum Erklimmen, Körbchen mit weichen Kissen laden zum Kuscheln ein, und Bücherecken locken zum Betrachten von Bilderbüchern. Sanft beleuchtete Höhlen laden zum Verweilen ein und Rennstrecken gestatten Geschwindigkeit.

Sind Beobachtungsposten in allen Räumen vorhanden, wirken sie wie eine Aufforderung, sich niederzulassen und dem Treiben zuzuschauen. All das sind Anregungen, die ohne jedes Zutun wirken.

Doch das Wichtigste ist die Anregung, die Kinder erfahren, wenn Erwachsene mit Aufmerksamkeit und Interesse auf das reagieren, was sie tun und sagen wollen. »Nur Resonanz beflügelt, sie ist die stärkste Quelle der Produktivität«, sagt Reinhard Kahl.[12]

Anregung in Sachen Anregungen für kleine Kinder

Musik machen: Dafür muss man keine teuren Instrumente anschaffen oder Spezialistin für musikalische Früherziehung sein. Alltagsgegenstände eigenen sich, um Klänge und Rhythmen zu erzeugen. Auch der eigene Körper ist ein Instrument, das man entdecken kann. Ein paar Trommeln zusätzlich sind wunderbar.

Musik kann den Tag strukturieren: Ein Trommelwirbel zur Begrüßung, Singen im Bad, Tischmusik mit Löffeln, ein Fingerspiel oder Reimlied zum Abschied, damit auch die Eltern es lernen... Dauerberieselung aus der Konserve gibt es nicht.

12 Aus dem Film »Lob des Fehlers«

Wasserspiele ermöglichen (Haushaltsutensilien zum Schütten oder Kippen sind sehr anregend), Schaumorgien und andere Sinnesereignisse veranstalten, zum Beispiel Kindermassagen oder gemeinsames Duschen.

Erkundungsgänge in die Welt außerhalb der Kita unternehmen, zum Beispiel in den Wald, zu den Vögeln, Eichhörnchen, Käfern und Ameisen...

Handpuppen als »Besucher« einführen. Das fasziniert die Kinder und löst in manchen Fällen Schüchternheit oder andere Blockaden.

Bilderbücher selbst gestalten: Gesammeltes einkleben und Geschichten dazu schreiben, die Bücher regelmäßig anschauen und darüber erzählen. Anregend sind auch Kombinationen: Einzelteile aus Bilderbüchern und selbst gestaltete Seiten.

Die Kinder am wirklichen Leben beteiligen: fegen und wischen, den Geschirrspüler einräumen, Wäsche waschen, Tische decken... Gerade jüngere Kinder lieben es, zu tun, was die Großen tun, und wichtig zu sein. Wir sollten sie nicht daran hindern, nur weil sie es nicht genauso machen wie wir.

Anregungen bieten alle alltäglichen Verrichtungen, wenn sie nicht nur abgearbeitet, sondern in ihrer Bedeutung für die Kinder gesehen und genutzt werden.

↗Siehe auch: Atelier, Bilderbücher, Disko, Fingerspiele, Musik, Raum, Rituale, Wasserspiele

Atelier

Kinder lieben es, Spuren zu hinterlassen. Ein Patsch mit der Farbenhand löst große Freude aus. Noch mehr Patsche, Immer wieder, mit beiden Händen, und schließlich viele Hände auf ein Blatt.... Begeisterung! Das Ganze mit den Füßen? Auch nicht schlecht. Alle laufen durch Farbe und dann über großes Packpapier. Echte Spuren!

Kreise und Tupfen, Farbenrausch auf Papier und am eigenen Körper sind neben Wasserspielen das Schönste für kleine Kinder. Sie schauen auf ihre Hände und auf das, was diese Hände geschaffen haben. Sie spüren dem Gefühl der Farbe an den Fingern nach und wischen sie sich genüsslich an der Kleidung ab. Schon wieder eine Spur!

Diese Lust fängt beim Schmieren des Marmeladenbrots an und hört beim Malen an der Wand oder Staffelei noch lange nicht auf. Wir können Kindern gar nicht genug Gelegenheiten bieten, sich gestaltend auszudrücken.

Kleine Kinder sind unbefangen und voller Hingabe im Erproben von Material und Techniken. Je jünger, umso mehr. Sie haben noch keine Bewertungsskala übernommen und unterstehen nicht dem Diktat von »Richtig« oder »Schön«. Ohne Scheu lassen sie sich ein und vertiefen sich in alles, womit sie eine Wirkung erzielen. Malen, matschen, manschen, kleben, kneten, formen – möglichst großflächig und beidhändig. Im Stehen oder Liegen, mit und ohne Pinsel oder anderen Gerätschaften – nichts, was nicht erprobt wird.

Nur wenige Kinder haben von klein auf einen Widerwillen gegen »schmutzige« Hände. Sie brauchen andere Mittel und Materialien, um sich gestaltend auszudrücken.

Ein Atelier für die jüngsten Kinder? Seit uns Reggio überzeugte, beweisen viele Erfahrungen auch bei uns: Kleine Kinder genießen es, mit Farben und anderen Materialien zu experimentieren. Sie tauchen mit allen Sinnen und mit vollem Körpereinsatz ein. Wer sieht, mit welcher Begeisterung sie um den Kleistertisch laufen und mit beiden Händen auf dem Papier und an ihrem Körper Kunstwerke fabrizieren, wie sie dabei kommunizieren und einander zu neuen Ideen anstacheln, zweifelt nicht daran, dass er einem lustvollen Bildungsprozess beiwohnt.

Entscheidend für die Entfaltung der kindlichen Gestaltungskraft sind die Möglichkeiten, die wir ihnen bieten. Wenn Kinder nur am Tisch sitzend kritzeln können, auf mickrigem Papier und mit wenigen Stiften, wenn vor jeder Mahlzeit alles weggeräumt werden muss – was soll sich da entfalten? Die Verantwortung dafür, die verfügbaren Räume in der Kita so klug aufzuteilen, dass neben Ruhezonen und reichlich Bewegungsfreiraum auch ein Kreativbereich entstehen kann, liegt bei uns. Wir sind mit unserer Gestaltungskraft gefordert.

- Es gilt, einen ästhetisch ansprechenden Rahmen zu schaffen, der genügend Platz bietet, um sich auszuagieren, und bei aller Überschaubarkeit der Materialien so viele Arbeitsspuren zeigt, dass er zum »Farbrausch« einlädt.
- Es gilt, immer von neuem eine anregende Atmosphäre herzustellen, das Atelier mit eigenen Ideen und Impulsen zu beleben und den Kindern neue Techniken zu eröffnen.
- Es gilt, die eigene Leidenschaft für kreatives Gestalten zu wecken und Fantasien zu entfalten, wie ein inspirierendes Umfeld aussehen kann, welches

Material – es muss nicht immer teuer sein – sich eignet und wie es so aufbewahrt werden kann, dass es die Kinder anregt.

Welche Art von Spuren Kinder hinterlassen, ist von den Instrumenten abhängig, die ihnen zur Verfügung stehen. Wer Stifte nutzt, zieht vorwiegend Linien. Kinder, die kritzeln und »Krakel« produzieren, üben sich in ersten Schriftversuchen. Mit Pinsel und Wasserfarben machen sie Flächenerfahrungen und sehen, wie Farbe ineinander fließt und sich mischt. Wer mit den Händen Farbe und Kleister großflächig verschmiert, erlebt das Malen als Sinneswahrnehmung auf der Haut und als Bewegung. Besonders spannend ist es, eine Wand oder Tür zu bearbeiten – was ohne weiteres möglich ist, wenn es als Teil der Raumgestaltung verstanden wird. Hinterher wird das Ergebnis mit Lack überzogen und stolz präsentiert.

Wird eine Wand im Atelier mit Papier bespannt, können die Kinder im Stehen und mit ausladenden Bewegungen malen, eine Herausforderung für die Ein- bis Zweijährigen. Jüngere Kinder, die noch nicht allein stehen und laufen, sitzen auf großen Blättern und malen um sich herum.

In all diesen Fällen verbindet sich Bewegungslust mit Gestaltungslust. Körper und Geist werden gleichermaßen angesprochen und gefördert. Kreativität und Experimentierfreude, Materialerfahrung und das Erproben von Techniken gehen ineinander über – ein lebendiger Prozess und Bildung in Reinkultur.

Wichtig ist, dass die Kinder im Atelierbereich ausprobieren können, was sie mit Freude erfüllt, ohne dass wir Erwachsene ständig um Ordnung und Sauberkeit fürchten und schon deswegen eingreifen. Der Boden sollte wasserdicht und wischbar sein. Abwaschbare Hocker und Korbsessel dienen als Sitzmöbel. Apropos Sessel: Bequeme Sitzplätze für Erwachsene und Kinder, die zuschauen wollen, sollten in keinem Raum fehlen, auch nicht im Atelier.[13]

↗Siehe auch: Kreativität, Raum

Atmosphäre

Wenn wir einen fremden Ort betreten, spüren wir seine Atmosphäre sofort. Ohne dass wir sogleich sagen können, woran es liegt, teilt sie sich uns mit: einladend und freundlich, anregend und kommunikativ, warm, übersichtlich oder...

Die Atmosphäre ist der gefühlte Rahmen für Wohlbefinden oder Trübsinn und eine Voraussetzung für das Gelingen oder Misslingen der Arbeit mit Menschen jedes Alters.

Wie eine Atmosphäre auf uns wirkt, das hat auch mit individueller Wahrnehmung zu tun. Unser persönliches Befinden lässt uns auf unterschiedliche Weise reagieren. Erinnerungen und Erfahrungen spielen ebenso hinein wie aktuelle Erwartungen. Dennoch: Elemente einer guten Atmosphäre in Krippe und Kindergarten sind beschreibbar.

Zum Beispiel:
Räume, die überschaubar sind und zugleich zum Entdecken und Spielen einladen. Also nicht zu aufgeräumt, jedenfalls nicht Marke »Kahlschlag«. Ordnung und Systematik sind kein Selbstzweck.

Räume, in denen man verweilen möchte, mit bequemen Plätzen – auch für Erwachsene –, die zum Beobachten ebenso einladen wie zum Mitmachen.

Räume mit angenehmen Lichtquellen, die dem dienen, was dort geschieht. Harmonische, zueinander passende Farben – nicht alles bunt und schon gar nicht grell. Höhlen dürfen ruhig dunkel sein.

Einladende Eingangsbereiche und Treppenhäuser, die zeigen, wer im Haus lebt, was hier geschieht. Räume, die Botschaften senden. Aushänge in den Sprachen der Familien, die ein und ausgehen, Bilder von Kindern und Erwachsenen, Ausstellungen und – auf einen Blick wahrnehmbar – die Leitgedanken der Arbeit. Der Eingangsbereich ist quasi die Visitenkarte des Hauses. Deswegen wundert es mich, wie lieblos er häufig wirkt.

Die Atmosphäre eines Hauses steht und fällt mit den Menschen, die darin arbeiten. Der berühmte »Ton« macht die Musik: Achtsamer Umgang mit Kindern, Eltern und Besuchern, zugewandte, respektvolle Erwachsene und vergnügte, unternehmungslustige, kommunikative Kinder – an einem solchen Ort fühlt man sich wohl und willkommen. Der Eindruck, auf Interesse zu stoßen, Erzieherinnen, die hellwach und aktiv sind, die sich ersichtlich Zeit nehmen und sich vertiefen, Lebendigkeit und Fröhlichkeit, Gelassenheit und Kompetenz – all das macht Atmosphäre aus.

In einer Einrichtung, in der Kinder leben, wirkt weder totale Funkstille besonders einladend noch »kreatives« Chaos mit durchgehend hohem Ge-

13 Zur Vertiefung und weiteren Anregung siehe: von der Beek, A.: Pampers, Pinsel und Pigmente – Ästhetische Bildung von Kindern unter drei Jahren. Betrifft KINDER extra, verlag das netz, Weimar/Berlin 2007. Und: van Dieken, Chr./Effe, B.: Die Kinderkunstwerkstatt. Ein Handbuch zur ästhetischen Bildung von Kindern unter drei Jahren. verlag das netz, Weimar/Berlin 2010

räuschpegel. Zu erleben, dass Kinder weinen und sich niemand um sie kümmert, das wirkt abschreckend. Ebenso, wenn ein Kind lieblos mit »Ist doch nicht so schlimm« abgefertigt wird. So etwas macht Eltern Angst: Wie wird es meinem Kind hier ergehen?

Welche Atmosphäre spürbar wird, das hängt auch davon ab, ob die Erzieherinnen Freude an ihrer Arbeit haben, ob sie Kinder mögen, sich gern auf sie einlassen, sich für ihre Belange einsetzen und sich für ihre Ideen interessieren. Man merkt sofort, ob das so ist.

Selbstverständlich sind Erzieherinnen keine Übermenschen, die unter allen Bedingungen munter und gelassen bleiben. Nicht sie allein tragen die Verantwortung für die Qualität ihrer täglichen Arbeit. Jede Forderungen an persönliche Weiterentwicklung, gemeinsame Reflexion und kontinuierliche Kompetenzerweiterung muss sich zugleich an den Träger und die politische Ebene richten. Dort sitzen die Verantwortlichen dafür, dass Entwicklung stattfinden kann. Wachsender Druck schafft keine gute Atmosphäre, sondern nimmt die Luft zum Atmen.

↗Siehe auch: Elternbrief, Elternecke, Raum, Stillecke, Verabschiedung, Willkommen sein

Aufräumen

»Ordnung ist das halbe Leben« stand auf einem Küchentuch meiner Großmutter. Es scheint, dieser Spruch sitzt fest in den weiblichen Genen. Denn Ordnung ist das halbe Kinderleben – wenn es unter den Augen weiblicher Erwachsener stattfindet.

Sinn und Zweck von Aufräumaktionen stehen in Kitas zumeist außer Frage, obwohl sich Ordnungsvorstellungen und »Unordnungsschwellen« durchaus unterscheiden. Entsprechend unterschiedlich aufgeräumt sehen die Räume einer Kita aus, je nachdem, welche erwachsene Person sich dafür zuständig fühlt.

Im traditionellen Konzept tragen Gruppenräume die Handschrift der jeweiligen Gruppenerzieherinnen. Häufiges Aufräumen wird schon allein deswegen unumgänglich, weil der Platz begrenzt ist und die Tische vielfältig genutzt werden. Vor jeder Mahlzeit muss zwangsläufig....

Arbeiten Teams kooperativ und nutzen die Räume gemeinsam, kann man an deren jeweiliger Gestaltung das ästhetische Empfinden und den Ordnungssinn der zuständigen Kolleginnen erkennen. Ähnlich unterschiedlich gestalten sich die Aufräumpflichten der Kinder. Was sie darüber denken oder wollen, steht leider fast nie zur Debatte.

Vielleicht könnten wir etwas lernen, wenn wir den Kindern zuhörten oder ihren Spuren folgten – immer eingedenk, dass sie ohnehin nur in dem Rahmen agieren können, den wir setzen. Vielleicht würde uns die Frage nach der anregenden Kraft von Ordnung und Systematik einerseits, von Unordnung und Chaos andererseits weiterbringen, wenn wir dafür offen wären...

Kinder kommen nicht mit Ordnungsvorstellungen zur Welt, jedenfalls nicht mit unseren.

Für uns Erwachsene steht meist eine Ordnung im Vordergrund, die sich über »sauber und aufgeräumt« definiert. Das muss nicht zwangsläufig systematisch oder anregend sein.

Die innere Systematik kann man erkennen, wenn – von Reggio inspiriert – ein Atelier oder eine Werkstatt eingerichtet wird und die Materialien nach Farben oder Funktionen aufbewahrt werden. Dann entsteht Ästhetik aus Systematik.

Wer Kinder beobachtet, sieht, dass sie oft konzentriert dabei sind, Ordnung in Unordnung zu bringen, Muster zu entdecken und zu entwickeln. Egal, um welche Materialien es sich handelt – Kinder haben offenbar den Drang, Dinge zu sortieren: Knöpfe oder kleine Autos, farbige Bauklötzer oder Tiere. Es scheint so etwas wie ein inneres Modell zu geben, dass wir alle in uns tragen und dem wir folgen, wenn wir die Chance bekommen, mit reichlich Material gleicher und verschiedener Prägung zu hantieren.[14] Folgt man diesem Gedanken, ist es spannend, herauszufinden, was die Kinder fasziniert, was sie tun und welchen Sinn dieses Tun für sie hat. Besonders bei jungen Kindern kann man verschiedene Stadien und Schwerpunkte ihres Interesses erkennen: sammeln und sortieren, stapeln und in Reihe legen, Linien und Kreise ziehen, Kleines in Großes packen und es umgekehrt versuchen, Farben zuordnen, Symmetrie herstellen... Gehen wir von den Impulsen der Kinder aus, statt gegen sie anzuarbeiten, kann die kindliche Lust am Ordnen und Sortieren mit dem Aufräumbedürfnis Erwachsener vielleicht eine produktive Verbindung eingehen. Möglicherweise finden wir mit den Kindern neue Ordnungssysteme: Alles Rote in die eine Kiste, alles Blaue in die andere. Alles Runde in den Korb,

14 Siehe auch: Hülswitt, K. L.: Material als Denkwerkzeug. Kinder begreifen Mathematik durch Zählen, Ordnen und Strukturieren. In: TPS, Heft 10/2003

alles Eckige in die Schublade. Oder alles nach Größen aufgereiht. Oder...

In Team-Auseinandersetzungen um die Aufräumfrage kommt es darauf an, jenseits aller persönlichen Ordnungsvorstellungen einen gemeinsamen Bezugspunkt zu finden. Dieser Punkt kann sich nur aus dem ergeben, was die Potenziale der Kinder ermöglichen. So lange wir lediglich unsere Perspektive im Auge haben, wird das jedoch kaum gelingen

Ein aufgeräumter, von Systematik geprägter Rahmen ermöglicht Kindern...

Übersicht

Die Kinder finden sich schneller zurecht und wissen, wo ihre Lieblingssachen verstaut sind. Ist alles von außen sichtbar und in ihrer Höhe untergebracht, können sie selbst holen, was sie brauchen, weil sie wissen, wo sie es finden. Das schafft Sicherheit und macht unabhängig.

Wahrnehmung

Ein systematisch und ästhetisch gestaltetes Umfeld wirkt auf das Denken und Empfinden, begünstigt eine angenehme und ruhige Atmosphäre. Es liegt in der Verantwortung der Erwachsenen, den entsprechenden Rahmen immer wieder herzustellen.

- Leere Flächen: Sie schaffen den Anreiz, wieder von vorn anzufangen: auskippen, sortieren und neue Ordnungen herstellen.

Aufräumen wird in aller Regel nicht als Aufgabe von Erzieherinnen angesehen, sondern als Pflicht der Kinder. Sie sollen aufräumen, was sie durcheinander gebracht haben, und dabei Anpassung und soziale Verantwortung lernen. Wichtiger als das Ergebnis der Aktion scheint zu sein, wer sich durchsetzt. Darum geht es in Auseinandersetzungen über Aufräumen – auch in Familien – nicht selten um Grundsatz- und Machtfragen. Die Sache selbst gerät dabei zuweilen in den Hintergrund.

Welche Erziehungs- und Bildungsziele werden mit Aufräumaktionen verfolgt? Welche Erfahrungen machen Kinder dabei?

Selbstständigkeit und Selbstverantwortung

Die Kinder erleben, dass sie es sind, die das Chaos beseitigen, Ordnung und Übersicht schaffen – ganz abgesehen vom wieder gewonnen Platz. Das macht stolz und zufrieden. Doch nur dann, wenn es ein selbst gewollter Akt ist.

Achtung vor Spiel- und anderen Materialien

Die Form der Aufbewahrung ist ein Ausdruck **unserer** Achtung. Wenn alles herumfliegt, geht manches verloren und vieles kaputt, wissen wir aus Erfahrung. Die Kinder brauchen eigene Erfahrungen, um ähnliche Schlüsse ziehen zu können. Erklärungen nützen ihnen nichts. Wenn sie erleben, wie unangenehm es ist, dass ein Puzzleteil fehlt, ein Buch auseinanderfällt, das Lieblingsspielzeug verschwunden ist, begreifen sie den Zusammenhang. Also nicht lamentieren, sondern gemeinsam auf die Suche gehen und dabei aufräumen – Gelegenheit zu Erfahrung und Erkenntnis. Was gut funktioniert: vergnügliche Aufräumrituale.

Systematik

Das Aufräumen nach bestimmten Zuordnungskriterien – Spielfunktionen, Farben, Größen – schafft die Gelegenheit, Systematik zu erproben. Zwar gibt es pädagogisches Spielzeug, das genau diese Fähigkeiten trainieren soll, doch die Anschaffung kann man sich sparen und stattdessen mit den Kindern aufräumen. Wenn Bauklötze gestapelt oder Spielsachen nach Farben sortiert werden, macht das sogar Vergnügen.

Pflichten

Wer spielt, soll auch aufräumen. Manche Kinder ziehen daraus den Schluss: Wenn ich mit den Klötzern spiele, muss ich hinterher alles wegräumen. Also spiele ich lieber gar nicht erst.

Dies wird begünstigt, wenn eine Regel besteht, dass jeder wegräumt, womit er selbst gespielt hat. Besser sind gemeinsame Aktionen. Sie ermöglichen die Erfahrung von Gemeinschaft und Zugehörigkeit: Das sind unsere Räume und Sachen. Außerdem schaffen sie eine Basis für das Bedürfnis, soziale Verantwortung übernehmen zu **wollen**.

Grundsätzlich sollten wir beim Aufräumen nichts verlangen, wozu die Kinder nicht reif sind. Selbst wenn sie Spaß daran haben, heißt das nicht, dass sie den Sinn und Zweck unserer Ordnung verstehen. Während jüngere Kinder meist mit Begeisterung dabei sind, wird das Aufräumen mit zunehmendem Alter erfahrungsgemäß zu einer lästigen Pflicht und deshalb verweigert. Erwachsene greifen dann gern zu Strafen: Spielzeug wird vor den Augen der Kinder zusammengefegt und verschwindet in einem großen Sack, denn: »Ihr habt ja nicht aufgeräumt!«

Was lernen die Kinder dabei? Bestimmt nicht, den Sinn von Ordnung und Aufräumen zu verstehen. Wohl aber erleben sie, dass Erwachsene die Macht haben, ihnen wegzunehmen, was ihnen lieb ist. Eventuell sind sie das nächste Mal brav und tun, wie ihnen geheißen: Anpassung an die realen Machtverhältnisse.

Es geht auch anders. Der Grundsatz von Emmi Pickler – Selbständigkeit der Kinder aus Freude und nicht als Aufgabe oder Pflicht[15] – passt in diesem Zusammenhang.

Wir beginnen mit dem Aufräumen, weil wir es für sinnvoll halten, und freuen uns über das Mitwirken der Kinder. Wir machen unsere Aktion aber nicht davon abhängig, erpressen die Kinder nicht, drohen ihnen nicht, und erst recht bestrafen wir sie nicht. Sondern wir stecken an, indem wir das Aufräumen wie ein Spiel betreiben, dann macht es selbst uns Spaß. Kleine Kinder machen begeistert mit und sind stolz, denn sie wissen schon, dass die Bälle in den großen Korb gehören, die Puppen in die Puppenecke, die Autos in den Spielschrank und die Bausteine in die Schublade.

Die meisten Kinder haben Freude am gemeinsamen Tun und an »richtiger« Arbeit. Vergnügen macht nicht nur das Aus-, sondern auch das Ein- und Umräumen. Dabei entwickeln sich neue Spiele: Zielen und werfen, stapeln und sortieren. Welche Puppen zusammen sitzen oder schlafen ist kein Zufall, sondern Teil eines Rollenspiels. Kuscheltiere schließen Freundschaft oder stellen sich wie die Orgelpfeifen auf. Autos und Laufräder werden eingeparkt – rückwärts oder vorwärts, je nach Fahrpraxis.

Aufräumen ist nicht alles. Angefangene Spiele oder Bauwerke müssen stehen bleiben, um zu anderer Zeit fortgesetzt werden zu können. Räumen wir ständig alles weg, damit unsere Ordnung wieder hergestellt wird, erleben die Kinder dies als mangelnde Achtung und Beachtung ihres Tuns. Außerdem nehmen wir den Kindern die Lust am Spiel, unterbrechen ihre Lernprozesse und die Kontinuität ihrer Vorhaben. Kein Wunder, wenn sie den Eindruck bekommen, es lohne sich nicht, sich anzustrengen. So produzieren wir Resignation und Aggression, über deren Äußerungsformen wir uns später aufregen.

Um kindliche Werke zu erhalten, sollte Raum geschaffen werden. Gibt es verschiedene Aktionsbereiche, kann etwas stehen und liegen bleiben, ohne zu stören.

Auch für Eltern ist das Aufräumen ein alltägliches Problem im Zusammenleben. Sobald die Kinder krabbeln und ihre Spielkisten ausräumen, wird es ernst. Deshalb wird das Thema »Aufräumen« am Elternabend vermutlich auf breites Interesse stoßen.

Nicht nur prinzipielle Fragen, sondern auch die Aufräummodalitäten in der Kita sollten mit den Eltern besprochen werden. Sie müssen wissen, wie wir diese Dinge handhaben, was wir von ihnen erwarten – und umgekehrt sollten wir die Vorstellungen und Erwartungen der Eltern kennen. Wie ist das zum Beispiel mit den Hausschuhen und Schals, die nicht zu finden sind? Vielleicht gibt es Ideen oder Vorschläge, um unnötigen Stress und Konflikte zu vermeiden.

Formulieren wir nicht nur Ansprüche aneinander, sondern diskutieren über den Sinn und die Wirkung bestimmter Verhaltensweisen auf die Kinder, trägt das zur Klärung von Qualitätsvorstellungen bei. Konkret: Welche Bedeutung hat es, wenn beim Abholen Zeit für eine gemeinsame Spielaktion vorhanden ist? Wie wirkt es auf ein Kind, wenn es mit »Hast du schon aufgeräumt? Beeil dich…« begrüßt wird? Was schließt ein Kind daraus, wenn die Eltern sich um gar nichts scheren, sondern es nur schnappen und davoneilen? Was passiert in der Beziehung zwischen Eltern und Erzieherinnen, wenn wechselseitige – offene oder heimliche – Vorwürfe dominieren?

Das sind Alltagserfahrungen. Doch sie prägen unsere Bilder voneinander.[16]

Natürlich geht es nicht darum, für jede x-beliebige Situation einen Ablauf festzulegen. Aber Grundsätzliches in Sachen Aufräumen sollte zwischen Eltern und Erzieherinnen verabredet werden. Begründete Ausnahmen werden selbstverständlich berücksichtigt.

Damit kann der tägliche Kleinkrieg, der Nerven kostet und Energie raubt, beendet und Platz für konstruktives Miteinander geschaffen werden. Dies gilt nicht nur für das Verhältnis von Eltern und Erzieherinnen, sondern genauso für Erzieherinnen untereinander.

↗Siehe auch: Barfuß, Kooperation, Regeln, Verabschiedung

---

15 Pikler, E.: Friedliche Babys – zufriedene Mütter. Herder, Freiburg 2008

16 Ein Tipp in Sachen Aufräumen der anderen Art: »Kunst aufräumen«, ein Buch von Ursus Wehrli. Der Autor setzt den genialen Einfall um, bekannte Kunstwerke auseinanderzunehmen und neu zu sortieren. Da werden die Quadrate aus Paul Klees »Farbtafel« nach Farben sortiert und gestapelt, die Einzelteile von Matisses blauer Frau – »Nu bleu« – werden der Größe nach aufgereiht. Besonders witzig für Kinder: In van Goghs »Schlafzimmer« wird alles unter dem Bett verstaut.

Aufsichtspflicht

Ein leidiges Thema und nicht selten ein Konfliktpunkt zwischen Erzieherinnen und Eltern.

Geht es darum, Kinder loszulassen und ihre mutigen Unternehmungen nicht zu stoppen, wendet garantiert jemand ein: »Wir würden ja, aber die Eltern...« Spätestens dann kommt die Aufsichtspflicht ins Spiel. Doch oft verbergen sich dahinter eigene Ängste. Denn die Aufsichtspflicht besagt mitnichten, dass klettern und rennen, Stufen erklimmen, schaukeln oder mit Messer und Gabel hantieren auszuschalten sind. Im Gegenteil.

So viel steht fest: Wer alle Gefahren in den frühen Jahren ausschalten will, behindert Entwicklung und provoziert größere Katastrophen in späteren Zeiten. Es geht mitnichten um permanente Draufsicht und Bewachung, wie Erzieherinnen vermuten. Eltern denken das ebenfalls – und setzen Erzieherinnen unter Druck, sobald ihr Kind eine Beule oder eine andere Blessur hat.

Der Gesetzgeber weiß es besser: Die Kita soll Erfahrungen ermöglichen. Die Aufsichtspflicht ist dem Bildungsauftrag nachgeordnet.

»Pädagogik soll Selbständigkeit anstreben. Diese besteht weitestgehend in der Wahrnehmung von Verantwortung gegenüber sich selbst und anderen. Verantwortung heißt, für eigenes Tun einzustehen. Damit niemand sich damit übernimmt, werden entsprechende Kompetenzen und Eigenkontrolle benötigt. Selbstständigkeit ist nichts anderes als die Aufsicht über sich selbst!«[17] Mehr muss man dazu nicht sagen.

Entscheidend ist, dass wir Erwachsene uns verantwortlich verhalten. Das bedeutet, dass wir die Kinder in ihren Fähigkeiten und Verhaltensweisen kennen und ihnen individuell angemessene Handlungsfreiräume verschaffen. Mit zunehmendem Alter und wachsender Sicherheit der Kinder sollen diese Freiräume ebenfalls wachsen. Doch letztlich sind die Erfahrungshintergründe, die Voraussetzungen und aktuellen Befindlichkeiten jedes einzelnen Kindes ausschlaggebend für die Entscheidung: Wem kann ich was zutrauen? Welche Konstellationen sind erfahrungsgemäß schwierig? In welcher Verfassung ist ein Kind?

Hilfreich ist es, wenn das Team einen gemeinsamen konzeptionellen Rahmen entwickelt hat, in dem es sein Bildungsverständnis und die Bedeutung eigenständiger Aktionsmöglichkeiten der Kinder begründet und regelt, welche Erwachsenen sich wann wo aufhalten und in diesem Bereich verantwortlich sind. Mit älteren Kindern kann man Verabredungen treffen und klar machen: Sich daran zu halten ist Voraussetzung, Freiräume zu behalten.

↗Siehe auch: Abenteuer, Ausprobieren, Bildung, Loslassen

Aufsteiger

Dieser Begriff stammt aus der Kita »Fiorella« in Berlin-Höhenschönhausen – ein Haus mit drei Etagen und drei Abteilungen. Das Team folgt dem Konzept der Offenen Arbeit seit 20 Jahren und entwickelt es weiter. Es gibt eine extra Krippe und das Grundverständnis, den Spuren der Kinder zu folgen, wahrzunehmen, was sie wollen, und dem nachzugehen. Nur logisch, dass daraus die Erkenntnis folgt: Kinder sind verschieden – in jedem Alter.

In der Krippe ist täglich zu erleben: Manche Kinder wollen hinaus in die Welt, sprich: in die anderen Bereiche der Kita. Andere Kinder wollen das – noch – nicht. Darum fragt man nicht nach dem Alter, sondern achtet auf die Signale der Kinder. Wem anzumerken ist, dass die Welt außerhalb der Krippe spannend wird, der kann hinaus und »aufsteigen«, wortwörtlich: Die Krippe liegt im Erdgeschoss, und die Treppe in den ersten Stock hat viele Stufen.

All das steckt hinter dem Begriff »Aufsteiger«, der die T-Shirts der Kinder ziert, die aus der Krippe in die anderen offenen Bereiche wechseln. Natürlich haben die Kolleginnen besonderes Augenmerk auf die kleinen Aufsteiger.

Übrigens gibt es auch das probeweise Aufsteigen: Zwei Knirpse gehen »schnuppern«. Selbstständig, zielstrebig und ohne Angst erkundeten sie das noch unbekannte Gelände – freundlich und aufmerksam begleitet von den Blicken der verantwortlichen Erzieherinnen. Auch die älteren Kinder wenden sich den Schnuppernasen interessiert und liebvoll zu.

Besonders beeindruckte mich die Gelassenheit, mit der solche eigenständigen Erkundungstouren begleitet werden. Das wünsche ich allen Kindern: Sich auf die Socken machen können, wenn man es selbst will, von zuversichtlichen Erwachsenen wohlwollend begleitet.

↗Siehe auch: Abenteuer, Nest und Nestflüchter, Offene Arbeit

---

17 Prott, R.: Rechtshandbuch für Erzieherinnen. Luchterhand, Neuwied 1999, Seite 105

Ausprobieren

Kinder wollen alles anfassen, in den Mund stecken, untersuchen, ausprobieren – nichts ist vor ihnen sicher. Sie wollen den Dingen auf den Grund gehen, sie selbst begreifen, statt von uns fertige Antworten oder ein perfektes Produkt vorgesetzt zu bekommen.

Zugleich erproben sie ihre Kräfte und Fähigkeiten und freuen sich, dass sie jeden Tag ein bisschen mehr können. Mutig gehen sie Risiken ein, ziehen sich hoch, versuchen, an ein Spielzeug zu kommen, und fallen um. Wir Erwachsen sind ständig auf der Hut, greifen ein, helfen, nehmen weg, erklären, schimpfen, reglementieren – und können uns manchmal selbst nicht mehr hören.

Muss das so sein? Müssen wir den Kindern wirklich so oft in die Parade fahren? Müssen wir ihnen und uns selbst das Leben so schwer machen? Was hindert uns daran, in einem Haus für Kinder alles so herzurichten, dass sie die Möglichkeit haben, nach Herzenslust zu experimentieren, ohne Schaden zu nehmen oder anzurichten?

Was hindert uns, die Kinder Erfahrungen machen und ihre eigenen Schlussfolgerungen ziehen zu lassen? Was befürchten wir, wenn sie etwas tun, das in unserem wohlgeordneten Alltag so nicht vorgesehen ist?

Erstes Beispiel: Ein Kind versucht, aus Klößen Türme zu bauen. Das ist nicht gefährlich, und Klöße sind auch nicht wahnsinnig wertvoll. Nichts spricht gegen ein solches Experiment.

Doch! »Mit dem Essen spielt man nicht.« Ende der Durchsage. Ende der Forschung.

Das Kind lernt so nicht, dass Klöße in gekochtem Zustand glitschig sind, dass runde Formen nicht aufeinander stehen bleiben – es sei den, man klopft sie platt. Dafür lernt es etwas anderes: Es gibt eine Regel, die Erwachsene aufgestellt haben und die ich einhalten muss – wegen der Tischmanieren, der hungernden Kinder in Afrika oder warum auch immer…

Zweites Beispiel: Ein Kind zieht sich langsam, Stufe für Stufe, am Kletterturm hoch. Es strengt sich an und konzentriert sich auf sein Vorhaben. Jetzt ist es schon auf der zweiten Stufe angelangt. Guckt denn niemand? Doch, jetzt guckt jemand! Damit findet das Unternehmen auch schon sein Ende. Die Angst, das Kind könne runterfallen, verhindert weitere Kletteraktionen und damit wertvolle Körper- und Sinneserfahrungen. Vom Spaß und wachsenden Selbstbewusstsein ganz zu schweigen…

Drittes Beispiel: Ein Kind baut einen Turm aus Bauklötzen, wie es sich gehört. Als er fertig ist, schmeißt das Kind ihn um. Die Erzieherin kommentiert: »Schade, jetzt hast du ihn kaputt gemacht…« Damit ist die Bewertung klar: Aufbauen ist gut, umschmeißen ist schlecht, kaputt machen ist ganz schlecht. Dass es sich um ein Experiment gehandelt haben könnte, aus dem das Kind Erfahrungen und Erkenntnisse fürs Leben zieht – Fehlanzeige.

Nicht umsonst sagt der Volksmund: »Probieren geht über Studieren.« Und: »Aus Fehlern wird man klug.« Wir müssen die Kinder nicht motivieren. Aber wir müssen aufpassen, dass wir sie nicht demotivieren mit unserem Druck zur Anpassung an die Regeln der Erwachsenenwelt.

Naturwissenschaftliche und andere Grunderfahrungen – in Bildungsplänen und -programmen gefordert – werden inzwischen in besonderen Räumen und mittels spezieller »Angebote« gefördert. Dort, wo sie sich aus dem Leben und Interesse der Kinder wie von selbst ergeben, werden sie häufig weder gesehen, geschweige denn unterstützt. Verkehrte Welt!

Die kindliche Lust am Ausprobieren – und ihre Voraussetzungen

- Ideen der Kinder, auf die wir nicht (mehr) kämen, mit Interesse verfolgen und zulassen, dass sie etwas umfunktionieren oder an andere Orte transportieren. Zum einen hat das Tun der Kinder immer einen Sinn für sie, auch wenn wir ihn nicht erkennen. Zum anderen ist die Kita ein Haus für Kinder. Wo sonst, wenn nicht hier, sollen sie ihren Ideen folgen?
- Forschungsprozessen der Kinder – wenn irgend möglich – so lange Zeit geben, wie sie brauchen.
- Hilfe nicht aufdrängen, sondern nur dann geben, wenn wir das Gefühl haben, dass ein Kind es allein nicht schafft und unsere Unterstützung willkommen ist.
- Nur wenige Regeln aufstellen und ihren Sinn immer wieder hinterfragen.
- Fehler zulassen, ruhig bleiben, gelassen reagieren. Zu weiteren Versuchen ermutigen, denn nur so können sich Fähigkeiten und Erkenntnisse entfalten.
- Gelegenheiten bieten, die wachsenden Kräfte zu erproben, zum Beispiel beim Treppensteigen, hinauf wie herunter.
- Grenzen austesten lassen, Erfolgserlebnisse ermöglichen, aber das Ende der Fahnenstange sichtbar machen.
- Materialien für die Kinder erreichbar aufbewahren, damit sie selbstständig zugreifen können.
- Räume so gestalten, dass die Kinder sich gefahrlos nach eigenem Gusto ausprobieren können.

Wenn wir die Kinder das tun lassen, was in ihrem individuellen Programm »dran« ist, wenn wir ihnen alle Möglichkeiten zur Verfügung stellen, um sich eigenständig forschend ihrer Umwelt anzunähern, entdecken und entfalten sie ihre Fähigkeiten Schritt für Schritt. Sie werden selbstbewusst, stellen Zusammenhänge her, lernen, einander zu unterstützen und mit Fehlern oder Gefahren umzugehen. Sie werden selbständig und unabhängig.

↗Siehe auch: Erfolgserlebnisse, Individuelle Förderung, Gelassenheit, Grenzen, Regeln, Zeit

Austausch zwischen Eltern

Die meisten Eltern sind an Kontakten mit anderen Eltern interessiert. Dies zeigt sich zu Beginn der Kindergartenzeit besonders deutlich. Gerade beim ersten Kind sind Eltern oft unsicher und suchen den Erfahrungsaustausch.

Daher ist es sinnvoll, einen Rahmen zu schaffen, der die regelmäßige Kommunikation zwischen Eltern begünstigt, oder Elterntreffen gezielt zu organisieren. Das macht zwar anfangs etwas Mühe – Ideen finden, Einsatz zeigen –, lohnt sich aber, denn diese Investition zahlt sich zehnfach aus: in Zufriedenheit, wachsender Sicherheit und wachsendem Vertrauen der Eltern.

Neuen Eltern kann der Einstieg durch einer gemeinsamen Veranstaltung mit »alten« Eltern erleichtert werden. Positive Erfahrungen gibt es auch mit Partnerinterviews: Zum Beispiel werden neue Eltern mittels Tischkarten neben kitaerfahrene Mütter und Väter gesetzt. Ein Leitfaden in Form einer Wandzeitung dient der Orientierung im Dialog, die Zeitspanne – zum Beispiel 20 Minuten – ist vorgegeben. Anschließend stellen die Eltern einander in der Runde vor und berichten, was sie sich gemerkt haben oder bemerkenswert fanden.

Der Interviewleitfaden

- Wechselseitige Vorstellung, Name und Alter des Kindes
- Gibt es Geschwisterkinder? In der Kita?
- Wie lange ist das Kind schon in der Kita? Oder wann wird es aufgenommen?
- Welche Erfahrungen haben Sie bisher mit Betreuung außerhalb der Familie gemacht?
- Was wünschen Sie sich für Ihr Kind? Was soll es hier erleben und erfahren können?
- Was ist für Sie selbst von Bedeutung?
- Welche Befürchtungen und Ängste bewegen Sie?
- Was gefällt Ihnen hier? Was nicht?
- Erzählen Sie etwas über Ihr Kind: Was finden Sie besonders liebenswert?
- Wie erleben Sie Ihr Kind im Moment zu Hause?

Eine anregende und aufschlussreiche Frage ist: Welche Bedeutung hat der Name Ihres Kindes? Woher stammt er? Warum haben Sie ihn für Ihr Kind gewählt? Diese Frage eignet sich gut zum Einstieg in die Vorstellungsrunde.

Wichtig ist die Atmosphäre: ausreichend Raum, bequeme Stühle, Getränke, Knabberzeug, Blumen, Ruhe und Zeit. Vielleicht kann zu Beginn ein kleiner Film aus dem Kitaleben gezeigt werden. All dies vermittelt die Botschaft: Liebe Eltern, Sie sind uns willkommen. Wir möchten, dass die Kita auch für Sie ein Ort wird, an dem Sie sich gern aufhalten.

Was allein durch eine solche Veranstaltung bewirkt werden kann, ist enorm.

↗Siehe auch: Ängste von Eltern, Elternecke, Elternabende

Außengelände

In den Sommermonaten findet das Leben in Kindergärten überwiegend im Freien statt. Bei unfreundlicher Witterung oder im Winter wird das Außengelände dagegen seltener genutzt. Schade. Denn hier gilt – besonders wenn es sich um kleine Kinder handelt: Das Gute liegt so nah. Große Ausflüge müssen nicht sein; für die Jüngsten liegt die weite Welt direkt vor der Tür.

Sicher, kleine Kinder brauchen beim Anziehen noch Unterstützung, und das ist so zeitraubend wie anstrengend. Doch gerade das freie Gelände mit seinen Unebenheiten und Verlockungen ist ein wichtiges Erfahrungsfeld für Kinder, auf dem sie auch den übrigen Kindern des Hauses begegnen, ihnen zuschauen und Kontakt aufnehmen können.

Draußen spielen und das Außengelände erkunden, dies steckt gerade für die Jüngsten voller Abenteuer und Überraschungen. Sie können sich raumgreifender und ungestörter bewegen.

Es gibt mehr Freiheit und Freiraum als im Haus.

Darum sollten wir dafür sorgen, dass Kinder in jedem Alter und bei jedem Wetter die Wahl zwischen drinnen und draußen haben, den ganzen Tag über. Das ist nicht nur ein Beitrag zur Selbstbestimmung, es entspannt auch die Situation im Haus kolossal.

Insbesondere in der Arbeit mit Kleinkindern bringt die Möglichkeit, ohne große Umstände und Vorbereitungen in den Garten gehen zu können, Erleichterung und schafft die Voraussetzungen dafür, dass Erzieherinnen es wagen, den Kindern immer mehr zuzutrauen.

Bei der Entscheidung, wo die Räume der Jüngsten angesiedelt werden, ist zu bedenken, dass

Räume zu ebener Erde mit Türen ins Freie besonders praktisch sind. Doch es geht auch anders. Eine Terrasse mit Treppe oder Rutsche ist ebenfalls verlockend und wahrscheinlich spannender für die Kinder.

Der direkte Zugang erleichtert natürlich den Entschluss, die Kinder rauszulassen – egal, ob schon alle angezogen sind oder nicht. So muss im Winter niemand schwitzend auf der Bank warten, bis das letzte Kind im Schneeanzug steckt. Und wer morgens gleich durchstarten will, kann das tun – vorausgesetzt, die Erzieherinnen teilen sich zwischen drinnen und draußen auf, sprechen sich mit anderen Kolleginnen aus dem Haus ab oder schaffen die nötigen Voraussetzungen auf andere Weise.

Bewegung im Freien stabilisiert die Gesundheit und stärkt die Abwehrkräfte. Das weiß jeder. Allerdings muss dafür gesorgt werden, dass die Kinder angemessen bekleidet sind. Was angemessen ist, das hat nicht nur mit dem Wetter, sondern auch mit der Aktivität und Beweglichkeit des jeweiligen Kindes zu tun. Sehr junge Kinder, die sich wenig bewegen, kühlen bei Minustemperaturen schnell aus. Und wer still im Buddelkasten sitzt, ebenfalls. Doch wer herumtobt, klettert und rennt, kommt leicht ins Schwitzen.

Leider bergen auch schöne Sommertage Gefahren: Bei hohen Temperaturen oder Ozonwerten ist es eventuell ratsamer, im Haus zu bleiben, selbst wenn das Außengelände ausreichend Sonnenschutz bietet. Leicht herzustellen und beliebt sind gewachsene Zelte aus Weidenstangen oder anderen Pflanzen. Lehmhütten sind ebenfalls wunderbare Schattenspender, schon wenn sie entstehen. Diverse Zelte und Sonnensegel schützen nicht nur, sondern eignen sich auch als Spielgeräte.

In größeren Einrichtungen mit vielen älteren Kindern, die gern Fußball spielen oder Rad fahren, sollte es für die Jüngsten ein geschütztes Gelände geben, aber keinen Käfig. Ihre Teilnahme am interessanten Geschehen außerhalb dieses Ortes muss ebenso möglich sein wie der Rückzug aus dem Getümmel. Gefahren durch Kollisionen, zum Beispiel zwischen größeren und kleineren Kindern, lassen sich zwar nicht gänzlich ausschalten, aber deutlich minimieren, indem Fahrradrouten am Rande des Geländes angelegt werden oder ein Platz für die jüngeren Kinder von Baumstämmen begrenzt wird.

Voraussetzung für das entspannte Miteinander und für Gelassenheit unter den Erwachsenen sind wechselseitiges Vertrauen und Absprachen im Team. Verteilen sich die Erzieherinnen an verschiedenen Brennpunkten im Außengelände und fühlen sie sich nicht nur für »ihre«, sondern für alle Kinder im Umkreis verantwortlich, haben die Kinder die Chance, verschiedene Erwachsene kennenzulernen und als Ansprechpartnerinnen oder Mitspielerinnen zu nutzen.

Weil es nicht nur für Erwachsene anstrengend ist, stundenlang auf zwei Beinen unterwegs zu sein, empfiehlt es sich, Bänke in verschiedenen Größen, aber auch mobile Sitzmöbel auf dem Außengelände zu verteilen. Was spricht dagegen, leichtgewichtige Gartenstühle oder Hocker anzuschaffen, die sich viel flexibler einsetzen und auch von Kindern transportieren lassen?

Alle Kinder, auch die jüngsten, lieben abenteuerliches Gelände, das zum Endecken verlockt, zum Klettern einlädt und Verstecke bietet. Deshalb sollten Büsche so gepflanzt werden, dass Geheimgänge entstehen. Als Spielgeräte eignen sich niedrige Schaukeln oder die großen Gemeinschaftsschaukeln. Kleine Rutschen und Balancierbalken fordern zu ersten Mutproben heraus, wenn sich eine helfende Hand findet. Außerdem werden reichlich Schippen, Förmchen und Eimer, Schubkarren oder Trecker gebraucht, damit es im Zuge altersbedingter »Meine-Meine«-Tendenzen nicht zu Ausschreitungen kommt. Wasserquellen zum Plantschen und Sand zum Matschen müssen ebenso vorhanden sein wie kitaeigene Wechselwäsche in allen Größen und Variationen, damit die »Schmuddelkinder« nicht nackt nach Hause gehen. Gegen Krusten aus Zuckersand helfen Babybadewannen, falls es keine Duschen gibt. Im Sommer tut es ein Gartenschlauch, der am Ende des Tages nicht nur für Vergnügen sorgt, sondern auch für die Übergabe blitzblanker, glücklicher Kinder. Zufriedene Eltern und entspannte ErzieherInnen sind der Dank.

Zum Schluss noch ein Zukunftswunsch: Mögen die Außengelände der Kitas spannende Erlebnisräume für Kinder werden, die sie immer und ohne zeitliche Begrenzungen nutzen können! Ergreifen wir diese Chance, den Kindern das Gefühl von Freiheit und Ungezwungenheit zu bieten! Wo sonst gibt es das noch?

↗Siehe auch: Abenteuer, Kooperation, Klamottenpool, Offene Arbeit, Planung

B

wie Barfuß, Beobachtung, Beobachtungskompetenz, Beobachtungsleitfaden, Beobachtungskarteikasten, Berührung, Beschlussbuch, Besprechungsprotokoll, Beteiligung, Bewegung, Bezugspersonen, Bezugskindersystem, Bilderbücher, Bildung, Bindung, Briefe an Kinder, Buffet auf Kinderhöhe

Frau G. hatte sich die Praxis der Beobachtung anders vorgestellt …

Barfuß

»Wo sind deine Hausschuhe? Ihr sollt doch die Hausschuhe nicht ausziehen! Nicht rennen, sonst rutscht du aus und fällst hin!« Typische Sprüche in der Welt der Kita.

Im ersten Fall nervt das chronische Verschwinden der Fußbekleidungen und führt zu Spannungen im Verhältnis zwischen Erzieherinnen und Eltern: »Denken die, ich hätte nichts anderes zu tun, als Hausschuhe zu suchen?« Die übrigen Szenarien beschreiben alltägliche Einschränkungen der kindlichen Bewegungslust. Immer wieder sehe ich Kinder, die – wenn keiner guckt – sich ihrer Schuhe und Strümpfe entledigen und wie befreit von dannen hüpfen, in der Hoffnung, nicht so bald erwischt zu werden.

Gefragt, warum diesem Stress für alle Beteiligten nicht der Garaus gemacht wird, reagieren die meisten Erwachsenen mit Staunen bis Entsetzen: »Barfuß?!« Undenkbar. Hausschuhe oder mindestens Socken müssen sein, sonst bekommen die Kinder kalte Füße und werden krank. Eine Fußbodenheizung haben schließlich nur die wenigsten Kitas.

Renn- und Kletterverbote wiederum werden gern damit begründet, dass die Rutschgefahr zu groß ist. Dabei könnte alles so einfach, entspannt, gesund und vergnügt sein, wenn – ja wenn wir uns erinnern und anders hinschauen, uns informieren, Kinder fragen und beobachten würden.

Wer erinnert sich noch daran, wie es ist, barfuß zu laufen? In meiner Kindheit in den 1950er Jahren waren wir vom Frühsommer bis in den Herbst ohne Schuhe und Strümpfe unterwegs, drinnen und draußen, obwohl wir in der Stadt wohnten. Ich fand es himmlisch. Barfuß laufen war gleichbedeutend mit Freiheit, Freizeit und Ferien. Außerdem war es in der Schule nicht erlaubt. Kaum war ich zu Hause, flogen die Schuhe in die Ecke.

Hausschuhe? Ich glaube, meine Großeltern hatten welche. Das war etwas für alte Leute.

Schuhe waren damals sowieso Luxus, besonders für Kinder. Ständig wuchsen die Füße raus, und in die Schuhe mussten vorn Löcher reingeschnitten werden. Weder kleidsam noch besonders gesund für die Füße. Da waren alle erleichtert, wenn es ohne Schuhe ging.

Ich weiß heute noch, wie heiß sich der Asphalt in einem Jahrhundertsommer anfühlte, wie weich der Teer auf der Straße und wie herrlich kühl ein regennasser Rasen war, wie es piekte, wenn man über ein Stoppelfeld lief, wie leicht es war und wie rau es sich anfühlte, barfuß auf einen Baum zu klettern. Aber es kam vor, dass man sich etwas eintrat. Darum gewöhnten wir uns eine gewisse Vorsicht an. Doch durch das ständige Barfußlaufen wurden wir unempfindlicher und bekamen schöne, dicke Hornhaut.

An Katastrophen erinnere ich mich nicht, auch nicht an den Tritt in einen Hundehaufen. Wahrscheinlich gab es damals weniger Hunde in der Stadt...

Zurück ins Heute. Unseren Kindern gönnen wir solche unmittelbar sinnlichen und lustvollen Erfahrungen kaum noch – von den Hundehaufen jetzt mal abgesehen. Jedenfalls nicht als Alltagsgeschehen und nicht selbstbestimmt.

Wenn überhaupt, dann gilt so etwas als besonderes Angebot in Sachen Wahrnehmungstraining. Manche Kita-Teams haben Sinnespfade angelegt, über die Kinder geführt werden. Aber drinnen und draußen im Sommer barfuß? Das ist leider selten. Dabei könnten auf diese Weise mehrere Fliegen mit einer Klappe geschlagen werden.

Zum Beispiel: die sinnliche Wahrnehmung differenzieren.

Füße sind beweglich und mit einem feinen Tastsinn ausgestattet. Sollen Kinder die Welt mit allen Sinnen erfahren können, um sie zu begreifen, dann gehören Greifen und Erspüren mit den Zehen und Fußsohlen dazu. Das geht verloren, wenn kleine Füße schon früh und ganztägig in Schuhe gezwängt werden.

Wir können solche elementaren Sinneserfahrungen leicht ermöglichen und zusätzliches »Futter« liefern, wenn in der Kita viele Untergründe, Bodenbeläge und Baumaterialien verarbeitet werden. Barfuß über Stock und Stein oder auf Rasen laufen, besonders im lauen Sommerregen – das sind unvergessliche und prägende Erlebnisse.

Zum Beispiel: das Körpergefühl sensibilisieren, zur Selbstwahrnehmung und Eigenverantwortung beitragen.

Wir wissen, dass kalt oder warm unterschiedlich empfunden wird. Darum kann nicht für alle entschieden werden: Jetzt ist es kalt. Vielmehr sollen Kinder ein Gespür dafür entwickeln, was ihnen gut tut, was ihnen angenehm ist und was nicht. Sie entwickeln dieses Gespür früher, als wir es ihnen zutrauen. Wir können das wahrzunehmen und sie unterstützen, indem wir sie ermutigen, darauf zu achten und selbst zu entscheiden, was gut für sie ist. Wenn sie Schuhe und Strümpfe ausziehen, dann ist das gut für sie – aus welchen Gründen auch immer.

Kinder merken, wenn ihnen kalt wird, selbst wenn sie noch klein sind. Vermuten wir, dass sie im Eifer des Spiels nicht darauf achten, können wir leicht

»nachfühlen«, indem wir die kleinen Füße in die Hände nehmen. Fast immer werden wir feststellen, wie wohlig warm sie sind.

Zum Beispiel: barfuß laufen als Beitrag zur Gesundheitsvorsorge.

Kinder haben selten kalte Füße, denn sie bewegen sich viel, und die Füße sind daher gut durchblutet. Barfuß laufen fördert die Durchblutung überhaupt und regt die Wärmeproduktion des ganzen Körpers an. Dadurch werden die Abwehrkräfte gestärkt. Unterstützt wird das durch den Wechsel von heiß und kalt, was seit Kneipp hinlänglich bekannt ist.

Ein herrliches Erlebnis: Barfuß durch den Schnee laufen und dann in eine Schüssel mit warmem Wasser treten. Und gesund.

Doch nicht nur der Allgemeinzustand profitiert vom Barfußlaufen, sondern auch die Fußgesundheit: Fehlstellungen und andere Fußschwächen können überwunden werden, wenn Kinder oft barfuß laufen, klettern, tanzen oder turnen. Das stärkt ihre Muskeln und Sehnen.

Übrigens steigert sich die Bewegungsfreude noch, wenn Kinder barfuß laufen können. In Zeiten des Bewegungsmangels und des Übergewichts ist dies nur zu begrüßen und zu unterstützen.

Jenseits der Wahrnehmungs- und Gesundheitsaspekte kann eine Menge Konfliktpotenzial aus dem täglichen Miteinander verschwinden, wenn Erwachsene sich dem Barfußlaufen öffnen.

Ohne Schuhe und Socken haben Kinder einen sicheren Stand, rutschen nicht so leicht aus und können viel besser klettern. Das verringert die Angst der Erwachsenen, dass etwas passieren könnte – oder schafft zumindest eine Voraussetzung dafür, dass nichts passiert.

Gründe genug, die Füße freizulassen?

↗Siehe auch: Aufräumen, Bewegung, Regeln

Beobachtung

Der Beobachtungsboom hat in den letzten zehn Jahren solche Dimensionen angenommen, dass es schwer fällt, den Überblick zu behalten. Beobachtung und Dokumentation werden – obwohl zweierlei – in einem Atemzug genannt, landen nur noch selten auf dem Prüfstand, sondern werden schlicht als Qualitätsmerkmale unterstellt. Auseinandersetzungen finden hauptsächlich zwischen den Erfindern oder Vertretern der verschiedenen Verfahren statt.

Erzieherinnen sollen Kinder regelmäßig beobachten, das Beobachtete dokumentieren und es den Eltern in sogenannten Entwicklungsgesprächen präsentieren. In der Praxis funktioniert das häufig umgekehrt: Wenn ein Gespräch mit Eltern ansteht, wird das Kind im Vorfeld beobachtet, damit man den Eltern...

In vielen Fällen werden Beobachtungsraster benutzt. Manche enthalten Entwicklungsskalen, entsprechend der Kompetenz- oder Bildungsbereiche, die in den Bildungsplänen vorgegeben sind. Daran entlang wird geguckt, notiert, bewertet: kann/kann nicht, macht/macht nicht. Auf diese Weise soll der »Entwicklungsstand« eines Kindes festgestellt werden.

Fragt man nach dem Sinn solchen Tuns, wird auf mögliche Defizite verwiesen, die früh entdeckt werden müssen, um Fördermaßnahmen einleiten zu können. Oder darauf, dass der Träger es verlangt.
So geraten Kinder unter Generalverdacht und Eltern und Erzieherinnen unter Druck. Schon die Jüngsten werden misstrauisch beäugt. Bist du so, wie du sein sollst, Kind? Entwickelst du dich »richtig«? Oder muss nachgebessert werden?

Je nachdem, mit welchen Verfahren die Kolleginnen arbeiten und wie intensiv sie sich mit dem Thema auseinandersetzen konnten, fallen ihre Einschätzungen zur Bedeutung systematischer Beobachtung unterschiedlich aus. Teams, die an der Erprobung der »Bildungs- und Lerngeschichten« beteiligt waren oder in anderen Zusammenhängen die Chance bekamen, sich dem Thema »Beobachtung« in Ruhe und mit professioneller Begleitung zu widmen, sind sicherer und haben die Erfahrung gemacht, dass sie selbst sich weiterentwickeln: Die Wahrnehmung sensibilisierte sich, ein achtsamer Blick auf die Kinder entstand, die Neigung zu voreiligen Bewertungen und Schlussfolgerungen schwand.

Dieser Teil der Entwicklung ist aus meiner Sicht der einzige, der positiv zu bewerten ist.

Gelingt es, die Bedeutung der eigenen Wahrnehmung in ihrer Wirkung auf Kinder zu erkennen, ist ein großer Schritt getan. Wächst Skepsis gegenüber der eigenen »Brille« – umso besser, so lange dies nicht dazu führt, jede Subjektivität ausmerzen und »objektivierbare« Beobachtungskriterien anwenden zu wollen. Widersteht man der Versuchung, einem Verfahren unkritisch zu verfallen, dann habe ich Hoffnung.

In Teams, die diesem Weg beschreiten, erlebe ich das nächste Stadium der Entwicklung: das Bemühen um kollegiale Beobachtung und wechselseitige, kritische Reflexion.

Vielleicht nehmen »Entwicklungsgespräche« mit kritischem Blick auf die Qualitätsentwicklung und ihre Auswüchse in Zukunft unter Praktikerinnen und anderen pädagogischen Profis zu. Vielleicht greift man doch noch auf Klassiker wie das 2004 erschienene Buch von Erika Kazemi-Veisari zurück. Es bringt schon im Titel auf den Punkt, worum es geht: »Kinder verstehen lernen – Wie Beobachten zu Achtung führt«.[18]

»Das Tun der Kinder hat immer einen Sinn«, sagt Gerd Schäfer[19]. Oft erkennen wir den Sinn nicht, weil wir nicht darauf achten. Und wir achten nicht darauf, weil er uns nicht wirklich interessiert. Dies wiederum hat damit zu tun, dass nicht die Bildungsprozesse der Kinder im Fokus stehen, sondern unsere Bildungsziele: Wir haben eine Vorstellung davon, wie ein Kind sein und werden soll, wie es sich verhalten soll, was sinnvoll ist und was nicht. Wir definieren Lernziele, Kompetenzziele und zu vermittelnden »Stoff«. Also achten wir darauf, dass unsere Ziele erreicht werden. Was wir zu selten in den Blick nehmen, sind die Motive der Kinder, ihre Gefühle, ihre Impulse, Ideen und Erkenntniswege. Auf die kommt es aber an. Insofern ist Beobachtung nicht losgelöst vom Bildungsverständnis zu betrachten.

Wer die Bedeutung der Emotionen, der Motivation und Aktivität, der Interaktion und der Handlungschancen für die Entwicklung von Kindern ernst nimmt, kann nicht anders, als beim Thema »Beobachtung« andere Prioritäten zu setzen und den Kontext kindlichen Verhaltens in den Blick zu nehmen – einschließlich der eigenen Botschaften.

↗Siehe auch: Achtsamkeit, Bildung

Beobachtungskompetenz

Beobachtung ist einer der Grundpfeiler professioneller pädagogischer Arbeit und war schon immer eine Voraussetzung für Planung und Differenzierung. Aber nicht als Überprüfung des Kindes, sondern als Selbstüberprüfung: Was zeigen uns die Kinder? Was müssen wir berücksichtigen, was ändern?

Beobachtung ist nicht von Selbstbeobachtung und Wahrnehmungstraining zu trennen.

Kompetenzerweiterung bedeutet, sich zu öffnen, die Antennen auf Empfang zu stellen – und dann zu üben. Nehmen wir wahr, was sich beim einzelnen Kind und bei mehreren Kindern in ihrer Interaktion abspielt? Können wir den Sinn ihres Tuns entschlüsseln? Irgendwie beobachten wir ja immer, zufällig und beiläufig. Daher kommt es darauf an, die Wahrnehmung grundsätzlich zu verfeinern und sich für das zu öffnen, was Kinder bewegt, also Beachtung zu üben.

In der Regel registrieren wir herausragende Ereignisse, mit Vorliebe störende. Alltägliches und Gewohntes gehen leicht unter. Laute, dominante Kinder geraten in unseren Blick, während die leisen nicht selten durchrutschen, obwohl sie Bedarf an Beachtung und Zuwendung signalisieren. Darum dürfen wir uns nicht nur auf zufällige Beobachtungen verlassen, sondern müssen dafür sorgen, dass jedes Kind gesehen wird.

Weil es unmöglich ist, alle Kinder gleichzeitig und gleich intensiv wahrzunehmen, ist es sinnvoll, einen Plan zu machen. Zum Beispiel: Jede Woche nehmen wir zwei Kinder besonders in den Blick. Am Ende der Woche tauschen wir uns über unsere Wahrnehmungen aus.

Was ins Blickfeld gerät, ist abhängig vom Fokus. Wir können niemals alle Details eines Geschehens wahrnehmen, sondern wählen immer – bewusst oder unbewusst – einen Ausschnitt. Die Frage ist, welchen. Richten wir unsere Aufmerksamkeit auf etwas Bestimmtes, sehen wir es überall. Das heißt: Wir nehmen einerseits eingeschränkt wahr und andererseits verstärkt, wie durch ein Brennglas.

Darüber hinaus mischen sich zufällige Eindrücke mit persönlichen Befindlichkeiten. Lebenserfahrungen und Wertvorstellungen tun ein Übriges und führen letztlich zu Bewertungen – ob wir wollen oder nicht. Was am Ende herauskommt, sagt oft weniger über die Bedarfslage eines Kindes als über die des Erwachsenen.

Beobachtung – wenn sie Kindern gerecht werden und Hinweise auf die Gestaltung der pädagogischen Arbeit geben soll – bedeutet: Genau hinschauen, herausfinden, was die jeweilige Situation für das Kind bedeutet, warum es dies oder jenes tut, was es bewegt und beschäftigt. Erst auf dieser Grundlage können wir den Versuch unternehmen, eine Situation einzuschätzen. Wohlgemerkt: die Einschätzung der gesamten Situation, des Umfeldes, der Möglichkeiten und Gelegenheiten, der Anregungen und Anlässe, der Erfahrungshintergründe und aktuellen Einflüsse, der Impulse und Resonanzen. Also nicht die Einschätzung des Kindes, sondern seines Handelns in diesem Kontext.

18 Kazemi-Veisari, E.: Kinder verstehen lernen. Kallmeyer, Seelze-Velber 2004
19 Siehe dazu Schäfer, G. E.: Bildung beginnt mit der Geburt. Beltz, Weinheim/Basel/Berlin 2003

Das Geheimnis liegt in der offenen, ungerichteten Beobachtung – ohne Schubladen und Vorgaben: Sehen, was passiert und andere Interpretationen als die gewohnten für möglich halten. Sich nicht allein auf die eigene Sicht verlassen, sondern die Kolleginnen befragen und vor allem das Kind, wenn es möglich ist. Das ist schon sehr früh möglich, sofern man sich nicht allein auf die gesprochene Sprache verlässt.

Um einen offenen Beobachtungsweg zu gehen und entsprechende Kompetenz zu erwerben, ist es unerlässlich, dass Teams sich gemeinsam auf den Weg machen, sich mit der Bedeutung von Beobachtung auseinandersetzen, ihre Wahrnehmung trainieren und Alternativen kennen lernen. Dazu gehört auch, sich mit Eltern über ihre Erlebnisse mit dem Kind, über Eindrücke und Fragen auszutauschen und dafür passende Formen zu entwickeln. Beobachtung als Beachtung des Kindes zu sehen, das eröffnet den Weg zu unterschiedlichen Perspektiven und die Chance, vertrauensvoll mit den Eltern zusammenzuarbeiten.

↗Siehe auch: Achtsamkeit, Dialog, Dokumentation

Beobachtungsleitfaden

Beobachtung ist immer subjektiv. Das ist kein Drama, sondern ein Schatz. Schließlich ist es doch viel spannender, unterschiedliche Wahrnehmungen aufeinander zu beziehen, als ein vermeintlich objektives Urteil abzugeben. Ich sehe was, was du nicht siehst – und umgekehrt. Dabei erfahren wir auch etwas über uns selbst.

Die gemeinsame Grundorientierung bietet den Rahmen: Ist das Was und Warum geklärt, kann man das Wie verabreden.

Fragen zur Beobachtung

Was wollen wir herausfinden, zu welchem Zweck, mit welchem Ziel?
Was müssen wir wissen, um unsere Arbeit reflektieren und gegebenenfalls verändern zu können?
Was brauchen wir für unsere Planung?
Was nützt uns in der Zusammenarbeit mit Eltern?

Was ist Gegenstand der Beobachtung: das einzelne Kind, die Kindergruppe, das eigene Verhalten, das räumliche Umfeld und seine Wirkung auf Kinder, der Umgang mit Eltern, die Zusammenarbeit...

Falls der Eindruck entstanden ist, dass ein Kind besonderen Bedarf hat oder sich nicht wohl fühlt, könnte es zeitweise von allen Kolleginnen parallel beachtet werden. Dadurch könnte sich möglicherweise einiges klären – oder verändern.

Zu bedenken ist, dass es sich um ein sensibles Feld handelt und wir vorsichtig agieren müssen. Eltern tun sich manchmal schwer damit, einen besonderen Bedarf ihres Kindes wahrzunehmen. Deshalb: Genau hinschauen und Eindrücke differenzieren, um keinen blinden Alarm auslösen. Je präziser wir Wahrnehmungen belegen können, umso größer ist die Chance, ein gemeinsames Vorgehen zu finden. Und darum muss es gehen.

Um Beobachtung und den Austausch darüber zu erleichtern, empfiehlt es sich, einen Leitfaden zu entwerfen. Dabei entsteht Klarheit darüber, worauf es ankommt und worauf sich der Fokus richten soll. Es entsteht ein gemeinsamer Nenner, kein Dokument für die Ewigkeit. Denn zuweilen sehen wir – hoffentlich – etwas, das gar nicht auf der Liste war.

Der Be(ob)achtungsleitfaden

Ziel ist es, die Besonderheiten eines Kindes wahrzunehmen, die Basis für sein Wohlbefinden und Gründe für sein Unwohlsein zu identifizieren, um so gut wie möglich agieren und reagieren zu können.

Ziel ist zugleich, das Verhalten Erwachsener zu reflektieren und die Bedingungen auf den Prüfstand zu stellen, unter denen das Kind in der Kita lebt. Darum sind den folgenden Be(ob)achtungsfragen Selbstreflexionsfragen zugeordnet.

Be(ob)achtungs- und Selbstreflexionsfragen

Wie erleben wir das Kind in der Kita? Fühlt es sich wohl und zugehörig?
- Selbstreflexion: Wie tragen wir dazu bei, dass das Kind sich gesehen und als Teil des Ganzen fühlen kann?

Zeigt das Kind Vorlieben für bestimmte Kinder oder Erwachsene?
- Selbstreflexion: Geben wir sich anbahnenden Beziehungen Raum und Gelegenheit?

Spielt das Kind gern mit anderen Kindern? Oder ist es lieber für sich und vertieft in seine Beschäftigungen?
- Selbstreflexion: Schaffen wir Möglichkeiten für beides? Gönnen wir dem Kind Ungestörtheit?

Welche Interessen oder Vorlieben zeigt das Kind? Was mag es nicht?
- Selbstreflexion: Bringen wir Futter für das, was gerade von besonderem Interesse ist? Bewahren wir das Kind vor dem, was es nicht mag?

Bei welchen Gelegenheiten ist das Kind voll bei der Sache?
- Selbstreflexion: Lassen wir dem Kind die Zeit, die es braucht? Gestalten wir den Rahmen so, dass möglichst wenige Sachzwänge es behindern?

Welche Schlafgewohnheiten hat das Kind in der Einrichtung?
- Selbstreflexion: Sorgen wir dafür, dass es seinen Lieblingsschlafplatz findet? Werden seine Rituale beachtet? Achten wir das Schlafbedürfnis/Nicht-Schlafbedürfnis zu jeder Zeit des Tages? Schaffen wir dafür die notwendigen Bedingungen?

Was isst das Kind gern? Was mag es nicht?
- Selbstreflexion: Bekommt das Kind, was ihm schmeckt? Werden seine Abneigungen und seine Abwehr ernst genommen?

Wie verhält sich das Kind in der Bringesituation? Trennt das Kind sich leicht oder schwer?
Wie nehmen wir das wahr, wie die Eltern?
- Selbstreflexion: Was tun wir, um ihm die Trennung zu erleichtern, es zu verstehen und zu trösten?

Zu welcher Erzieherin fühlt sich das Kind besonders hingezogen?
- Selbstreflexion: Ermöglichen wir die freie Wahl der Bezugsperson?

Wo hält sich das Kind am liebsten auf? Wohin strebt es immer wieder?
- Selbstreflexion: Hat es jederzeit Zugang zu diesem Ort?

Geht das Kind gern auf Erkundungstour?
- Selbstreflexion: Verschaffen wir dem Kind die Chance, die Kitawelt kennenzulernen?

Wie verständigt sich das Kind? Welche Ausdrucksformen wendet es mit Vorliebe an?
- Selbstreflexion: Wie kommunizieren wir mit dem Kind? Gelingt es uns überwiegend, zu verstehen, was es uns mitteilen will? Gehen wir auf die Signale, Angebote und Rollenspiele des Kindes ein?

Wirkt das Kind überwiegend vergnügt? Oder ist es oft schlecht gelaunt, traurig oder verhalten? Lassen sich seine Stimmungen an bestimmten Situationen festmachen?
- Selbstreflexion: Versuchen wir, herauszufinden, was ihm gut tut und entsprechend zu handeln?

Wie verhält sich das Kind, wenn fremde Menschen sein Terrain betreten: interessiert, neugierig, ängstlich, besonders anhänglich oder völlig desinteressiert?
- Selbstreflexion: Respektieren wir das Verhalten des Kindes in jedem Fall?

Wie reagiert das Kind auf laute Geräusche oder ungewohnte Aktivitäten? Was macht ihm Angst, was reizt seine Neugier und seinen Unternehmungsgeist?
- Selbstreflexion: Wie reagieren wir auf Ängste des Kindes, auf seine Neugier, seine Aktionen?

Welche Erfolge oder Entwicklungssprünge haben wir beim Kind in der letzten Zeit wahrgenommen?
- Selbstreflexion: Haben wir sie mit dem Kind gefeiert?

An welchen Stellen verlangt das Kind nach Hilfe und Unterstützung?
- Selbstreflexion: Was lassen wir uns einfallen, damit es das Gebrauchte bekommt? Beispiel: Laufstangen an den Wänden

Kommt das Kind gern in die Kita? Oder eher nicht? Falls letzteres: Woran kann das liegen? Was meinen die Eltern dazu?
- Selbstreflexion: Wie reagieren wir? Was können wir verändern?

Sich anhand solcher Fragen Gedanken über jedes Kind zu machen zeigt vor allem, worauf wir stärker achten müssen und was wir gezielt beobachten sollten. Geschieht das regelmäßig, erhalten wir Aufschluss über Veränderungsprozesse – beim Kind und bei uns. Damit wächst die Chance, tatsächlich zu erreichen, worum es geht: die differenzierte Wahrnehmung der Kinder und ihrer Situation in der Kita sowie die entsprechend differenzierte Arbeit.

↗Siehe auch: Beobachtung, Beobachtungskompetenz, Beobachtungskarteikasten

Beobachtungskarteikasten

Eine leicht handhabe Möglichkeit, Beobachtungen im Alltag festzuhalten, ist der Beobachtungskarteikasten. Er enthält eine Karte für jedes Kind, mit einem Foto gekennzeichnet. Dahinter können weitere Karten mit stichwortartig notierten Beobachtungen eingeordnet werden. Zusätzlich können Karten für spezielle Kinderkombinationen – Freundespaare oder Lieblingsfeinde – vorbereitet werden.

Die Beobachtungen bieten eine gute Grundlage für den Austausch im Team, für Geschichten und Briefe an die Kinder oder für Berichte bei Zusammenkünften mit den Eltern. Bei Eltern lösen die Notizen meist großes Interesse, Freude und Erstaunen aus. Außerdem können sie als Einstieg in ein Gespräch genutzt werden.

Es ist erstaunlich, wie viele Alltagsgeschichten auf diese Weise aufgehoben werden können. Obwohl individuelle Spielräume erhalten bleiben – Was fällt wem auf? Was ist wem wichtig? –, erleichtert die Systematik die Auswertung.
Das Grundsystem sollte einfach sein. Beachtet oder geregelt werden müssen lediglich organisatorische Punkte:

- Wo werden für welche Bereiche Karteikästen aufgestellt?
- Wo liegen die Karten und Stifte?
- Wie werden die »Kinderkopfkarten« kenntlich gemacht?
- Was soll immer auf den Karten stehen? Zum Beispiel: Datum, Ort, Zeit, Name der Beobachterin…
- Wann wird der Inhalt gemeinsam gesichtet?

↗Siehe auch: Briefe an Kinder, Differenzierung, Dokumentation, Elterngespräche, Interessen der Kinder, Lebensgeschichten, Tagebuch

Berührung

Das Befinden eines Kindes hängt in hohe Maße davon ab, wie es angefasst wird. Je jünger, umso mehr ist das Kind auf Schutz, Pflege, Fürsorge und liebevolle Zuwendung der Erwachsenen angewiesen. Wickeln, baden, cremen, in den Schlaf wiegen, anziehen, füttern sind mehr als Versorgungsleistungen. Sie sind Zeichen von Einfühlung und Interesse. Für das Kind machen sie einen zentralen Teil seines Erlebens aus.

Jeder Körperkontakt wirkt auf das sensibelste Organ des Menschen: die Haut. Was man dem Kind nur schwer mit Worten übermitteln kann, empfängt es durch die Berührung: die Botschaft von Nähe, Wärme und Zuneigung. Oder etwas anderes: Ungeduld, Hektik, Unlust, Widerwillen… Was das Kind erlebt und fühlt, kann bei ein und derselben Handlung höchst unterschiedlich ausfallen. Die Art und Weise der Berührung kann unangenehm sein und Angst machen oder Schutz und Vertrauen signalisieren.

Weil damit Basiserfahrungen verbunden sind, die prägend auf die Wahrnehmung der umgebenden Welt, die von ihr zu erwartenden Freuden oder Unbilden und auf die Selbstwahrnehmung wirken, ist es so wichtig, bei der Versorgung eines Kindes nicht in Routine zu verfallen. Das Kind macht sich sein Bild von der Welt je nachdem, wie es mit ihr in Berührung kommt. Man könnte auch sagen: Berührung ist Bildung.

Auf keinen Fall darf ein Kind wie ein Objekt behandelt werden, das man anfasst, hochnimmt, hinlegt, auf dem Wickeltisch wie einen Gegenstand hin und her schiebt, es unvorbereitet mit Wärme oder Kälte in Berührung bringt, als wäre es gefühllos. Auch rasche, harte, ungeduldige Berührungen sind eine negative Erfahrung für das Kind und machen Angst. Schlimmstenfalls verbindet es künftig harte, gar schmerzhafte Berührungen und eine insgesamt unangenehme Situation mit dem Wickeln oder Baden. Es zuckt zusammen und reagiert verschreckt.

Ruhige, sanfte Berührungen hingegen, begleitet von liebevoller Ansprache, flößen Vertrauen ein, schaffen Sicherheit und nehmen die Angst. Massieren und Streicheln beim Baden, Einölen und Windeln sorgen für Wohlbefinden. Der Hautkontakt kann zum Abbau innerer Spannungen beitragen. Auf jeden Fall kann er das Gefühl vermittelt: Nähe ist etwas Schönes, das ich angstfrei genießen kann.

Auch die verbreitete Angewohnheit, Säuglinge und Kleinkinder hochzunehmen, zu knuddeln und zu küssen, obwohl sie sich wegdrehen und winden, hat nichts mit Respekt vor Kindern und ihren Bedürfnissen zu tun. So klein die Kinder auch immer sind, sie sind ernstzunehmende Menschen und zeigen uns, was sie wollen oder brauchen.

Erzieherinnen sollten alle Möglichkeiten nutzen, die pflegerischen und Versorgungstätigkeiten wohltuend und individuell zu gestalten. Dazu gehört, für eine ruhige Atmosphäre zu sorgen und ausreichend Zeit für jedes einzelne Kind einzuplanen. Natürlich setzt das voraus, dass genügend Erwachsene zur Verfügung stehen, dass die Zeit flexibel genutzt und dass kooperiert wird.

Selbst wenn eine ungünstige Erzieherinnen-Kind-Relation den Arbeitsstress erhöht und es erschwert, zugewandt zu agieren – die Qualität der Berührung ist keine Frage von Zeit. Wie bei der Ansprache ist sie Ausdruck persönlicher Einstellung und Sensibilität. Grob oder sanft, einfühlsam oder am Bedürfnis des Kindes vorbei – all das gibt es unter gleichen Rahmenbedingungen. Die Unterschiede zwischen einer guten Erzieherin und einer Fehlbesetzung sind daran gut zu erkennen.

↗Siehe auch: Achtsamkeit, Massagen, Pflege, Signale beachten, Wickeln, Zeit

Beschlussbuch

Ein Beschlussbuch dient dazu, Team-Entscheidungen festzuhalten und die Umsetzung zu kontrollieren. Damit kann das vage »Wir wollten doch...« ebenso verhindert werden wie die Querelen wegen fehlender Information.

Unterschiedliche Interpretationen von Beschlüssen werden erschwert, wenn knapp und präzise aufgeschrieben wird, was warum von wem und mit welchem Wortlaut beschlossen wurde. Missverständnisse kommen seltener vor.

Das Festhalten von Beschlüssen kann sich auf Gewichtiges und Prinzipielles beschränken. Verabredungen und Absprachen über die Alltagsorganisation, über Zuständigkeiten und Verantwortlichkeiten sollten notiert werden. Termine und Veranstaltungen auch.

Entscheidend ist, dass alle bedeutsamen Beschlüsse im Beschlussbuch festgehalten werden, damit die Entscheidungen dauerhaft dokumentiert werden und für nicht Anwesende nachlesbar sind. Deshalb gehört nicht nur der Wortlaut ins Beschlussbuch, sondern auch die Begründung für Zustimmung oder Ablehnung. Das ist unproblematisch, wenn für die Notizen ein Raster besteht.

Was im Beschlussbuch steht

- Datum
- Anwesende
- Was wurde beschlossen?
- Warum wurde es beschlossen? Was wurde beabsichtigt? Was ist das Anliegen?
- Wie viele/welche Mitarbeiterinnen stimmten zu?
- Wie viele/welche Mitarbeiterinnen stimmten dagegen? Aus welchen Gründen?
- Wie viele/welche Mitarbeiterinnen enthielten sich der Stimme?
- Wer informiert die Abwesenden über den Beschluss und holt ihre Entscheidung nebst Unterschrift ein?
- Wer übernimmt welche Aktivitäten in Bezug auf die Umsetzung des Beschlusses?
- Bis wann?
- Wer informiert die Eltern, falls notwendig?
- Wer informiert andere Teams im Haus, falls erforderlich?
- Wann überprüfen wir, ob der Beschluss tragfähig ist?
- Wann überprüfen wir, ob der Beschluss umgesetzt wird oder wurde? Falls nicht: Woran lag es?

Beschlussbücher sollte es auf Team- und Abteilungsebene geben.

Die Vermerkte über Zustimmung, Ablehnung oder Enthaltung bezeugen nicht nur, dass Beschlüsse und Diskussionen ernst genommen werden, sondern die Positionen und Argumente der Kolleginnen ebenso. »Weiß ich nicht, nie gehört, war ich nicht dabei...« fällt aus.

↗Siehe auch: Planung, Teambesprechungen

Besprechungsprotokoll

Wie oft findet eine Besprechung unter Kolleginnen oder mit Eltern statt, ohne dass später klar ist, worum es im Einzelnen ging und was dabei heraus kam. Das ist weder sinnvoll noch effektiv, weil vieles erneut besprochen werden muss und bei der Weitergabe mehr oder weniger schwerwiegende Veränderungen erfährt. Daher ist es sinnvoll, von jeder Besprechung ein kurzes Protokoll anzufertigen, damit es später möglich ist, sich darauf zu beziehen und daran anzuknüpfen.

Wie beim Beschlussbuch gilt es, möglichst eindeutige Aussagen zu machen. Je nach Bedeutung der Besprechung und der Ergebnisse kann es sich um ein Verlaufs- oder ein Beschlussprotokoll handeln.

In der Regel muss ein Protokoll nicht umfangreich sein. Es reicht, wenn die Anwesenden, der Gegenstand der Besprechung, die wesentlichen Diskussionspunkte und die Ergebnisse festgehalten werden. Hilfreich ist ein Schema, in das stichpunktartige Eintragungen gemacht werden.

Bei jeder folgenden Besprechung oder bereits im Vorfeld kann man sich die vorangegangene Zusammenkunft anhand des Protokolls ins Gedächtnis rufen. So fällt es leichter, den roten Faden zu halten und in der Diskussion voranzukommen. Alle, die beim letzten Mal nicht dabei waren, können sich rechtzeitig informieren.

Gesammelte und nach Themenbereichen oder Besprechungszusammenhängen sortierte Protokolle – in Ordnern an zentraler Stelle aufbewahrt – ermöglichen im Nachhinein einen Blick auf die Teamentwicklung und verschaffen neuen Kolleginnen Überblick. Außerdem ist es gut, wenn man nachschauen kann, was das Team früher beschäftigt hat. Dabei merkt man, dass man nicht auf der Stelle tritt.

↗Siehe auch: Kooperation, Nachbereitung von Elterngesprächen, Teambesprechungen, Planung

Beteiligung

Beteiligung hat zwei Seiten: Teilhabe an der Gestaltung des gemeinsamen Lebens und Entscheidungsspielräume. Beides wird jüngeren Kindern häufig weder zugetraut noch zugestanden. Das ist bedauerlich – und Folge einer Fehleinschätzung.

Kinder haben von Beginn ihres Lebens an einen sicheren Instinkt dafür, was sie brauchen und was ihnen gut tut. Sie zeigen das in allen Lebensäußerungen.

Wir müssen diese Äußerungen »nur« wahrnehmen und respektieren. Tun wir das, erleben sie frühzeitig respektvollen Umgang, Beteiligung und eigene Wirksamkeit.

Hat ein Kleinkind genug getrunken, wirft es die Flasche weg. Ist es satt oder schmeckt der Brei nicht, dreht es den Kopf zur Seite. Das ist ein eindeutiges Signal: Stopp! Jeder Versuch, »noch ein Löffelchen für...« hineinzuzwingen, ist das Gegenteil von Respekt und Beteiligung.

Ähnliches gilt für alle anderen Bereiche des persönlichen Wohlbefindens: Der Zeitpunkt des Wickelns, die bevorzugte Person, schlafen oder nicht schlafen, wann und wo schlafen, was, wo und mit wem spielen – alles kann ein Kind selbst bestimmen oder eben nicht.

Auch die Versuche, das Essen allein aufzutun oder ohne Hilfe auf den Stuhl zu klettern, gehören zu Autonomie und Beteiligung. Wie jede Form des Mitmachens bei alltäglichen Verrichtungen: fegen, den Tisch abwischen, den Geschirrspüler ausräumen. Wichtig sein, gebraucht werden.

Beteiligung kann sich schon bei jungen Kindern auf Raumgestaltung und Material beziehen. Wenn wir zum Beispiel direkt und unter Beteiligung der Kinder umräumen, sind sie begeistert dabei und zeigen uns, was für sie wichtig ist, was ihnen gefällt und was nicht.

Ein Beispiel: Als wir Gitterbetten zu Höhlen und Kletterlandschaften umwandelten, Matratzen und Kissen, Schaukeln und Rutschen hin und her räumten, interessierten sich die Kinder nicht nur für die Räumaktionen, sondern zeigten auch deutlich, was sie wie nutzen wollen: Spiegel über der Matratze und davor die Rutsche? Wunderbar! Da kann man sich sehen, wenn man runterrutscht. Auf den Kissen liegen und sich betrachten ist auch sehr schön.

Als der Spiegel ungehängt wurde – Alarm! Er musste wieder her.

Schon kleine Kinder zeigen, was sie interessiert und was für sie dran ist. Es ist leicht, sie in diesem Sinne zu beteiligen – vorausgesetzt, wir sehen das und halten es aus.

Sei es, dass sie in den Waschraum streben, um dort Experimente zu starten, oder über den Flur krabbeln wollen. Sei es, dass sie Trost und Hilfe suchen oder sich von uns wegdrehen, strampeln und vom Schoß rutschen. Immer haben sie ihre Form, sich auszudrücken, mit Nachdruck. Es ist an uns, achtsam zu sein, sensibel zu reagieren und die Kinder zu beteiligen.

↗Siehe auch: Achtsamkeit, Ängste von Eltern, Gelassenheit, Loslassen, Raumgestaltung

Bewegung

Bewegung ist nicht nur ein ausgeprägtes Bedürfnis jedes Kindes, sondern zugleich die wichtigste Voraussetzung für seine körperliche und geistige Entwicklung. Bewegung ist die elementare Form, in der Kinder die Welt erleben und sich erschließen. In der Bewegung erfahren sie den Raum um sich herum und ergreifen Stück für Stück von ihm Besitz, erspüren und erproben ihre Körper, testen deren Grenzen und dehnen sie immer weiter aus. In ihren Bewegungen zeigen Kinder, was sie bewegt. All ihre Gefühle drücken Kinder in Bewegung aus. Bewegung

ist Bildung, und diese Bildungsbewegung zieht immer größere Kreise.

Ein Neugeborenes bleibt noch so liegen, wie wir es hinlegen. Doch schon bald beginnt es, sich zu drehen, nach Dingen in der Nähe zu greifen und sich im wahrsten Sinne des Wortes emporzuarbeiten. Es strampelt, guckt in alle Richtungen, will mehr, will hoch.

Aus dem Wollen wird das Probieren und irgendwann das Können. Sitzen erweitert den Horizont, ermöglicht andere Perspektiven. Krabbeln erst recht. Plötzlich sind all die interessanten Orte und Dinge aus eigener Kraft erreichbar. Was für ein Sprung! So geht es immer weiter. Irgendwann ist nichts mehr sicher vor den Kletterkünsten und Forschungsinteressen des Kindes.

Nicht immer freuen sich die Erwachsenen darüber. Jede Ausweitung des kindlichen Bewegungsradius zieht unweigerlich eine Grenzziehung nach sich: Gitter vor Treppenstufen, geschlossene Türen, Stühle wie Käfige...

Klar, auch Gefahren wachsen mit der Bewegungsfähigkeit. Da Kinder noch probieren, geht schon mal etwas schief, muss schief gehen. Denn wenn Kinder nicht fallen dürften...

Kinder strengen sich an. Mit Begeisterung und hoher Konzentration ziehen sie sich hoch, klettern auf Stühle, erklimmen Stufen. Dabei trainieren sie ihre Muskeln, tarieren ihr Gleichgewicht aus, üben Geschicklichkeit und Schnelligkeit, verfeinern ihr Körpergefühl, lernen zu fallen und sich wieder aufzurichten, gewinnen neue Perspektiven und Erkenntnisse. Manchmal klappt etwas nicht, manchmal tun sie sich weh, aber letztlich schaffen sie doch, was sie sich vorgenommen haben, und sind enorm stolz darauf. Ganz nebenbei lernen sie so auch, nicht aufzugeben. Sie machen die Erfahrung, dass es sich lohnt, sich anzustrengen und dranzubleiben.

Gerade über die Bewegungsentwicklung findet ein komplexer Prozess der Persönlichkeitsentwicklung statt. Daher ist es so wichtig, dass wir den Kindern Bewegungsfreiheit verschaffen und ihnen vielfältige Bewegungsmöglichkeiten zur Verfügung stellen. Kinder müssen nicht »beturnt« werden – sie turnen mit Begeisterung auf eigene Faust. Vorausgesetzt, es gibt etwas, woran und worauf man herumturnen kann.

In ihrem Bewegungsdrang dürfen Kinder nicht gebremst werden, denn das bedeutet, dass Lebensfreude und Bildung ausgebremst werden.

Eine der wichtigsten Aufgaben von Erzieherinnen ist es, für günstige räumliche Rahmenbedingungen zu sorgen und in der Kita all das zu ermöglichen, was in den Wohnungen der Familien zumeist nicht geboten werden kann: viel Platz für raumgreifende Aktivitäten, Rennstrecken für Krabbler und Läufer, verschiedene Ebenen und Treppenstufen, Klettergeräte, Schaukeln und Hängematten, große und feste Bodenflächen zum Herumrollen, Gitter und Geländer zum Hochziehen, Höhlen zum Hineinkriechen, Schrägen zum Hochlaufen und Rutschen, Bänke zum Balancieren.

Kleine Beulen und Tränen gehören zum Großwerden, selbst wenn Gefahrenquellen wie spitze Ecken oder scharfe Kanten ausgeschlossen werden. Dass es nicht zu existentiell bedrohlichen Situationen kommen darf, versteht sich von selbst. Viel schlimmer als kleine Schrammen oder Blessuren, die beim Klettern, Rennen, Schaukeln oder Ballspielen vorkommen, selbst wenn wir direkt daneben stehen, sind die unsichtbaren und langfristigen Folgen gut gemeinter, Bewegungsbegrenzungen. Denn was Kinder nicht erproben können, können sie nicht lernen.

Wichtig ist der Austausch mit den Eltern, die ihre Kinder natürlich vor Verletzungen geschützt wissen möchten, aber an deren Entwicklungsförderung ebenso interessiert sind wie wir. Wenn wir kompetent agieren und argumentieren, darüber hinaus Bücher und Filme zum Thema »Bewegung« anbieten, gewinnen wir ihr Vertrauen, und sie begreifen: Wer Kinder in der Bewegung behindert, macht sie tendenziell zu behinderten Kindern. Später werden Defizite beklagt und psychomotorische Sonderbehandlungen gefordert. Das muss nicht sein.

Vor allem aber wirkt überzeugend, wenn Eltern die Bewegungsaktionen ihrer Kinder auf Fotos und in Filmen nachvollziehen können. Nichts freut und gewinnt sie mehr als das Vergnügen und die Entwicklungsschritte ihrer Sprösslinge.

↗Siehe auch: Aufsichtspflicht, Ausprobieren, Außengelände, Barfuß, Disko, Raum

Bezugspersonen

Sich beziehen heißt: sich orientieren, sich rückversichern, sich auf etwas verlassen. So verstanden, kann eine Bezugsperson eine sichere Basis sein, ein Eckpfeiler für Lebensfreude und Entwicklung – wenn sie diese Funktion erfüllt.

Im wirklichen Leben zeigt sich das, wenn ein Kind sich hundertprozentig auf die erwachsene Person verlassen und auf ihre Unterstützung bauen kann, wenn diese dazu beiträgt, dass Selbstsicherheit wächst, und wenn Geheimnisse bei ihr gut aufgehoben sind. Zu solchen Erwachsenen entwickeln Kinder einen Bezug.

Die Resilienzforschung hat gezeigt: Nicht nur am Anfang, wenn ein Kind noch unsicher ist, sondern in jedem Alter ist es wichtig, dass es mindestens eine Person gibt, auf die das Kind sich beziehen und jederzeit verlassen kann, die es hält, wenn Halt vonnöten ist, die tröstet und unterstützt, die ihm vertraut und ihm etwas zutraut, die es zu verstehen sucht und ihm unter allem Umständen den Rücken stärkt, die es mag und das auch zeigt. Steht einem Menschen eine solche Person zur Seite, kann er selbst schwierige Lebensumstände bewältigen, und es entstehen zuweilen enge Beziehungen, die lange bedeutsam bleiben – für beide Seiten.

Doch so wird der Begriff »Bezugsperson« nicht in allen Kitas definiert. Häufig steht er für eine Form der strukturellen Zuordnung im Sinne der Hauptzuständigkeit. »Wer ist denn deine Bezugsperson?« oder »Wo ist meine Bezugsgruppe?« – nur selten geben die Antworten auf solche Fragen Aufschluss darüber, wer zu wem die intensivste Beziehung unterhält.

In der traditionellen Gruppenpädagogik heißt es: »Meine Kinder, meine Erzieherin, meine Gruppe, mein Gruppenraum, meine Spielsachen...« Hier ist klar, wer oder was zu wem gehört, jedenfalls organisatorisch.

In Teams, die sich auf einen Öffnungsweg begeben haben, die Räume gemeinsam nutzen und den Kindern ein breites Spektrum paralleler Aktionsmöglichkeiten bieten, lockern sich solche festen Zuordnungen. Die Kinder sollen die Wahl haben.

Das verunsichert viele Erzieherinnen. Sollen sie jetzt ständig alle Kinder im Blick behalten? Sich für alle verantwortlich und zuständig fühlen? Alle beobachten und mit allen Eltern Gespräche führen? Hilfe!

So entstand das Modell »Bezugsperson«. Aus ursprünglichen Gruppenzusammensetzungen hervorgegangen, werden pragmatisch Bezugsgruppen gebildet, gern auch Stammgruppen genannt. Wie das konkret aussieht, unterscheidet sich je nach Anzahl der Kinder, Größe des Teams, räumlichen Bedingungen und konzeptionellen Leitlinien.

In vielen Häusern veranstalten die Bezugpersonen ein Mal täglich ein Treffen mit ihren »Bezugskindern«. Dann kommt so etwas wie das frühere Gruppengefühl auf. Andere fahren mit ihrer »Bezugsgruppe« auf Kinderreise. Fast immer übernehmen die Bezugspersonen die Verantwortung für die Beobachtung der »Bezugskinder«, für die Dokumentation der Beobachtungen, für die Portfolios der Kinder und führen die Gespräche mit den Eltern.

Allgemein üblich ist, neue Kinder von vornherein einer bestimmten Bezugsperson zuzuordnen, die die Eingewöhnung übernimmt, für Kind und Eltern da ist und sich darum kümmert, dass der Einstieg gelingt. Die Annahme, die Bezugsperson müsse auch die wichtigste Bindungsperson des Kindes in der Kita werden, schon weil sie in der ersten Zeit immer präsent ist, führt dazu, dass das Kind die so genannte Eingewöhnungserzieherin als Bezugsperson längere Zeit behält – es sei denn, sie wechselt in eine andere Abteilung oder das Kind strebt ganz offensichtlich zu jemand anderem.

Besonders für die Eltern ist die Bezugsperson wichtig. Am Anfang tun sich viele Mütter und Väter schwer, Kontakt aufzunehmen und Vertrauen zu fassen. Da ist es hilfreich, wenn sie wissen, wer für sie und ihr Kind zuständig ist und auf wen sie sich beziehen können.

Allerdings muss das nicht unbedingt nur eine Person sein. Im Gegenteil: Zwei oder drei sind unter Umständen sinnvoller, denn dass ein »Draht« zwischen Eltern und Erzieherinnen entsteht, kann nicht verordnet werden. Deshalb ist es gut, eine Wahl zu haben. Ganz davon abgesehen, dass es beruhigend wirkt, wenn die Eltern erfahren, dass mehrere Erwachsene zur Verfügung stehen, sich kümmern und Bescheid wissen.

So wichtig die Bezugspersonen in diesem Sinne auch sind – niemals sollten sie sich unentbehrlich machen und schon gar nicht in Konkurrenz zu den Eltern treten.

Bezugspersonen sind weder Klammeraffen noch Glucken, die nur glücklich gackern, wenn sie »ihre« Kinder und Eltern um sich scharen können.

↗Siehe auch: Ablösung, Ängste von Eltern, Bindung, Eingewöhnung, Loslassen, Orientierung

Bezugskindersystem

Das Bezugskindersystem entstand im Zuge der Auflösung traditioneller Gruppenzuordnungen, um die Angst vor Chaos und Unüberschaubarkeit, ein Hauptargument gegen Öffnungsprozesse, zu mindern – besonders, wenn jüngere Kinder einbezogen sind.

In der Tat: Sehr junge oder ruhige, zurückhaltende Kinder werden leicht übersehen oder fühlen sich verloren, wenn sie keinen »Heimatort« und keine vertrauten Personen haben, die sie gut kennen und auf die sie sich verlassen können. Insbesondere für neue Kinder muss die Zuständigkeit bestimmter Personen gesichert und erkennbar sein, damit sie und ihre Eltern von Anfang an wissen, an wen sie sich halten und wenden können.

Wo keine festen Gruppenverbände bestehen, weil gemeinsam geplant und zusammengearbeitet wird, ist es wichtig, ein durchschaubares Bezugskindersystem zu entwickeln.

Allerdings gibt es einen Unterschied zwischen der Zuordnung in ein organisatorisches Bezugssystem und frei gewählten Beziehungskonstellationen. Insofern muss immer wieder überprüft werden, ob das offizielle Bezugssystem zum wirklichen Leben und Erleben der Kinder passt. Systeme sind kein Selbstzweck, sondern können verändert werden, wenn das gewünscht wird oder nötig ist.

Ein Beispiel: Zwei Erzieherinnen übernehmen die Verantwortung im »Nest« und sind regelmäßig für alle Kinder da. Eine dritte kommt dazu und wächst allmählich in ihre Rolle hinein. Jedes Kind hat die Wahl, zu wem es strebt. Die Eltern ebenfalls. Nach und nach kristallisiert sich ein Bezugssystem heraus, das aufgegriffen wird, wenn zum Beispiel Elterngespräche anstehen.

Ein weiteres Beispiel: In einer Krippe leben 30 Kinder zusammen mit fünf Erzieherinnen, von denen keine eine Vollzeitstelle hat. Die Folge: ständiger Wechsel der Dienste. Für Kinder und Eltern bedeutet das: Sie nehmen zu allen Erzieherinnen Kontakt auf – Vorlieben nicht ausgeschlossen. Gesprächstermine werden von Eltern daher gezielt mit bestimmten Kolleginnen vereinbart.

Das Bezugssystem muss eindeutig klären: Wer ist in welchen Zusammenhängen für welche Kinder zuständig? Wann gelten andere Zuordnungen?

Hier kommt ein wichtiger Unterschied zum Tragen: der zwischen Zuständigkeit und Verantwortlichkeit. Zum Beispiel: Die Bezugserzieherin ist zuständig für Gespräche mit den Eltern ihrer Bezugskinder. Doch verantwortlich ist sie für die Kinder in ihrer Nähe.

Der klassische Fall: Die Kolleginnen teilen sich im Garten auf, um alle Ecken zu »besetzen«.

Sie sind jeweils verantwortlich für die Kinder in ihrer Nähe, sie unterstützen, trösten, spielen mit, wenn sie gefordert sind, und rufen nicht etwa nach der Bezugsperson: »Komm mal her, dein Robert weint...«

Auch wenn Aktionen stattfinden, an denen sich unterschiedliche Kinder beteiligen, gilt der Grundsatz: Wer da ist, übernimmt die Verantwortung für alle Kinder im Umkreis.

↗Siehe auch: Altersmischung, Offene Arbeit, Orientierung

Bilderbücher

Die Liebe zu Büchern äußert sich bei Kleinkindern zunächst ganz direkt. Sie stecken sie in den Mund, kauen die Ecken ab, betasten sie. Für sie sind Bilderbücher Untersuchungsobjekte. Manchmal entdecken sie Bilder von Gegenständen, die ihnen bekannt sind – Flasche, Ball, Teller, Tasse, Hund, Baum –, zeigen mit dem Finger darauf, »besprechen« das Gesehene auf ihre Weise und wollen darüber kommunizieren. Die Bilder wecken ihre Neugierde, sie blättern um und suchen nach der Rückseite der Gegenstände: Ach, ist ja gar nicht echt! Komisch, komisch.

Je mehr die Kinder tatsächlich greifen können, umso interessanter werden die Bilder in den Büchern, und die Kinder begreifen allmählich, dass es zwei Varianten gibt: das reale Leben und sein Abbild.

Noch interessanter wird es, wenn weitere Dimensionen dazu kommen: Hier ist ein Kuschelbär, dort ein Bild von einem echten Bär, im Zoo gibt es den Knut, und schließlich erzählen wir eine Geschichte von einem Bären, der zu Hause wartet, weil das Kind ihn nicht mit in die Kita genommen hat. Faszinierend, diese Vielfalt!

Unser Part ist es, diese Faszination aufzugreifen und immer neue, weiterführende Anregungen zu bieten, Zusammenhänge sichtbar zu machen, den Horizont zu erweitern.

Bereits früh entwickeln Kinder Vorlieben und wollen immer wieder das gleiche Buch ansehen. Es lohnt sich, herauszufinden, was sie daran so fesselt, denn darüber finden wir spezielle Zugänge zu den Kindern und können Rückschlüsse darauf ziehen, was ihnen im Moment besonders wichtig ist.

Das Fundament für die Liebe zu Büchern, Bildern, Schrift und Zeichen, für die Freude an Kommunikation, am Erzählen und Erfinden von Geschichten wird schon in den ersten Jahren gelegt. Fantasie bringen Kinder mit, die Lust am Fabulieren auch. Es liegt an uns, beidem Nahrung zu geben. Das wiederum hängt eng mit unserer eigenen Lust am Fabulieren und Fantasieren, am Lesen und Vorlesen zusammen.

Bilderbücher erzählen Geschichten, bieten Raum für innere Bilder und die Verarbeitung von Erlebnissen. Wenn wir uns den Kindern zuwenden, ihre Äußerungen zu verstehen und zu übersetzen suchen, leisten wir einen wichtigen Beitrag zur Sprachentwicklung.

Die Abbildungen in Büchern sollten für kleine Kinder eindeutig erkennbar sein. Zu viel auf einmal wirkt eher verwirrend. Je älter die Kinder werden, umso komplexer können die Darstellungen sein. Es empfiehlt sich, stabile Bilderbücher anzuschaffen, die dem Forscherdrang der Kinder gewachsen sind. Doch auch den Umgang mit empfindlicheren Büchern lernen sie – allerdings nicht, wenn man die Bücher vor ihnen schützt und sie außerhalb ihrer Reichweite aufbewahrt, sondern nur, wenn sie erleben, wie die Erwachsenen damit agieren. Das heißt: Bücher achtsam aufbewahren und wieder an ihren Ort stellen, wenn sie auf dem Boden liegen.

Eine Bilderbuchreparaturwerkstatt sollte es in jeder Kita geben, besonders bei den Kleinen. In ihre Einzelteile zerlegte Bücher lassen sich mit Klarsichthüllen und Ordnern wieder zu Gesamtwerken aufarbeiten. Vielleicht kann man bei dieser Gelegenheit sogar ein paar eigene Ideen darin verstecken.

Natürlich kann man Bilderbücher auch selbst herstellen: Das Bild eines Baums kommt auf die eine Seite, Blätter kommen auf die andere Seite. Das Foto eines Schafs klebt links, Schafwolle klebt rechts. Sehr beliebt ist auch ein Bilderbuch, das Fotos aller Kinder und Erwachsenen enthält, die in der Kita zusammenleben. Jeden Morgen wird es aufgeblättert: Wer ist da? Wer ist nicht da?

Seitdem es in vielen Kitas Portfolios gibt, zeigt sich, dass bereits junge Kinder Spaß daran haben, sich auf Bildern zu sehen und sich an ihre Erlebnisse zu erinnern, auch wenn sie noch keinen klaren Begriff davon haben, wer sie sind und dass sie sich von allen anderen unterscheiden. Allmählich wächst das Bewusstsein ihrer selbst – und dazu tragen solche Bücher bei.

Erzieherinnen sollten viel Zeit dafür einplanen, als Vorleserinnen und Erzählerinnen aktiv zu werden. Eine einladende, bequeme Lese-Ecke mit Sofa und angenehmem Licht lockt Zuhörer, auch wenn sie noch klein sind. Wenig später betätigen sie sich selbst als »Vorleser« und kuscheln sich in der Lese-Ecke ein. Obwohl sie noch nicht lesen können – sie kennen die Geschichten, halten die Bücher korrekt und tragen mit gewichtiger Stimme vor, während andere Kinder fasziniert zuhören. Oder sie betrachten versunken ihre Lieblingsbücher und führen dabei Selbstgespräche.

Das sind Gelegenheiten, Fotoserien oder kleine Videosequenzen herzustellen, die in neuen Büchern verarbeitet oder für die Eltern ausgestellt werden. Ein überzeugender Einblick, welche Kommunikationsformen im frühen Kindesalter entwickelt werden und wie Bildung vor sich geht.

↗Siehe auch: Fotografieren, Sprache, Zeit, Zuwendung

Bildung

»Bildung beginnt mit der Geburt« – so der Titel des Buches von Gerd Schäfer, das zur Basislektüre wurde und ein neuen Bildungsverständnisses begründete: Bildung als Prozess des Kindes, der (spätestens) mit der Geburt beginnt, als eigenmotivierte und interaktive Auseinandersetzung mit der umgebenden Welt, mit Dingen und Menschen.

Ein solches Verständnis hat es nicht leicht, sich durchzusetzen. Zu sehr dominiert ein anderer Bildungsbegriff: Bildung als Ziel und Ergebnis, als Anhäufung von Wissen, als nachweisbare Kompetenz und formale Qualifikation. Gebildet sein und gebildet werden ist stärker in unser aller Bewusstsein verankert als sich bilden.

Wenn von der Kita als Bildungsort die Rede ist, dann hat das in der Tat zwei Seiten:

Zum einen ist die Kindertagesstätte die erste Stufe des Bildungssystems und dem gesellschaftlichen Auftrag verpflichtet. Dieser Teil von Bildung ist auf die Kompetenzen gerichtet, die heute und mit Blick auf die Zukunft für wichtig gehalten werden.

Zum anderen ist die Kita ein zentraler Lebensort der Kinder, der spannende Erlebnisse, Freude und gemeinsame Aktionen zu bieten hat. Ein Ort, an dem sie hier und jetzt prägende Erfahrungen machen, an dem sie sich bilden.

Beides macht den Bildungsauftrag aus: Qualifikation für die Zukunft und Sicherung des unbeschwerten Aufwachsens. Beides hängt zusammen, denn in den Erfahrungen der Gegenwart liegen die Chancen für die Entfaltung der Kompetenzen. Aus beidem ergeben sich die Anforderungen an diejenigen Pädagogen, die im Dienste der frühen Bildung tätig sind.

Dennoch wird häufig ein Gegensatz konstruiert, so als genüge ein gedeihliches Aufwachsen nicht, um zukunftsfähig zu sein und es müsse dringend gezielte Förderung dazu kommen.

Viele Eltern und Erzieherinnen sind verunsichert angesichts der unterschiedlichen Botschaften und Anforderungen, die ihnen in den letzten Jahren begegnet sind.

Bildet sich ein Kind vielleicht doch nicht, wenn es »nur« spielt? Ist Bildung immer dann, wenn das Kind nicht spielt? Falls dem so wäre, müsste das Spiel konsequent ausrangiert werden, wenn Bildung von Anfang an gefordert wird, oder nur noch der Erholung zwischen den Bildungszeiten dienen. So manche private Kindertagesstätte folgt inzwischen einem solchen Programm. Der Druck nimmt zu und beginnt immer früher.

Ich halte ein Umdenken und Umhandeln für dringend nötig.

Neuere Ergebnisse aus Neurobiologie und Frühforschung haben bestätigt: Bildung ist ein individueller Prozess, der umso erfolgreicher verläuft, je mehr er dem eigenen Rhythmus folgt. Niemand kann gebildet werden, bilden muss man sich selbst und das geschieht im Handeln und Erleben. Erkenntnisse gehen durch den eigenen Kopf.

Das Wunderbare ist: Kinder kommen mit allen Kompetenzen auf die Welt, die nötig sind, um sich zu bilden: Neugier, Kreativität, Eigensinn, Interesse an Kommunikation und Beziehungen, Nachahmung und das Streben nach Selbstständigkeit.

Hinzu kommt die Fähigkeit der selektiven Wahrnehmung. Das Hirn ist ein Sieb. Es lässt alles durchfallen, was im Moment nicht von Bedeutung ist. Das gilt in jedem Alter. Zum Glück, denn wenn alle Eindrücke ungefiltert ankämen, würden wir verrückt werden. Aufgefangen, verarbeitet und behalten wird nur das, was wichtig ist.

Was wichtig ist, entscheiden nicht Erwachsene, ob Eltern oder Pädagogen. Das entscheidet der jeweilige Kinder-Kopf. Allerdings bestimmen zunächst die Erwachsenen, was wichtig sein könnte. Darum bieten sie dem Kind etwas an. Doch das Kind wählt aus, was ihm tatsächlich wichtig ist. Nur das wird verarbeitet und bleibt langfristig hängen.

Wir können also beruhigt sein und den Kindern Zeit geben. Wir können auf ihre Entwicklung vertrauen und ihren Impulsen folgen – wenn wir es wollen und wagen.

Jedes Kind bringt den inneren Motor mit, zu wachsen und seine Fähigkeiten auszubauen.

Es tritt in einen Dialog mit Dingen und Menschen, und entwickelt seine Erkenntnisse in der aktiven Auseinandersetzung mit der Welt, in die es geraten ist.

In diesem Prozess spielen andere Kinder eine große Rolle. Die Verarbeitung von Erlebnissen ist wesentlich über den Austausch von Vorstellungen vermittelt. Ideen stecken an, Fragen führen zu neuen Fragen, wenn man sie gemeinsam verfolgt, und im sprachlichen Ausdruck wie in anderen Ausdrucksformen werden Hypothesen aufgestellt, überprüft und verworfen, Erkenntnisse vertieft und gefestigt. Bereits junge Kinder kann man beobachten, wie sie sich aufeinander beziehen und gemeinsam etwas erschaffen, sich verständigen und miteinander freuen.

Bildung hat mit Beziehungen und Emotionen zu tun. Was innerlich bewegt, wirkt sich in Bildungsbewegungen aus. Der Bildungsmotor läuft auf Hochtouren, wenn Kinder Resonanz erfahren, wenn sie erleben, dass ihre Gedanken und Ideen Anklang finden. Das steigert ihre Freude und spornt sie an, sich weiter zu vertiefen. Sie erleben, dass es sich in mehrfacher Hinsicht lohnt: Sie erfahren Neues, nehmen andere Perspektiven wahr und erhalten positive Rückmeldungen.

Eigentlich ist alles ganz einfach. Wir müssen »nur« den Spuren der Kinder folgen, ihre Impulse aufgreifen und ihre Ideen unterstützen. Wir müssen »nur« Anreize und Gelegenheiten bieten, die über das Gewohnte hinausgehen, damit die Lust und Neugier der Kinder nicht erlahmen, damit sie die Wahl haben, ihre Interessen vertiefen, erweitern oder entdecken können – also ihren Explorationsdrang ausleben können.

Bildung als Prozess ist eine Gleichung mit mehreren Bekannten: Bildung ist Bewegung, Bildung ist Erfahrung, Bildung ist Interaktion, Bildung ist Beziehung, Bildung ist Biografie, Bildung ist offen, Bildung ist immer und überall, in der Kita und zu Hause, während und außerhalb der sogenannten pädagogischen Zeiten. Vor allem aber: Bildung ist das, was sich beim Kind abspielt, von Anfang an.

Bildung ist nicht machbar, planbar, berechenbar. Was »rauskommt«, wissen wir nicht. Aber wir können darauf vertrauen, dass die Kinder ihre Entscheidungen treffen und zwischen Alternativen wählen – im Sinne von André Gide: »Werde, der du bist.«

Die Bildungspläne und -programme der Länder gehen durchweg von Bildung als Prozess des Kindes aus, der im sinnlichen Erleben, aktiven Handeln und in der Interaktion stattfindet. Zugleich definieren sie Bildungsziele im Sinne angestrebter Basis-Kompetenzen: Ich-Kompetenzen, soziale Kompetenzen, Sachkompetenzen, lernmethodische Kompetenzen.

Bildungsbereiche geben zusätzlich Orientierung für die praktische Arbeit und verweisen auf ein breites Erfahrungsspektrum, dass Kindern in Kitas geboten werden soll.

Wird das im Zusammenhang gesehen, ist der Bildungsauftrag leicht zu realisieren. Es gilt, einen Erfahrungsrahmen zu bieten, in dem die Kompetenzen, die Kinder von Anfang an mitbringen, sich weiter entfalten und gedeihen können.

Wenn wir das Tempo und die Intensität der kindlichen Entwicklungsprozesse in den ersten Lebensjahren betrachten, sehen wir Bildung in Reinkultur: Das Kind kommt mit einer »Grundausstattung« auf die Welt – und in die Kita. Es hat den inneren Antrieb und die Mittel, sich den Herausforderungen zu stellen und sich all das anzueignen, was notwendig ist, um sich an diesem unbekannten Ort zurechtzufinden. Es muss von uns nicht zum Lernen motiviert werden, sondern lernt vom ersten Tage seines Lebens an, weil es das will und muss. Vom ersten Tag seines Kitalebens an erforscht es die neue Umgebung. Es testet die Erwachsenen und entwickelt eine Vorstellung, was es von ihnen zu halten hat, begegnet anderen Kindern und gestaltet seine Beziehungen zu ihnen. Dabei erfährt es sich in seiner Welt und entwirft sein Selbstbild. Bei all diesen Aktivitäten entwickelt es seine sozialen und Ich-Kompetenzen ebenso weiter wie seine lernmethodischen und Sachkompetenzen – und zwar, indem es sie einsetzt.

All dies tun alle Kinder, jedoch nicht alle in gleicher Weise.

Ihre Entwicklungsprozesse verlaufen individuell, ihre körperlichen und geistigen Voraussetzungen, ihre Charaktereigenschaften, Vorerfahrungen und familiären Bedingungen unterscheiden sich. Vorlieben und Abneigungen sind unterschiedlich ausgeprägt. Sie reagieren auf das, was ihnen begegnet, verschieden.

Entsprechend müssen wir die Kinder als Individuen sehen und ihre Entwicklungen in einen Zusammenhang mit ihren Lebenserfahrungen setzen – vor allem denen in der Kita.

Nur so können wir erkennen, welche Rahmenbedingungen und Reaktionen »passen«.

Wir müssen dafür sorgen, dass die Kinder in ihren Bildungsprozessen nicht behindert werden und sind dafür verantwortlich, anregungsreiche Bedingungen für Selbsttätigkeit zu schaffen. Dabei dürfen wir nicht vergessen, dass wir selbst ein wesentlicher Teil dieser Bedingungen sind und die Macht haben, etwas zu ermöglichen oder zu verhindern.

Aus der Art und Weise, wie wir uns zu den Kindern verhalten, wie wir die Beziehungen gestalten, wie wir unsere überlegene Position nutzen, werden sie grundlegende Schlussfolgerungen ziehen. Deshalb sollten wir bedenken:

- Probieren geht über Studieren. Begreifen hängt mit Greifen zusammen, geistige Beweglichkeit mit Bewegung, sich seiner selbst bewusst werden mit Selbstbewusstsein.
- Junge Kinder experimentieren, erforschen und erproben sich und ihre Umwelt unermüdlich, setzen alle Sinne ein, erfassen und begreifen im wahrs-

ten Sinne des Wortes. Dabei erleben sie Erfolge und Misserfolge, Freude und Schmerz, durchleben Höhen und Tiefen der Gefühle und leben sie unmittelbar aus. Unterstützen wir die Kinder bei ihren Unternehmungen, erkennen wir ihre Erfolge an, trösten und ermutigen wir sie, wenn etwas nicht auf Anhieb klappt; nehmen wir ihre Gefühle ernst und lassen wir ihre Gefühlsäußerungen zu, leisten wir einen wichtigen Beitrag zur Entwicklung von Vertrauen und Selbstvertrauen. Damit schaffen wir Fundamente für alle späteren Bildungsprozesse.

- Anregungen und Herausforderungen, die Möglichkeit, sich eigenständig und mit liebevoller Begleitung die Welt anzueignen, Erfahrungen zu sammeln und die eigenen Kräfte zu spüren sind Grundvoraussetzungen für den Erhalt der Neugier, für Erkenntnisgewinn und zunehmende Sicherheit. Kinder können sich nur an dem bilden, was da ist. Sie können nur nachahmen, was sie sehen, nur hören, was erklingt. Insbesondere bei der Aneignung von Sprache ist dies offensichtlich. Wollen wir also einen Beitrag zur Sprachentwicklung leisten, dann ist es wichtig, was und wie wir mit dem Kind sprechen. Kinder, die zu Hause kein sprachfreudiges Umfeld haben, können in der Kita einen Ausgleich erfahren – je eher, umso wirkungsvoller.

↗Siehe auch: Anfangszauber, Anregungen, Ausprobieren, Bewegung, Erfolgserlebnisse, Interessen der Kinder, Individuelle Förderung, Spiegeln, Sprache, Zutrauen

Bindung

Kinder brauchen Bindung. Diese Aussage ist eine feste Größe, wenn es darum geht, die Qualität frühkindliche Lebensumstände zu benennen. Doch was ist mit Bindung gemeint? Wie entsteht sie? Was unterscheidet Bindung von anderen dauerhaften Beziehungen? Welche Art von Bindung brauchen welche Kinder mit wem, wann und wo? Was bedeutet überhaupt »brauchen«? Und was bedeutet es für die professionelle Arbeit mit Kindern, zumal mit sehr jungen Kindern?

So verbreitet der Begriff, so vielfältig die Interpretationen und Schlussfolgerungen – ein Konglomerat scheinbar eherner Wahrheiten, die sich bei näherem Hinschauen als durchaus widersprüchlich erweisen. In letzter Zeit und im Zuge des Ausbaus von Betreuungsplätzen für Kinder unter drei Jahren wird »Bindung« durchgehend als Basisqualität gefordert. Das macht es unvermeidlich, darüber nachzudenken. Und weil das so ein schwieriges Thema ist, habe ich dazu den Rat von Kornelia Schneider gesucht und in meine Überlegungen eingebaut.

Die Bindungsforschung untersucht seit Jahrzehnten den Zusammenhang zwischen der Qualität der Beziehungen in der frühen Kindheit und dem Grad der emotionalen Sicherheit. Diese wiederum wird als Grundlage für jede Art von persönlicher und sozialer Entwicklung angesehen.

Im Kern geht es darum: Das Gefühl des Verlassenseins führt dazu, dass Kinder viel Energie darauf verwenden, sich einer Beziehung zu vergewissern – Energie, die sie bei emotionaler Sicherheit in die Erkundung ihrer Umgebung stecken können.

Diesen Zusammenhang thematisiert zu haben, das ist das Verdienst der Bindungsforschung.

Eine Konsequenz aus den Erkenntnissen ist das Modell der Eingewöhnung in Kitas.

Und wo stecken die Widersprüchlichkeiten in den Aussagen der Bindungstheorie?

Bindung und Bildung werden in ein Wenn-dann-Verhältnis gesetzt: Wenn Bindung, dann Bildung. Oder dramatischer: Ohne Bindung keine Bildung.

Dabei ist Bindung ein Teil von Bildung als Prozess der Entwicklung und nicht dessen Voraussetzung, denn Kinder erkunden die Welt in jeder Richtung. Auch Beziehungsmöglichkeiten werden erkundet, wie Kornelia Schneider schreibt.[20]

Wird von »Bindung« als Voraussetzung für Entwicklung gesprochen, ist »sichere Bindung« gemeint. Sie erfordert eine bestimmte Qualität der Interaktion in der Beziehung, genauer: in der Resonanz Erwachsener auf die Impulse des Kindes.

Kinder zeigen jedoch auch Bindungsverhalten gegenüber Personen, die ihnen zwar vertraut sind, aber kein hilfreiches Interaktionsmuster als Grundlage für eine »sichere Bindung« anbieten. Sie reagieren mit Stress auf Trennungen, suchen Nähe, Schutz und Trost, auch wenn sie erlebt haben, dass sie sich auf erhoffte Reaktionen nicht verlassen können.

Das bloße Da-Sein einer Person reicht offenbar, um Bindung zu entwickeln. Dennoch hat die Art der Bindung, der Typ der Bindungsqualität – verschieden sicher und unsicher oder gar desorientiert – mit der

20 Siehe dazu: TPS, Heft 3/200919

Qualität der Erfahrungen zu tun, die Kinder mit dieser Person machen.

Doch noch einmal zurück zu dem, was in der neueren Literatur zum Thema zu finden ist:

Es werden unterschiedliche Bindungsbeziehungen mit unterschiedlichen Personen identifiziert: Mutter-Kind, Vater-Kind, Erzieherin-Kind. Noch wenig erforscht sind Bindungen zwischen Kindern und innerhalb von Kindergruppen.

Vier Punkte gelten als bedeutsam für die Herausbildung und Festigung von Bindungen: emotionale Sicherheit, Stressreduktion, Assistenz und Stärkung des Explorationsverhaltens.

Emotionale Sicherheit entsteht durch liebevolle Zuwendung und Feinfühligkeit im Umgang: Ich bin für dich da. Stressreduktion wird durch Trost und Hilfe in misslichen Situationen erreicht: Du bist nicht allein. Assistenz bedeutet Unterstützung, wenn das Kind an Grenzen stößt: Hier ist meine Hand. Und das Explorationsverhalten wird durch Anreize und Ermutigung gestärkt: Trau dich, du schaffst das.

Als erwiesen gilt, dass kindliches Verhalten von zwei Motiven gesteuert wird: dem Bedürfnis nach Nähe und Zugehörigkeit und dem Explorationsbedürfnis, also der Lust, die Welt zu erkunden und zu erforschen. Obwohl diese inneren Triebkräfte des Kindes erkannt und jeweils angemessene Reaktionen der Erwachsenen eingefordert werden, scheint es nicht von besonderem Forschungsinteresse zu sein, den Anteil des Kindes am Sich-Binden zu untersuchen. Alles dreht sich um die Verantwortung der Erwachsenen, eine sichere Bindung herzustellen.

Wer genau hinschaut, erlebt: Kinder suchen intensiv Nähe und Zugehörigkeit, von Anfang an. Also ist Bindung ein gemeinsam »produzierter« Zustand, der sich im Wechselspiel von Aktion und Reaktion herausbildet. Beide Seiten sind aktiv, beide tragen zur Beziehung bei. Die Qualität der Beziehung wächst mit der Intensität der Interaktion, die von beiden Seiten gewollt und forciert wird.

Bindung ist eine spezielle Form der Beziehung. Wie jede Beziehung schwebt sie nicht im luftleeren Raum, sondern ist mit handfesten, sinnlich-realen Erfahrungen verknüpft, die innere Bilder und Muster erzeugen. In diesem Sinne ist Bindung ein Teil von Bildung und nicht deren Voraussetzung.

Bildung ist ein Prozess, der Erfahrungen mit Dingen und Menschen gleichermaßen einschließt. Mehr noch: Beides fällt zusammen. Verstehen wir Beziehungsentwicklung wie andere Welteroberungen als Teil von Bildung, löst sich das vermeintliche Nacheinander – erst Bindung, dann Bildung – auf: Bildung ist immer, Beziehung auch, Bindung nicht.

Den ersten und zentralen Bindungspersonen eines Kindes – früher waren vorwiegend Mütter gemeint, heute werden auch Väter näher betrachtet – kommt große Bedeutung zu. Je einfühlsamer sie auf die Signale des Kindes reagieren, umso sicherer kann es sich fühlen und umso unbeschwerter lässt es sich auf neue Erfahrungen ein.

Interessant sind neuere Untersuchungen zum Väterverhalten, die zeigen, dass Väter nicht weniger einfühlsam sind als Mütter, allerdings auf andere Weise. Sie unterstützen eher das Bedürfnis des Kindes, zu handeln, sich zu erproben, etwas selbst zu tun, Grenzen zu überschreiten, Kräfte zu messen. Auch das ist eine Form von Feinfühligkeit und Achtsamkeit, begründet Vertrauen und stärkt die Bindung.

Doch nach wie vor dominiert die Vorstellung von Bindung als Schutz, Trost, körperliche Nähe und (Mutter-)Liebe. Daher steht die Mutter als Bindungsperson noch immer im Mittelpunkt, wenn über frühkindliche Betreuung diskutiert wird.

Aus der Bedeutung, die der frühen Mutter-Kind-Bindung zugeschrieben wird, folgte lange Zeit die feste und vor allem in Westdeutschland und Österreich tief verankerte Überzeugung, dass Kinder in den ersten drei Lebensjahren am besten in der Obhut der Mütter aufgehoben sind. Krippen wurden lange für Teufelswerk gehalten und allenfalls als Nothilfe akzeptiert, wenn keine Tages(ersatz)mutter zur Verfügung stand.

In der Kita haben wir es mit einer anderen Situation zu tun. Doch weil auch Erzieherinnen das Bindungsmodell in »Muttergestalt« unverdrossen favorisieren, wird unterstellt und als Ziel systematischer Eingewöhnung fast immer genannt: Das Kind muss eine neue Bindung aufbauen, um sich von der gewohnten lösen zu können.

Hier wird die Bindung zwischen Kind und Eltern oder anderen nahen Personen mit der Bindung an die Erzieherin gleichgesetzt. Also wird wieder eine Ersatzmutter geboten.

Dabei ist das weder nötig noch sinnvoll.

Familiäre Bindungen gehen ja nicht verloren, weil sich das Angebot an Beziehungen erweitert. Die emotionale Nähe zu den primären Bezugspersonen bleibt bestehen, auch wenn sie nicht mehr über den gesamten Tag gelebt wird. Keine der beiden Seiten will die engen Bande lösen, und die Bindungsqualität muss nicht leiden, denn wichtiger als die zeitliche Kontinuität ist die Intensität der Begegnungen – Abschiedsschmerz und Widersehensfreude inbegriffen.

Wir sollten die einmaligen Beziehungen und engen Bindungen, die Kinder in ihren Familien entwickelt haben, nicht kopieren wollen. Die Kita ist eine andere Welt – wenn auch keine Gegenwelt. Beziehungen bauen sich in der Kita nach anderen Maßstäben auf. Es warten neue Erlebnisse und eine neue Art von Beziehungen. Ob es Bindungen werden, ist offen.

Darin steckt eine Chance für die Kinder, eine Möglichkeit des Wachsens und der wachsenden Unabhängigkeit, auch und gerade in den Beziehungen zu anderen Menschen. Die Kinder können mehr oder weniger verbindliche Beziehungen aufbauen, sich also mehr oder weniger fest binden – auf verschiedene Weise und an verschiedene Menschen. Sie sind nicht emotional abhängig wie in der Familie.

Diese Chance ist für Kinder nicht auf Anhieb erkennbar, und sie können sich auf neue Herausforderungen nur schwer einlassen, wenn sie sich verlassen fühlen. Dieses Gefühl kann entstehen, wenn die vertrauten Personen verschwinden und damit Sicherheit schwindet, die aus Vertrautheit erwächst. Doch auch hier gilt: Kein Kind reagiert wie das andere – je nachdem, welche Beziehungsmuster es bislang aufgebaut hat.

Weil Kinder mehr Energien einsetzen können, ihre (neue) Umgebung zu erkunden, wenn sie sich sicher und vertraut fühlen, ist es nötig, ausreichend Zeit, Raum und Gelegenheit zu geben, damit eine Sicherheit und Vertrauen schaffende Beziehung zu den Menschen in der Kita wachsen kann.

Mit den Erzieherinnen lernt ein Kind eine neue Spezies von Erwachsenen kennen. Sie kümmern sich um eine größere Zahl von Kindern, was bedeutet, dass sie ihre Aufmerksamkeit splitten und in verschiedene Richtungen kommunizieren. Das Kind erlebt, dass es nicht immer im Mittelpunkt steht, dass es manchmal warten oder die Zuwendung mit anderen Kindern teilen muss. Das ist mitunter ganz angenehm, denn permanent im Fokus zu stehen ist anstrengend. Aber es ist nicht immer leicht und führt manchmal zu Eifersüchteleien. Als Ausgleich gibt es jede Menge Spielpartner und potenzielle Freunde.

Die Beziehungen zwischen Kindern und Erzieherinnen enthalten zweifellos Anteile von Nähe und Intimität, also Bindungselemente. Und zwar interessanterweise beide: »mütterliche« und »väterliche«. Denn neben Trost und Wärme begegnen den Kindern in den neuen Beziehungen auch Anregung, Unterstützung und Ermutigung bei der Entdeckung der Welt – und (hoffentlich) Balgen und Quatsch-Machen.

Der Begriff »Bindung« ist in der Kita dennoch fehl am Platze. Lassen wir die Bindung den Eltern. Damit verringert sich die Gefahr der Konkurrenz zwischen Eltern und Erzieherinnen gleich um ein Vielfaches.

Zum Schluss noch ein kleines Sprach-Spiel, das den Blick weiten kann: Was fällt uns beim Wort »Bindung« ein, wenn wir in andere Lebensbereiche schauen? Die eheliche Verbindung – »Drum prüfe, wer sich ewig bindet...« –, die Skibindung, die Bindung beim Buch, die Telefonverbindung: »Kein Anschluss unter dieser Nummer« oder »Please hold the line...« Bindung hat offensichtlich viel mit Verbindung zu tun – da werden (passende) Elemente zusammengefügt. Aber wir kennen auch die Anbindung: an die Leine legen. Oder die Einbindung: In die Verantwortung nehmen. Und die Entbindung.

Es kann kein Zufall sein, dass die Geburt auch Entbindung heißt. Mit dem Durchtrennen der Nabelschnur beginnt ein Kind, eigenständig zu leben. Die biologische/physiologische Bindung wird durch soziale/psychologische Bindungen ersetzt. Von diesem Moment an kann das Kind seine Unabhängigkeit ausbauen. Dazu gehört, neue, vielfältige und gänzlich unterschiedliche Verbindungen einzugehen, wenn das Kind es will und sein Wunsch Resonanz findet.

Vielleicht wäre es besser, von Verbindung statt Bindung zu sprechen – von einer Verbindung, die beide Seiten aktiv und freiwillig eingehen und die sie wieder lockern oder lösen können. Nicht zufällig sprechen wir vom Abnabeln als Sinnbild für das Lösen von vertrauten Menschen. Das ist für beide Seiten nicht leicht. Vor allem diejenigen, die loslassen sollen, tun sich schwer. Kein Wunder. Während die eine Seite an Freiheit und Selbstverantwortung gewinnt, muss die andere Seite Einfluss, Dominanz und Kontrolle aufgeben.

Zwischen dem biologischen Abnabeln und dem sozialen Loslösen liegt ein Kinderleben. Der biologische Prozess folgt bekanntlich allgemeinen Gesetzmäßigkeiten. Der soziale Prozess des Abnabelns und Entbindens hingegen wird vom Kräfteverhältnis und der Dialogbereitschaft in der Beziehung bestimmt.

↗Siehe auch: Achtsamkeit, Bezugspersonen, Eingewöhnung, Übergänge

Briefe an Kinder

Die Idee, Briefe an Kinder zu schreiben, entstand nicht erst im Rahmen der Ausweitung von Beobachtung und der Einführung des australischen Konzepts der Bildungs- und Lerngeschichten. Kleine Szenen aus dem Leben, Erlebnisse, die besonders berühren – alles kann als Geschichte aufgeschrieben werden, ein Geschenk für das Kind und seine Eltern. Oder in Form eines Briefes. Das ist persönlicher, schon vom Schreibstil her.

Nach meiner Erfahrung fällt es vielen Erzieherinnen leichter, einen Brief zu schreiben als eine Geschichte. Es ist nicht notwendig, sich gewählt auszudrücken oder besonders fachkompetent zu wirken. Man kann so schreiben, wie man mit dem Kind reden würde, und die Hemmschwelle sinkt.

Was aber auf keinen Fall dabei herauskommen darf, ist ein verbales Zeugnis im Stil von »Das kannst du schon gut, das müssen wir noch üben…« oder eine moralische Botschaft: »Da war ich ganz traurig. Ich wünsche mir, dass du in Zukunft…«

Die Briefe sollen Freude machen. Sie sollen dem Kind und seinen Eltern zeigen, dass wir wahrnehmen, was für das Kind von Bedeutung ist und was uns als Beobachterinnen besonders berührt oder bewegt hat. Es geht also nicht um Beurteilungen, sondern einzig ums Hinsehen, ums Wahrnehmen und darum, die eigenen positiven Gefühle auszudrücken.

Es folgen zwei Beispiele. Das erste ist ein Brief, der dem Kind zur Begrüßung geschickt wird, also vor seinem Eintritt in die Kita. Handelt es sich um ein sehr junges Kind, kann es damit natürlich noch nichts anfangen. Aber die Eltern! Sie werden sich darüber freuen und merken, dass sie und ihr Kind willkommen sind. Später wird auch das Kind sich freuen, wenn es den Brief vorgelesen bekommt, mit dem sein Kita-Tagebuch beginnt.

Der folgende Brief richtet sich an ein knapp einjähriges Mädchen.

Liebe Lilith,

nur noch drei Mal schlafen – dann kommst du zu uns in den Kindergarten. Dann bist du ein Kita-Kind. Du hast uns ja schon zwei Mal besucht, mit deiner Mama. Beim ersten Mal warst Du sehr neugierig, das hat man gemerkt, aber auch etwas ängstlich. Du hast Dich noch nicht weggetraut von Deiner Mama. Das ist auch kein Wunder: Alles ist neu und unbekannt, so viele fremde Kinder und Erwachsene. Da ist man besser erstmal vorsichtig.

Als Du uns das zweite Mal besucht hast, warst Du schon mutiger und bist auf Erkundungstour gegangen. Vor allem Nico mit seiner Trommel hatte es Dir angetan. Das wolltest Du auch probieren. Leider wollte Nico seinen Trommelstock nicht hergeben und haute Dir sogar auf die Finger. Das tat weh, und Du weintest. Als ich einen zweiten Trommelstock für Dich besorgte, war es wieder gut. Nico und Du, Ihr habt gemeinsam getrommelt, Euch angestachelt, und das hat Spaß gemacht. Ihr habt Euch köstlich amüsiert, und Du wolltest gar nicht wieder gehen.

Nun kannst Du bald so lange trommeln, wie Du magst, und Dich mit Nico und den anderen Kindern auf die Suche nach weiteren Abenteuern begeben.

Wir freuen uns auf Dich!
Deine Angelika

Das zweite Beispiel stammt aus einer Krippe, in der das Briefeschreiben an Kinder inzwischen zur Gewohnheit wurde. Der Adressat, ein Junge, ist zweieinhalb Jahre alt.

Lieber Marvin,

schon als Du ganz klein warst und ich Dich kennen lernte, staunte ich über Deine Geduld. Immer hast Du genau beobachtet, wolltest alles untersuchen und ergründen. Nie hast Du Dich aus der Ruhe bringen lassen.

Vorhin habe ich ein Foto gefunden, das ich damals von Dir machte. Du bist darauf anderthalb Jahre alt und erst kurze Zeit bei uns. Sieh mal, was Du da machst: Obwohl Du noch so klein bist, nimmst Du ein Telefon ganz fachmännisch auseinander. Das war toll!

Die anderen Kinder schauten Dir dabei zu und störten Dich nicht. Im Gegenteil. Es sieht so aus, als wolltest Du ihnen das Innenleben des Telefons erklären.

Und heute?

Du hast immer noch Freude daran, Geräte aufzuschrauben und sie auseinanderzunehmen. Aber Du hast noch eine andere Leidenschaft: das Malen.

Darin bist Du unermüdlich. Gerade habe ich wieder ein Werk von Dir bewundert. Du hast lauter verschieden blaue Farben mit den Händen auf einem großen Blatt an der Staffelei verteilt. Und ein bisschen auch auf Dir.

Ich freue mich, dass es Dir bei uns gut gefällt und wir noch viel zusammen machen können.

Deine Caroline

Es folgen zwei Briefe an ein »Wochenendkind« aus der Übernachtungskita. Die Zuwendung, die sich in den Briefen ausdrückt, hat eine besonders hohe Bedeutung für Kind und Mutter, da sie nur zeitweise in der Kita sind, in eine unvertraute Situation kommen und keine Gelegenheit besteht, einen sanften Übergang zu schaffen.

Lieber Hannes,

schön, dass wir uns an diesem Wochenende wiedersahen. Vier Wochen sind vergangen, und Du hast inzwischen viele Fortschritte gemacht.
Ich treffe dich am Samstag im Frühdienst.

Wir decken den Frühstückstisch im Aufenthaltsraum, weil wir nur vier Personen sind: zwei Kinder und zwei Erwachsene. Eine ungewohnte Situation für Dich. Deine großen blauen Augen fragen: »Was soll dies jetzt?«

Doch schnell findest Du Dich zurecht. Es gibt frische Brötchen, Nutella, Milch oder Kakao. Obst und Gemüse. Du genießt die entspannte Atmosphäre. Hin und wieder zeigst Du mit dem Finger auf Deine Nase. Das soll heißen: »Meine Nase läuft, ich brauche ein Taschentuch.«

Später spielst Du mit Amal. Ihr baut eine Autobahn, stellt Tiere auf, und es entsteht ein großes Zoogelände.

Inzwischen bereiten wir das Mittagessen zu. Es gibt Spaghetti mit einer Soße aus frischen Tomaten und dazu Würstchen. Nach zwei Würstchen Dein fragender Blick: »Kann ich noch eins haben?« Du bist einverstanden, als ich meine, dass Dein kleiner Bauch sicherlich voll ist und noch mehr Würstchen vielleicht...

Im Waschraum zeigst Du mir, wo Dein Fach ist. Wir nehmen den Schlafanzug raus und einen Nuckel. Leider war es der falsche. Vorwurfsvoll sagst Du: »Kleine Nuckel!« Ich verstehe: Es gibt einen kleinen Nuckel zum Schlafen und einen Nuckel mit Kette für den Heimweg. Jetzt weiß ich Bescheid. Beinahe hätte ich einen zweiten Fehler begangen, aber Du erinnerst mich: »Zähneputzen – grüner Becher.« Danke, Hannes, das hatte ich vergessen.

Danach kuschelst Du Dich mit dem Schlaftier auf deine Matratze und schläfst ganz schnell ein.

Schlaf gut, wünscht Dir
Deine Waltraud

Lieber Hannes,

am Sonntag war alles ganz anders. Nicht mehr nur die kleine Runde.

Als Deine Mama Dich gegen 6.00 Uhr bringt, geht sie mit Dir in die Krippe. Dort begrüßt Dich der übermüdete Martin. Er hatte eine unruhige Nacht mit den Schlafkindern.

Als Irene und ich kurz darauf kommen, finden wir Dich vergnügt mit Martin spielend. Es ist Dir also gelungen, ihn munter zu kriegen.

Martin verabschiedet sich, um zu Hause den wohlverdienten Schlaf nachzuholen. Nach und nach werden die großen Kinder wach, entdecken das Spielzeug der Krippenkinder und finden es spannend. Du hörst aufmerksam zu, was die älteren Kinder zu erzählen haben.

Beim Frühstück kommt Jimmy noch dazu. Es ist gemütlich wie am Sonntag zu Hause. Die Schlafkinder stecken immer noch im Schlafanzug, ungewaschen und ungekämmt, aber bester Laune.

Gegen 11.00 Uhr werden die großen Kinder abgeholt. Nun, lieber Hannes, ist Deine Stunde gekommen. Du bist mit Jimmy allein und genießt es und freust Dich über Jimmys tolle Ideen. Jimmy ist fünf und Dein großes Vorbild. Wahrscheinlich willst Du ihm auch mal imponieren. Was eignet sich dafür besser als dein Pullover. »Schau mal, da ist eine Sonne und ein Elefant.«

Na, so was! Du redest in ganzen Sätzen! »Der kann ja reden!«, ruft Jimmy, zeigt auf Dich und ist beeindruckt. Ich bin es auch.

Die größte Überraschung war für mich, dass Du mich mit meinem Namen angesprochen hast: »Waltraud, tinken.«

Ich freue mich auf das nächste Wochenende mit Dir.

Alles Liebe,
Deine Waltraud

Nach meiner Erfahrung lösen solche Briefe – auch wenn sie kürzer sind – viel Freude aus. Im Verhältnis dazu ist der Arbeitsaufwand gering.

↗Siehe auch: Beobachtung, Dokumentation, Fotografieren, Lebensgeschichten, Tagebuch

Buffet auf Kinderhöhe

Essen und Trinken halten Leib und Seele zusammen. Das gilt schon früh. Ebenso gilt: Die Geschmäcker sind verschieden. Auch das kann man bereits bei den Kleinsten beobachten.

Welche Bedeutung den leiblichen Genüssen in der Kita beigemessen wird, zeigt sich in der Vielfalt der Speisen, darin, wie sie serviert und präsentiert werden, und darin, wie liebevoll die Gesamtsituation gestaltet wird. Auch bei Kindern gilt: Das Auge isst mit. Angenehme Erfahrungen prägen das Verhältnis der Kinder zum Essen als kommunikative Angelegenheit eventuell ein Leben lang, auf jeden Fall aber aktuell. Man kann erleben, wie vorsichtig und bedacht schon kleine Kinder sich bedienen, wenn alles schön und einladend aussieht und sie sich etwas aussuchen können.

Das Buffet auf Kinderhöhe bietet sich vor allem zum Frühstück an, weil es sich dabei vorwiegend um kalte Speisen handelt. Meist sind die Vorteile so offensichtlich, dass diese Form auf alle Mahlzeiten des Tages ausgeweitet wird.

Die Vorzüge des Buffets

- Die Kinder können selbst wählen, was und wie viel sie essen möchten.
- Die Kinder können sich Zeit lassen und so lange essen, wie sie wollen.
- Die Kinder gehen, wenn sie satt sind.
- Die Kinder sind nicht auf das Frühstücksbrot oder die Zuckerschnecke von daheim angewiesen.
- Die Kinder müssen nicht befürchten, nicht satt zu werden: Es ist genug für alle da.
- Die Kinder merken: Bei der großen Auswahl ist für jeden etwas dabei.
- Die Kinder haben die Möglichkeit, unbekanntes Essen kennenzulernen, wenn sie das möchten.
- Die Kinder müssen nicht essen. Wer möchte, kann zuschauen, bis die Köstlichkeiten irgendwann zum Probieren verlocken. Genötigt wird niemand.
- Die Kinder kriegen Lust, zu kosten und zu erkunden. Später entwickeln manche Kinder Vorlieben für bestimmte Speisen.
- Die Kinder müssen am Tisch nicht warten, denn das Buffet wird rechtzeitig vorbereitet.

Die Präsentation von Speisen auf einem Buffet bietet den Kindern Entscheidungsfreiheit und vielfältige Erfahrungs-, also Bildungsmöglichkeiten: Sie nehmen unterschiedliche Gerüche und Geschmacksqualitäten wahr, genießen sie, beobachten einander, vergleichen Gewohnheiten und Vorlieben. Auch wenn sie noch nicht sprechen können, kommunizieren sie beim Essen miteinander. Die gemeinsame Erfahrung des Ereignisses »Buffet« verbindet die Kinder und schafft das Gefühl von Zusammengehörigkeit.

Die Kinder freuen sich auf diese Mahlzeit. Die Lust am Essen wird gefördert, wenn das Buffet ein breites und abwechslungsreiches Angebot präsentiert. Diese Lust wird noch gesteigert, wenn kein Zeitdruck, sondern eine schöne entspannte Atmosphäre herrscht. So startet man gern in den Tag, als Kind wie als Erwachsener.

Wer erst mal erproben möchte, wie ein Buffet gestaltet wird, wie Kinder und Erwachsene darauf reagieren, kann zu Festtagen damit beginnen oder das Buffet als besonderes Frühstück ein Mal pro Woche aufbauen, vielleicht jeweils mit einem Schwerpunkt: Mal gibt es nur Gemüse aller Art, mal Speisen in einer einzigen Farbe – der Fantasie sind keine Grenzen gesetzt.

Wichtig ist die Organisation. Es muss klare Absprachen geben, wer wann wofür verantwortlich ist, wer was mitbringt, vorbereitet, die Gestaltung übernimmt und die Reste wegräumt. In manche Tätigkeiten können und sollten die Kinder einbezogen werden, sofern sie dazu Lust haben. Erfahrungsgemäß sind das etliche Kinder.

Außerdem: Das Buffet auf Kinderhöhe erinnert an Urlaubstage, denn viele Hotels und mittlerweile auch Restaurants haben diese Marktlücke entdeckt. Um Familien zu erreichen, wenden sie sich den kleinen Gästen zu und bieten ihnen etwas. Ideen wie eine Kinder-Speisekarte mit Fotos sind es wert, nachgeahmt zu werden.

↗Siehe auch: Essen und Trinken, Raum, Zeit

D E F

wie Dialog, Differenzieren, Disko, Distanz zu Eltern, Dokumentation

wie Eigensinn, Eingewöhnung, Elternbrief, Elternecke, Elternabende, Elterngespräche, Empathie, Erfolgserlebnisse, Erstgespräche, Essen und Trinken

wie Fasching, Flaschenkinder, Fingerspiele, Fortbildungen, Fortbildung als System, Fotografieren, Freundschaften

Wenn nur die Kommentare nicht wären...

Dialog

Der Begriff »Dialog« ist in den letzten Jahren in Mode gekommen. Doch nicht immer ist klar, worauf er sich bezieht. Weil mit »Dialog« meist die Art und Weise eines Gesprächs gemeint ist, fragen Erzieherinnen häufig, wie man denn einen Dialog mit Babys und Kleinkindern führen soll. Die reden ja noch nicht.

Sicher, sie reden nicht. Aber sie äußern sich. Schauen wir genau hin, dann können wir sehen, wie ausdrucksstark Kinder sind, lange bevor das erste uns verständliche Wort über ihre Lippen kommt. Sie fuchteln und schneiden Grimassen, sie geben unterschiedliche Laute von sich und zeigen mit ihrem ganzen Körper, was sie – im wahrsten Sinne des Wortes – bewegt.

Es ist gar nicht so schwer, diese Zeichen und Signale zu entschlüsseln, wenn man sich darauf einlässt und die eigene Wahrnehmung schult. Das allein ist schon eine wichtige Rückmeldung an ein Kind: Ich gebe mir Mühe, dich zu verstehen.

Von Geburt an treten Kinder in einen Dialog mit anderen Menschen. Sie sind interessiert an Beziehungen, wollen verstanden werden und sich verständlich machen. Schaut man genau hin, erkennt man die Kommunikationsangebote von Babys, zum Beispiel das Spiel mit Hin- und Wegschauen, mit Nähe und Distanz. Schon in den ersten Stunden ihres Lebens spiegeln sie ihr Gegenüber. »Schuld« sind die Spiegelneuronen.[21]

Reagieren wir Erwachsene interessiert darauf, ist das schon die halbe Miete. Antworten, wiederholen, nachfragen, abwarten, die Wünsche des Kindes herausfinden und seine Entscheidungen respektieren – das sind die wesentlichen Elemente eines Dialogs.

Weint ein Kind, dann zeigt es uns damit, dass etwas nicht in Ordnung ist. Das ernst zu nehmen und nach der Ursache zu forschen – ebenfalls eine Form des Dialogs. Machen Kinder Quatsch und inspirieren einander damit, dann ist das eine andere Form des Dialogs, von der wir eventuell ausgeschlossen sind. Oder auch nicht. Quatsch mit Erwachsenen ist für Kinder ein besonderes Dialogerlebnis. Sie freuen sich und wollen es wiederholen. Sie schäkern und kichern, verstecken sich und animieren uns, dieses Spiel weiter zu treiben. Dialogangebote auf Kinderart und eine Chance für uns Erwachsene, Leichtigkeit zu tanken.

Einen Dialog zu führen bedeutet, intensive Zwiesprache zu halten. Das kann man – auch unter Erwachsenen – durchaus wortlos, wie wir vor allem aus Zeiten der Verliebtheit wissen. Je näher wir einander sind, umso leichter fällt es, uns einzufühlen und zu verstehen.

Einen Dialog zu führen, das bedeutet eben dies: eine Wechselbeziehung einzugehen und auf Augenhöhe zu kommunizieren. Das geht auch mit den jüngsten Kindern. Entscheidend ist die Erfahrung von Resonanz: Meine Botschaften kommen an und sind wichtig, denn es kommt etwas zurück.

Nicht nur mit Menschen, sondern auch mit Dingen treten Kinder in den Dialog. Wieder ist die Resonanz entscheidend, mit denen ihre Versuche begleitet und unterstützt werden. Eventuell entstehen gemeinsame Aktionen, Spiele und neue Dialoge. Das heißt: In der Qualität des Dialogs zwischen Erwachsenen und Kindern liegt das Geheimnis vertrauensvoller und damit förderlicher Beziehungen.

Wenn wir im Alltag auf die Suche nach Dialogen mit Kindern und nach dem Gegenteil gehen, werden sich wahrscheinlich viele Fragen von selbst klären. Und wir erhalten Hinweise darauf, woran wir in der eigenen Entwicklung arbeiten können.

↗Siehe auch: Achtsamkeit, Beobachtung, Signale beachten, Sprache, Zeit

Differenzieren

»Vergleiche nie ein Kind mit einem anderen, sondern immer nur mit sich selbst«, forderte schon Pestalozzi. Doch gerade das fällt uns Erwachsenen nicht leicht. Eltern wie Erzieherinnen neigen dazu, Vergleiche anzustellen, sich selbst und die Kinder damit unter Druck zu setzen: »Frieda kann schon laufen. Franz-Ferdinand spricht ganze Sätze. Samantha geht schon auf den Topf.« Alle anderen werden daran gemessen, mit einem »noch nicht« abgewertet und bieten Anlass zur Sorge. Was an sich nichts Schlechtes ist, denn Eltern, die sich nicht um ihre Kinder sorgen, oder Erzieherinnen, denen alles egal ist, wünscht sich niemand.

Sorgen sollten wir uns aber in jedem Fall machen, wenn alle Kinder über einen Kamm geschoren und am »Normalmaß« gemessen werden. Das produziert nicht nur Konkurrenz und den Defizitblick, sondern ist vollkommen unsinnig.

---

20 Siehe dazu: Bauer, J.: Warum ich fühle, was du fühlst – Intuitive Kommunikation und das Geheimnis der Spiegelneuronen. Heyne, München 2006

»Kinder kommen schon verschieden auf die Welt – und sie werden immer verschiedener«, sagt Remo Largo, ein Schweizer Kinderarzt, der die Entwicklungswege und -sprünge von Kindern erforschte. Seine Bücher[22] helfen, sich vom Vergleichswahn zu verabschieden, die Unterschiedlichkeit von Menschen in den Blick zu nehmen und zu einem anderen Verständnis von »normaler« Entwicklung zu kommen. Die Bandbreite dessen, was als normal gelten kann, ist nämlich so beeindruckend, dass sich viele Ängste von allein verflüchtigen.

Kevin krabbelt nicht? Kein Problem. Ein kleiner Teil von Kindern hat damit nichts im Sinn, stellt sich eines Tages auf die Füße und läuft los. Lena spricht nicht? Kein Problem. Manche Kinder hören lange zu und sprechen auf einmal in ganzen Sätzen. Konrad hängt an seiner Windel? Kein Problem. Früher oder später wird er aufs Klo gehen wollen.

Entwicklung schreitet nicht kontinuierlich voran, sondern sogar überwiegend in Sprüngen. Wir kennen das von den Wachstumsschüben. Warum akzeptieren wir bei Körpergröße und Gewicht viel eher, dass es eine Bandbreite gibt, die als normal gelten kann? Warum fällt uns das in anderen Bereichen schwerer? Keine Ahnung.

Natürlich dürfen wir eine schwerwiegende Einschränkung nicht ignorieren. Reagiert ein Kind zum Beispiel nie auf Geräusche, ist es notwendig, genauer nachforschen, woran das liegt. Macht ein Kind mit eineinhalb Jahren keinerlei Anstalten, sich hochzuziehen, müssen wir versuchen, es herauszufordern, und ihm mehr Zuwendung schenken.

Jede gestandene Erzieherin merkt, wenn ein Kind in einem Bereich extrem aus dem Rahmen fällt, wird sich darüber mit Kolleginnen und Eltern austauschen, wird nach Wegen suchen, diesem Kind in seinen besonderen Entwicklungsbedingungen und -bedürfnissen zu entsprechen. Daran gibt es keinen Zweifel.

Ein Grundgedanke differenzierter und differenzierender Arbeit ist, Unterschiedlichkeit zu respektieren. Jedes Kind ist anders, alle gehören dazu. Jedes Kind bekommt die Zuwendung und Unterstützung, die es einfordert, also braucht.

Der Unterschiedlichkeit von Kindern – wie von Menschen jeden Alters – können wir nur gerecht werden, wenn wir nicht alle gleich behandeln, sondern differenzieren. Das ist gerecht. Ein Gegenbeispiel: Ein Elefant, ein Affe, ein Fisch und ein Vogel stehen unter einem Baum und werden von ihrem Lehrer aufgefordert: »Damit es hier gerecht zugeht, bekommen alle die gleiche Aufgabe: Klettert auf diesen Baum!«

Nicht nur Anforderungen und Maßstäbe müssen sich an den Besonderheiten und besonderen Voraussetzungen der einzelnen Kinder orientieren, sondern auch alle alltäglichen Tätigkeiten. Fließbandwickeln und gemeinsames Töpfen kommen ebenso wenig in Betracht wie Schlafen nach Plan oder Klettern mit Flossen.

Selbst die jüngsten Kinder sind nicht nur äußerlich und in ihrer Persönlichkeit verschieden, sie bringen bereits unterschiedliche Lebenserfahrungen mit.

Sie reagieren in je spezifischer Weise auf eine neue Situation. Sie nutzen, was sie in der Kita vorfinden, individuell und entfalten weitere Besonderheiten. Ihre Interessen differenzieren sich, ihre Schlafbedürfnisse und Essgewohnheiten ebenfalls. Kommunikation und Ausdrucksweisen prägen sich in unverwechselbarer Weise aus.

All dies wahrzunehmen und zu achten, darauf zu reagieren und die Gewissheit der Eltern zu stärken, dass ihr Kind etwas Besonderes und Einzigartiges ist – das sind die wichtigsten Aufgaben in der Arbeit mit Kindern, besonders mit sehr jungen Kindern.

Die Bedürfnisse und Besonderheiten der Kinder zu achten und darauf individuell zu reagieren, obwohl die Personalausstattung in den meisten Einrichtungen den Anforderungen differenzierter Arbeit mit sehr jungen Kindern nicht entspricht, ist eine der täglichen Herausforderungen für Erzieherinnen. Essen, Schlafen, Wickeln – gerade die Beziehungsarbeiten erfordern ein hohes Maß an Einfühlung und persönlicher Zuwendung.

Eine differenzierte Raumnutzung und -gestaltung ist dabei ebenso wichtig und hilfreich wie die Kooperation unter den Kolleginnen. Je mehr Verschiedenes es zu entdecken und zu tun gibt und je mehr Freiräume für eigensinnige Unternehmungen der Kinder geschaffen werden, desto mehr Zeit bleibt den Erwachsenen für intensive Zwiesprache mit einzelnen Kindern und für differenzierte Arbeit.

↗Siehe auch: Altersmischung, Kooperation, Nichtaussonderung, Offene Arbeit

22 Largo, R.: Babyjahre. Serie Piper, München 2000; Largo, R.: Kinderjahre. Serie Piper, München 2001

Disko

Wie bitte? Mit Krippenkindern in die Disko?

Nein, natürlich nicht. Die Überschrift verweist lediglich auf gewisse Anleihen: Es gibt Musik und eine Lightshow – Scheinwerfer mit Scheinwerferfolie verkleiden, eine Spiegelkugel unter der Decke reflektiert das Licht. Klanginstrumente aller Art verlocken die Kinder, selbst Geräusche zu produzieren.

Kinder lieben Disko. Sie tanzen mit Begeisterung und Hingabe, trainieren ihr Körper- und Rhythmusgefühl. Sie bewegen sich völlig frei und unbefangen. Manchmal fassen sie sich an den Händen und tanzen gemeinsam. Unterschiedliche Temperamente zeigen sich, und vielleicht kommt es mal zum Zusammenstoß. Doch das tut der Freude keinen Abbruch, Tränen trocknen schnell. Selbst Kinder, die noch nicht stehen und laufen können, »tanzen« mit, bewegen sich im Sitzen oder auf allen Vieren zur Musik.[23]

Abgesehen vom Vergnügen – unter pädagogischen Gesichtspunkten bietet die Krippendisko eine Menge an sinnlichen und sozialen Erlebnissen, birgt also Bildungspotenzial. Die Kinder machen eine ganz besondere Art von Körpererfahrung: Sie spüren das Zusammenspiel von Musik und eigenen Bewegungen, sie erleben die Situation mit allen Sinnen, können ihre Gefühle ausdrücken, und es bleibt Raum für individuelle Variationen und Fähigkeiten.

Stille Kinder gehen aus sich heraus, stark motorische Kinder finden eine Gelegenheit, sich auszuagieren. Manchmal sind Verhaltensweisen zu beobachten, die wir den Kindern nicht zugetraut haben. Zum Beispiel: Ein Mädchen von knapp zwei Jahren, sonst eher unsicher im Laufen, bewegt sich nach den Rhythmen wie eine Tempeltänzerin. Da staunt der Laie, und der Fachmann wundert sich. Ja, Musik bewirkt viel.

Auch neue Interessengemeinschaften und Seelenverwandtschaften ergeben sich. Begegnet man einander tanzend, dann trifft man sich in anderen Sphären. Wer kennt das nicht...

Jedes Mal kann ein anderer Kulturkreis musikalisch dominieren, so dass nach und nach alle Kinder die ihnen vertraute Musik in der Gemeinschaft hören und sich danach bewegen. Das verbindet, erweitert den Horizont und zollt der kulturellen Zugehörigkeit Respekt.Wir Erwachsene – sofern uns die unbefangene Freude an derartigen Lustbarkeiten noch nicht vergangen ist – tanzen vergnügt mit. Notorische Nichttänzer geben den D.J. und knipsen oder filmen.

↗Siehe auch: Anregungen, Fotografieren, Geräusche, Musik hören und erleben, Singen

Distanz zu Eltern

Private Beziehungen sucht man sich nach Sympathie und Neigung aus, berufliche nicht. Doch der Beruf der Erzieherin verlangt, im Interesse der Kinder mit den Eltern zu kommunizieren, zu kooperieren und gemeinsame Wege zu suchen – auch und gerade, wenn dies schwierig erscheint.

Professionelle Beziehungsgestaltung zu Eltern bedeutet auch professionelle Distanz. Gerade das ist in diesem Arbeitsfeld schwierig. Man bedenke: Erzieherinnen werden für Tätigkeiten bezahlt, die in der Familie unbezahlt verrichtet werden; ihre gesamte Arbeit vermittelt sich über Beziehungen zu anderen Menschen. Daher dominiert häufig ein quasi privates Verhalten den beruflichen Alltag. Die Frage, wer mit wem »kann«, spielt im Umgang mit Kindern und Eltern wie mit Kolleginnen häufig eine größere Rolle als die Frage, welche Aufgaben in der Zusammenarbeit wie am besten zu bewältigen sind.

Mancherorts entstand im Zuge pädagogischer Veränderungsprozesse, auf der Suche nach Bündnissen und gemeinsamer Stärke so etwas wie eine Kultur der Verschwisterung zwischen Eltern und Erzieherinnen. Man mag sich und will sich mögen, Harmonie ist Trumpf. Tatsächliche Rollenunterschiede und Interessengegensätze verbergen sich hinter lockeren

23 Anmerkung: Disko ist nichts für Säuglinge. Sitzen sollten die Kinder schon können

Umgangsformen. Zeigen sie sich doch, werden sie leicht als persönliche Konflikte wahrgenommen.

Nicht selten wird mit zweierlei Maß gemessen: Beliebte Eltern werden anders behandelt als die weniger beliebten. Und in der Gerüchteküche brodelt es: Wer mit wem, wann und wie... All das ist ganz und gar nicht förderlich, mitunter hat es sogar katastrophale Folgen.

Kurz: Das Verhältnis zu den Eltern ist gerade im Arbeitsfeld Kita »naturgemäß« schwierig, zuweilen heikel. Je jünger die Kinder, umso intimer sind die Informationen. Das belastet und verpflichtet.

Ein offenes und vertrauensvolles Verhältnis zu begründen, ohne eine private Beziehung einzugehen, ist nicht leicht. Die Grenzen sind fließend, der schmale Grat zwischen Vertrauen und Vertraulichkeit, zwischen Zuständigkeit und Verfügbarkeit, zwischen professioneller Beratung und therapeutischen Ratschlägen ist ein schwieriger Weg.

Hinzu kommt, dass immer mehr Eltern in persönliche und soziale Nöte geraten. Für sie ist die Kita ein vertrauter Ort, an dem sie nach Unterstützung suchen. So kommen Erzieherinnen in die Rolle von Ansprechpartnerinnen in allen Lebenslagen, obwohl das weder ihr Auftrag ist, noch sind sie dafür gerüstet. Doch es fällt ihnen schwer, sich abzugrenzen.

Erzieherinnen sind keine Sozialarbeiterinnen, Psychologinnen oder Therapeutinnen. Darum müssen sie Grenzen setzen und deutlich machen, was sie leisten können und was nicht – ohne die Eltern vor den Kopf zu stoßen oder allein zu lassen. Sie können Informationen geben, auf Hilfsangebote verweisen und Kontakte herstellen. Mehr nicht.

Heute wird das Modell »Familienzentrum« verstärkt propagiert – ein Versuch, auf die veränderten Lebenssituationen und Bedarfslagen von Familien zu reagieren. Damit gehen neue Aufgaben einher, Kompetenzanforderungen verändern sich, und es ist ein gänzlich anderes Konzept als das einer Kindertageseinrichtung notwendig. Auf allen Ebenen müssen Kapazitäten geschaffen werden: Raum, Zeit, Vielfalt der Qualifikationen, soziale Netze.

Solange dies nicht gegeben ist, sollten Erzieherinnen sich auf ihre originären Aufgaben konzentrieren und sich – im Rahmen dieser Aufgaben – darum bemühen, mit Eltern zusammenzuarbeiten und sie zu unterstützen. Dafür sind fachliche und persönliche Kompetenzen im Hinblick auf die professionelle Beziehungsgestaltung erforderlich, die es auszubauen gilt. Schließlich handelt es sich um Basiskompetenzen des Berufes.

Was heißt professionelle Distanz zu Eltern?

- Respekt vor allen Eltern, Achtung vor ihren Erfahrungen, ihrer Kultur und Sprache, was sich unter anderem darin äußert, alle Informationen in ihre Sprache zu übersetzen und Dolmetscher zu Gesprächen einzuladen.
- Wünsche und Ängste aller Eltern erst nehmen, ihnen zuhören, sich mit ihnen austauschen und auseinandersetzen – unabhängig von persönlichen Sympathien.
- Mit allen Eltern kontinuierlich im Kontakt bleiben. Die Verbindung ist das Kind, und sein Wohlbefinden ist das Maß aller Dinge.
- Auf der Grundlage fachlichen Wissens und genauer Kenntnis der kindlichen Situation in der Kita allen Eltern gegenüber präzise Aussagen treffen, also nicht nach Gefühl und schon gar nicht nach eigenen Erziehungsvorstellungen.
- Eine Basis für die Zusammenarbeit mit allen Eltern herstellen, indem gemeinsame Bezugspunkte definiert werden. Interessenunterschiede nicht leugnen.

Dies ist die eine Seite der professionellen Distanz. Die andere Seite bezieht sich auf das Recht, sein Privatleben abzuschirmen. Dieses Recht gilt für beide Seiten: Eltern können erwarten, dass Erzieherinnen respektieren, wie sie mit ihren Kindern leben. Falls Eltern Erzieherinnen zu nahe treten, können sie deutlich machen: Bis hierher und nicht weiter. Distanz zu Eltern heißt natürlich auch: Klatsch- und Tratschgeschichten aus dem Privatleben der Familien zu verbreiten ist grundsätzlich ein Tabu.

So sehr sich Erzieherinnen freuen, wenn sie zu Eltern auf Anhieb einen guten Draht haben, so sehr wünschen sich Eltern, auf Erzieherinnen zu treffen, die sie gleich sympathisch finden. Schließlich vertrauen sie ihr Liebstes unbekannten Menschen an. Dennoch ist ein solcher Glücksfall selten – zu fremd sind oft die Welten.

Die Beziehung zu den Eltern muss wachsen und sich entwickeln, ebenso wie die Beziehung zum Kind. Allerdings ist das auf der Erwachsenenebene oft deutlich schwieriger. Der Weg zu den Eltern verläuft aber immer über das Kind, besser: über das gemeinsame Interesse am Kind und seiner gedeihlichen Entwicklung. Wenn sich beide Seiten über dieses gemeinsame Interesse verständigen, ist der erste Schritt getan.

Eltern können erwarten, dass Erzieherinnen professionell agieren, also aus der beruflichen Distanz heraus hören, was sie über ihre Kinder zu sagen haben, abwarten und ihnen die gewünschte Unterstützung anbieten. Belehrungen sind fehl am Platze.

Natürlich gibt es günstige und weniger günstige Konstellationen. Daher empfiehlt es sich, Eltern-Kind-Erzieherin-Kombinationen zu suchen oder zu nutzen, die der Verständigung förderlich sind. Offene, kooperative Arbeitsweisen begünstigen dies, denn sie ermöglichen Flexibilität und die freie Wahl der Ansprechpartnerinnen.

In manchen Einrichtungen ist es üblich, Elternabende in Privatwohnungen abzuhalten. In anderen Kitas werden Hausbesuche durchgeführt. Dabei ist zu bedenken: Solche Verfahrensweisen setzen Eltern möglicherweise unter Druck. Sie haben Mühe, sich dem zu entziehen, was als selbstverständlich gilt.

Das Interesse der Erzieherinnen, Einblick in das Leben der Familien zu nehmen, ist verständlich, aber fragwürdig. Zum einen schwingt immer ein Element von Kontrolle mit, zum anderen ist es ein Ausdruck persönlicher Integrität, seine Privatsphäre zu wahren. Wie viel Einblick die Eltern gewähren wollen, das muss ihnen überlassen bleiben.

Elternabende gehören in die Kita, ebenso das Gespräche mit Eltern über ihr Kind.

Die Kita ist ein Ort der Begegnung in professioneller Distanz.

↗Siehe auch: Bezugspersonen, Elterngespräche

Dokumentation

»Dokumentieren heißt, sich gemeinsam erinnern«, sagen die Reggianer und zeigen seit drei Jahrzehnten, wie Erzieherinnen Prozesse festhalten und zum Gedächtnis der Kinder werden. Projektdokumentationen aus Reggio sind legendär und wurden inzwischen vielfach veröffentlicht.[24] Ganze Heerscharen von Erzieherinnen pilgerten nach Norditalien, um ein wenig vom Geiste Malaguzzis einzufangen. Doch das ist so eine Sache. Mitunter wird man die Geister nicht mehr los...

Obwohl wir den politischen und historischen Hintergrund der Entwicklung in Reggio nicht wiederbeleben und importieren können, lassen sich Elemente der Reggio-Pädagogik – unseren konkreten Verhältnissen angepasst, also verwandelt – durchaus bei uns ansiedeln.

- Zum Beispiel: den Spuren der Kinder folgen und wahrnehmen, was geschieht, was sie tun, sagen und denken. Das für wichtig halten, erst nehmen und achten. Daran anknüpfen und Vertiefung ermöglichen. Fragen und Versuche der Kinder aufgreifen und ihre weitere Arbeit daran unterstützen. Sich beteiligen, wenn sie es wünschen.
- Zum Beispiel: Spuren legen, einen Rahmen schaffen durch Raum und Material, der die Kinder anregt und ihnen die Mittel und Gelegenheiten bietet, ihre kreativen Fähigkeiten zu entfalten. Dafür sorgen, dass Kinder die Welt außerhalb der Kita entdecken können, dort gibt es viel zu erleben, zu beobachten und zu dokumentieren.
- Zum Beispiel: Spuren hinterlassen. In Schrift und Bild festhalten, was die Kinder miteinander und allein tun, welche Gedanken sie austauschen, welche Fantasien sie entfalten, welche Hypothesen sie aufstellen – die man bei jungen Kindern erahnen kann, wenn sie Versuche wiederholen und variieren. Ihre Werke und Geschichten sammeln und ihnen einen würdigen Rahmen geben, sie in Büchern aufheben und öffentlich ausstellen – für die Kinder und ihre Familien.

Der Gedanke, für wen wir all das tun, droht im Zuge der inzwischen verbreiteten Dokumentationsinflation in Vergessenheit zu geraten. Werden Standards gesetzt und Dokumentationen verordnet, wird zumeist »abgearbeitet«. Nach dem preußischen Muster: Befehl erhalten, Ausführung erfolgt. Rechte Freude will dabei nicht aufkommen.

Dokumentation wird gern in einem Atemzug mit Beobachtung genannt und verlangt. Da verliert sie dann gänzlich ihren Sinn als Mittel zur gemeinsamen Erinnerung.

Das Elend steckt in Einheits-Mappen mit standardisierten Beobachtungsbögen: Es geht scheinbar nur noch um die Feststellung, welchen Entwicklungsstand welches Kind in welchem Alter hat, damit Entwicklungsgespräche mit Eltern geführt werden können, in denen über die Lernfortschritte, Defizite und nötige Fördermaßnahmen diskutiert wird.

Selten sehe ich Reggio-Ideen aufblitzen. Wenn es geschieht, frage ich mich jedes Mal, warum das Vergnügen gemeinsamer Erinnerung nicht allen Kindern gegönnt wird. Und warum sich das nicht auch alle Erwachsenen gönnen. So ging es mir zum Beispiel, als ich Folgendes sah und hörte:

23 Reggio Children: Alles hat einen Schatten, außer den Ameisen. Luchterhand, Neuwied/Berlin 2002; Reggio Children: Hundert Sprachen hat das Kind. Luchterhand, Neuwied/Berlin 2002

- individuell gestaltete »Ich-Bücher«, in denen Kinder sammeln, was sie erleben, für wichtig halten oder produzieren. Sie fordern die Erzieherinnen auf: »Mach mal ein Foto!« Und sie diktieren, was aufgeschrieben werden soll. Auch die Erzieherinnen tragen ein – nicht ohne die Kinder vorher zu fragen –, was sie gesehen und gehört haben oder was sie bewegte. So entstehen Erinnerungsbücher, die ein Leben lang Bedeutung behalten;
- Projektberichte von Erzieherinnen, die dermaßen interessant und bewegend waren, dass sie aufgeschrieben werden mussten. Man kann nachvollziehen, wie sich ein Gedanke oder Schritt der Kinder aus dem vorigen ergab, erhält Einblick in ihr Weltwissen und den Arbeitsalltag von Erzieherinnen, die Kindern etwas zutrauen, selbst wenn es um ernste Lebensthemen wie den Tod geht[25];
- Kita-Tagebücher, in denen gemeinsame Erlebnisse ebenso aufgehoben sind wie ersponnene Geschichten. Aufgeschrieben und illustriert von Erzieherinnen. Oder Fotoserien, die ohne Worte schildern, was sich abspielt, wenn ein Kind sich in sein Vorhaben vertieft;
- einen Raum, in dem mangels Platz eine große Dokumentenmappe für jedes Kind von der Decke hängt – bereit, seine Werke aufzunehmen.

In all diesen Fällen gewann das, was nebulös als »Wertschätzung« postuliert wird, überzeugende Gestalt. Ich nenne es: Zeichen von Lebenslust und Schaffensfreude, Achtung vor der Bedeutsamkeit von Denkprozessen und Entwicklungen, Freude an der Fantasie und Gestaltungskraft der Kinder. Die dafür verantwortlichen Erzieherinnen zeichnete aus:

- Aufmerksamkeit und Interesse an dem, was Kinder herstellen, tun und sagen;
- Neugier darauf, was das zu bedeuten hat und wohin es führt;
- Bereitschaft, die eigenen Fähigkeiten in den Dienst der Kinder zu stellen;
- Lust am Ausprobieren und Gestalten, Offenheit für Unvorhergesehenes;
- Zurückhaltung, Gelassenheit und die Fähigkeit, abzuwarten und nachzufragen.

Erzieherinnen, die sich so verstehen, sind nach meiner Erfahrung nicht nur klug, kreativ und engagiert, sondern auch zufrieden. Sie freuen sich an dem, was sie mit Kindern erleben, und entfalten die unglaublichsten Ideen, um dem Ausdruck zu verleihen. Was ihre Arbeitszufriedenheit noch einmal erhöht. Denn was ist befriedigender, als die Erfahrung von Sinn und Eigen-Sinn?

Dokumentationen nützen nicht nur Kindern und Eltern, sondern den Erzieherinnen selbst. Sie enthalten Sternstunden ihrer Arbeit. Denn Dokumentation macht das Unsichtbare sichtbar: Bildung mitten im Leben. Sie zeigt, was in der Kita geschieht, was die Kinder erleben, wie sie sich dabei entwickeln und was Erwachsene zu diesem Prozess beitragen können. In dem Maße, in dem sichtbar wird, wie Bildungsprozesse von Kindern vonstatten gehen, gewinnt ein verändertes Bildungsverständnis überzeugende Gestalt – auch für die Eltern.

23 Berthold, E./Lill, G.: Kommen Gangster auch in den Himmel? Ein Fortsetzungsroman über das Lebensthema »Tod«. Betrifft KINDER, Heft 9/2009. Die Serie endet in Heft 4/10.

Dokumentation der Arbeitsweisen und Überzeugungen schafft Transparenz, nach innen wie nach außen. Das bedeutet zugleich, die eigene Arbeit auf den Prüfstand zu stellen. Daraus folgen Rückmeldungen, Anregungen und Anerkennung, aber auch kritische Nachfragen. Wer selbstbewusst ist, traut sich das zu und kann es sich leisten, offenzulegen, in welchen Bereichen Verbesserungsbedarf besteht. Ein untrügliches Zeichen von Souveränität, Professionalität und Kompetenz.

Ein weiterer Aspekt von Dokumentation: Entwicklungen im Team nachvollziehbar machen. Eine Chance für engagierte Erzieherinnen: die Probe aufs Exempel machen. Ich wette, Eltern sind begeistert, wenn sie erfahren: Mit welchen Fragen der Zeit befasst sich das Team? Welche Positionen bezieht es dazu? Welche offenen Fragen verfolgt es? Was plant es? Was probiert es aus? So können Bündnisse entstehen.

Kontinuierliche Dokumentationen der Veränderungen im Haus markieren eine Spur der Entwicklungsprozesse im pädagogischen Denken und geben im Rückblick Anstöße für Teambiografien.

Dokumentation hat viele Facetten. Wie Bildung, wie Beobachtung, wie Professionalität. Zu klären ist, worum es jeweils geht, was im Zentrum steht, welche Ziele verfolgt werden. Denn das WIE hängt mit dem WAS und WARUM eng zusammen.

Grundsätzlich gilt: Was auch immer dokumentiert und präsentiert wird – wichtig ist, dass es ansprechend geschieht, am richtigen Ort, zur rechten Zeit und mit dem Blick auf die Kinder.

↗Siehe auch: Beobachtung, Briefe an Kinder, Fotografieren, Lebensgeschichten, Tagebuch

Eigensinn

Das Tun der Kinder hat immer einen Sinn – für sie. Und zwar einen eigenen Sinn. Das müssen wir wissen, damit wir erkennen können, welchen Sinn das Tun eines Kindes jeweils hat, damit wir die Chance haben, zu verstehen.

Ein Kind reagiert mit seinen Mitteln auf das, was ihm begegnet, und gibt uns mit seinem eigensinnigen Tun einen Hinweis auf seine Erlebniswelt. Vor allem, wenn uns nicht gefällt, was es tut, wenn wir daran etwas ändern möchten, ist dies der einzig Erfolg versprechende Weg: Wir verändern etwas.

Den Eigen-Sinn der Kinder in seiner Bedeutung zu verstehen ist eine entscheidende professionelle Kompetenz.

Eigensinn von Kindern hat noch nicht lange einen guten Klang in den Ohren von Eltern und Pädagogen. Lange wurde Eigensinn mit Trotz gleichgesetzt, der »Trotzphase« zugeordnet und möglichst mit Entschiedenheit bekämpft. »Ich will!« ist nach wie vor eine Äußerung, die gern verbessert wird in »Ich möchte«, am besten mit einem »bitte« versehen.

Erwachsene haben es nicht gern, dass Kinder ihren eigenen Willen entdecken und ihre eigensinnigen Ideen durchzusetzen versuchen. Kein Wunder, das ist ja auch anstrengend. Wird jedes Anziehen oder Zähneputzen zum Kampf, kann man schon mal die Geduld verlieren, wenn man unter Druck steht. Und nicht jedem eigensinnigen Unternehmen von Kindern kann nachgegeben werden. Manchmal ist eine klare Ansage nötig.

Wir sollten uns jedoch immer wieder bewusst machen, was da beim Kind gerade geschieht. Im Alter zwischen zwei und drei Jahren entdeckt es zunehmend sein Ich. Es unterscheidet zwischen sich und anderen Menschen, stellt Beziehungen her, ordnet zu: Ich = Lucia, du = Monika = Oma = Mama von meiner Mama... Nach und nach begreift das Kind das soziale Geflecht, in dem es lebt, und nimmt bewusster wahr, wer in diesem Geflecht wofür zuständig ist und etwas zu sagen hat.

Vor allem aber entwickelt es ein Bewusstsein seiner selbst: Ich bin eine eigenständige Person. Dazu gehört natürlich auch, selbst zu entscheiden – das ist doch klar. Also wird es immer wieder erprobt: Ich will! Ich will nicht! Auf jeden Fall: Ich!

Nicht alle Kinder werfen sich auf den Boden oder trampeln, um ihrem Eigensinn Nachdruck zu verleihen. Auch in dieser Hinsicht sind sie verschieden. Aber wenn sie es tun, ist das kein Grund zur Besorgnis. Sie üben nur den Eigensinn. Und das ist gut so, denn: Kein Selbstbewusstsein ohne Eigensinn.

↗Siehe auch: Beteiligung, Grenzen, Regeln

Eingewöhnung

Der Begriff »Eingewöhnung« steht für das Modell, das Hans-Joachim Laewen in den 1980er Jahren für den Übergang aus der Familie in die Kita entwickelte.[26] Bis dahin war es üblich, Kinder umstandslos in

26 Siehe: Laewen, H.-J./Andres, B./Hédervári, E.: Die ersten Tage in der Krippe. Luchterhand, Neuwied 2000

die neue Welt und den neuen Lebensabschnitt hineinzustoßen. Kaum jemand kümmerte sich darum, was das Gefühl des Verlassenseins im Erleben von Kindern bewirkt und was dieses Erleben für Spuren hinterlässt. Der Schritt in die Kita wurde nicht besonders begleitet oder erleichtert. Die Kinder mussten sehen, wie sie klarkommen.

Ein brutales Vorgehen, schwer zu ertragen für Kinder und Eltern. Vor allem Eltern erinnern sich meist mit Grausen an diese Zeit. Auch für die Erzieherinnen war sie nicht erquicklich: schreiende Kinder, tagein und tagaus. Wer nicht aus Not abstumpfte, erlebte die Lärmbelästigung als Ausdruck kindlichen Elends.

Mit dem Eingewöhnungsmodell, das inzwischen flächendeckend in allen Bundesländern praktiziert wird und überall selbstverständlich für die Qualität der pädagogischen Arbeit steht, wandelte sich auch der Blick auf Kinder, ihre Bedürfnisse und Entwicklungsbedingungen. Nicht ihre reibungslose Anpassung steht im Vordergrund, sondern ihr Erleben. Das ist ein großer Fortschritt. Meines Wissens gibt es kein anderes Veränderungsmodell, das so erfolgreich in die Praxis übernommen wurde.

Inzwischen hat sich viel bewegt. Der Begriff »Eingewöhnung« passt aus meiner Sicht nicht mehr zum heutigen Verständnis kindlicher Entwicklungsprozesse und der Bedeutung der Kita-Zeit – auch der Anfangszeit. Denn es geht ja nicht darum, Kinder an eine neue Situation zu gewöhnen, nach dem Motto: Man gewöhnt sich an alles… Vielmehr eröffnen sich mit dem Übergang in die Kita neue Erlebniswelten und damit neue (Bildungs-)Chancen für ein Kind. Diese Welten erschließt es sich aus eigener Kraft.

Vielleicht finden wir einen Begriff, der das Selbstbestimmte, Dynamische und Vorwärtstreibende, das Spannende und Abenteuerliche dieses Beginns besser einfängt als das auf Anpassung zielende Wort »Eingewöhnung«. »Startphase« vielleicht?

Unabhängig vom Wort – worum geht es?

Der Beginn seiner Kitazeit ist für ein Kind zumeist der erste große Wechsel von einer Lebenssphäre in eine andere. Es begegnet neuen Erwachsenen und anderen Kindern, wird mit unbekannten Räumen konfrontiert, muss einen ungewohnten Tagesablauf und vor allem die Trennung von den Eltern verkraften.

All das sind Herausforderungen – nicht die ersten und nicht die letzten im Leben eines Kindes. Zum Glück. Denn daran kann es wachsen, sich erproben, unabhängiger werden.

Neues und Unbekanntes löst jedoch nicht nur Neugier und Tatendrang aus, sondern auch Angst und Unsicherheit. Je nach bisherigen Erfahrungen, persönlichen Eigenschaften und erworbenen Beziehungsmustern dominiert das eine oder andere Gefühl. Entsprechend wird das Kind reagieren. Auch die Erfahrungen, die das Kind am Anfang in der Kita macht, haben Einfluss darauf, wie mutig es sich verhalten kann oder wie erschrocken es reagiert.

Entscheidend ist nicht nur, wie einfühlsam die Erzieherinnen mit ihm umgehen, sondern auch, wie spannend die neue Welt ist und wie viel Ermutigung und Unterstützung das Kind bei seinen ersten Erkundungen erfährt.[27] Vielleicht kann der Reiz des Neuen den Schmerz des Abschieds von den vertrauten Menschen ein wenig dämpfen. Das gelingt vor allem dann, wenn das Kind sich jederzeit wahrgenommen und beachtet fühlt.

Auch für Eltern ist es ein großer Schritt, ihr Kind in die Kita zu bringen. Vielleicht haben sie sogar den schwierigeren Part, denn sie müssen loslassen. Aber auch sie gewinnen – Zeit für sich selbst und ihre Arbeit. Leider können sie sich gerade das oft nicht zugestehen. Zu tief sitzt das schlechte Gewissen. Das Kind »weggeben«? Wenn es unbedingt sein muss und nicht anders geht, lässt sich das einigermaßen rechtfertigen, suggeriert die immer noch verbreitete Mutti-Ideologie. Aber das genießen?

Auch Eltern müssen sich gesehen, gestützt und bestätigt fühlen – in ihrer Entscheidung, in ihrer Freude an einem Stück Freiraum und an den neuen Erlebniswelten ihres Kindes. Wichtig ist, dass sie erleben: Die Kita tut uns allen gut.

Leider ist das nicht immer so. Abgesehen davon, dass selbst Krippenerzieherinnen zuweilen denken, junge Kinder gehören nach Hause, gibt es weitere Tücken der Anfangsphase.

Leicht entsteht Konkurrenz, wenn Eltern, vorwiegend Mütter, befürchten, ihr Kind könne (zu) große Nähe zu einer Erzieherin entwickeln. Zugleich wünschen sie sich das, weil sie möchten, dass das Kind sich in der neuen Umgebung wohl fühlt.

Häufig schüren Erzieherinnen diese Konkurrenz, weil sie denken, sie müssten eine der elterlichen vergleichbare Bindung zum Kind aufbauen. Verschärft wird das Problem, wenn sie das Gefühl haben, die besseren Mütter zu sein.[28]

27 Siehe auch: Empathie
28 Siehe auch: Bindung

Zur Klärung: Eine emotionale Bindung entwickelt ein Kind in der Regel zu Mutter, Vater, Geschwistern, Großeltern, also zu Personen, die ihm in seinem Leben zuerst und regelmäßig begegnen.

Kann eine fremde Person an ihre Stelle treten, ohne dass das Kind Schaden nimmt?

In dieser besorgten Frage steckt die Vermutung, dass nur die ununterbrochene Nähe zur (mütterlichen) Bindungsperson die gedeihliche Entwicklung des Kindes ermöglicht.

Diese Annahme geriet durch neuere Untersuchungen ins Wanken: Bindungen sind eine emotionale Sicherheitsbasis; ständige Nähe erfordern sie jedoch nicht.

Kinder haben früh Interesse an Menschen – kleinen wie großen. Sie wollen Beziehungen knüpfen. Wenn die neuen Personen, zum Beispiel Erzieherinnen, sich als zugewandt und aufmerksam erweisen, entwickeln Kinder Vertrauen. Und das ist das Wichtigste.

Geht der Übergang behutsam vonstatten, können die Kinder sich zunächst orientieren und selbst den Zeitpunkt bestimmen, an dem die Eroberung beginnt.

Für die Erwachsenen geht es in erste Linie darum, die Handlungen an den Signalen der Kinder auszurichten. Das setzt voraus, differenziert und flexibel zu reagieren, und erfordert eine Organisation, die auf Differenzierung und Flexibilität angelegt ist.

Standards, die bestimmte Organisationsformen festschreiben, greifen zu kurz. Mehr noch: Durch ihre Starrheit behindern sie die Weiterentwicklung des Modells.

Qualität misst sich am inhaltlichen Kern: wahrnehmen, was das Kind zeigt, und darauf reagieren. Genau das lässt sich nicht standardisieren, sondern nur üben.

Am Anfang muss das Kind sich erst einmal umschauen: Wer ist hier? Was gibt es hier?

Von der sicheren Basis einer vertrauten Person aus knüpft es erste Kontakte. Langsam bauen sich neue Beziehungen auf.

Mutter oder Vater erlebt es nun in veränderter Position. Sie bleiben im Hintergrund und überlassen den Erzieherinnen nach und nach das Feld des Alltags. Das Kind nimmt das wahr und richtet Erwartungen an die neuen Erwachsenen. Zunehmend reagiert es interessiert, und langsam wächst Vertrauen, wenn es erlebt: Man reagiert auf mich und meine Wünsche.

Besonders spannend sind die anderen Kinder. Wenn die Erzieherinnen sich im Hintergrund halten, ist zu erleben, dass neue Kinder sich interessiert auf andere Kinder zu bewegen, mit ihnen kommunizieren und das Umfeld gemeinsam erobern.

Um den Erfolg des Einstiegs zu sichern, ist es wichtig, die Eltern zu beteiligen. Das setzt voraus, sie rechtzeitig darüber zu informieren, dass und warum ihre Anwesenheit in der ersten Zeit gewünscht wird. Wenn sie den Sinn des Vorgehens verstehen und wissen, dass es sich um eine Übergangszeit handelt, die sich am Tempo des Kindes orientiert und deren Dauer deshalb nicht genau vorhersehbar ist, sind sie in der Regel froh und gern bereit, ihrerseits alles dafür zu tun, dass der Einstieg gelingt.

Ziel ist die Integration des Kindes, sein mentales und reales »Ankommen« in der Kita. Dabei können Patenkinder helfen: ältere Kinder, die Lust haben, sich um ein neues Kind zu kümmern. Sie erleichtern ihm nicht nur den Einstieg, sondern weisen auf ihre Art darauf hin: Dies ist ein Haus, in dem Kinder etwas zu sagen haben.

Ein Grundgerüst für die Gestaltung des Einstiegs

Ankommen und Kennenlernen

- Mutter, Vater oder eine andere vertraute Person begleitet das Kind und bleibt über mehrere Tage dabei. Sie hält sich im Hintergrund und überlässt den Erzieherinnen zunehmend den Umgang mit dem Kind – soweit es das zulässt. Sie beobachtet das Kind im neuen Umfeld und ist bei Bedarf zur Stelle.
- Trennungsversuche finden in den ersten Tagen nicht statt.
- Die Erzieherinnen nehmen über das Spiel Kontakt zu dem neuen Kind auf.
- Besonderes Augenmerk wird den Impulsen des

Kindes gewidmet: Wohin strebt es, für welche Kinder interessiert es sich, welche Aktivitäten entwickelt es?

Trennungsschritte

- Ein erster Trennungsversuch wird unternommen, wenn das Kind zufrieden und stabil wirkt und sich morgens offensichtlich freut, in die Kita zu kommen.
- Bei Anzeichen von Verstörung ist die vertraute Person sofort wieder zur Stelle. Das heißt: Sie muss in der Nähe bleiben. Vielleicht in einem Nebenraum, in dem sie es sich gemütlich machen kann und sich nicht langweilt, wenn sie nicht gebraucht wird, weil Bücher oder Dokumentationen interessante Unterhaltung bieten.
- Die erste Entfernung kann auch so aussehen: Die Neulinge unternehmen mit Erzieherinnen und/oder Patenkindern einen Streifzug durchs Haus. Im Falle von Irritation kehren alle sofort zurück.
- Wichtig ist die klare Verabschiedung. Also kein heimliches Rausschleichen, das dem Kind signalisiert: Im Zweifelsfall betrügt man mich. Zu Recht macht so etwas Angst und zeigt: Ich muss auf der Hut sein.
  Um das zu vermeiden, ist es sinnvoll, den Abschied zu zelebrieren: Geh nur, ich warte auf dich.
- Nach solchen Exkursionen kann eingeschätzt werden, ob das Kind die Nähe seiner Bindungsperson noch braucht oder längere Trennungszeiten möglich sind.

Die Kita im eigenen Tempo erobern

- Die Erzieherinnen übernehmen die Versorgung des Kindes und reagieren auf seine Signale, während die Mutter oder der Vater in der Nähe bleibt. Lässt das Kind dies zu, ist die Hälfte des Wegs schon geschafft.
- Nun können die Trennungszeiträume ausgedehnt werden. Abschiede und Wiedersehen werden mit schönen Ritualen verknüpft. Die vertraute Person bleibt jedoch noch in der Nähe, um schnell erreichbar zu sein.
- Akzeptiert das Kind die Trennung noch nicht, wird angewartet und weiter geübt.
- Ist das kein Problem, kann die Trennung ausgedehnt werden, nicht nur zeitlich, sondern auch von der Entfernung her.
- Entscheidend für das Tempo der Trennungsversuche sind einzig die Signale des Kindes.
- Die familiäre Bindungsperson verlässt die Kita, ist aber telefonisch erreichbar und kann zeitnah zurückkehren.
- Die genaue Beobachtung des Kindes während der vorangegangenen Phasen ermöglicht es, günstige Situationen zu schaffen und auf Veränderungen angemessen zu reagieren.

Gute Erfahrungen haben manche Teams mit dem parallelen Start zweier Kinder gemacht.

Die Zuordnung von zwei Neulingen zu zwei Erzieherinnen und zwei Patenkindern schafft nicht nur ein gemeinsames »Biotop«, sondern vor allem geteilte Erfahrungen: »Guck mal, die Greta ist auch neu in der Kita.« Dadurch wird Exklusivität vermieden und Gemeinsamkeit ermöglicht. Außerdem hilft diese Gleichzeitigkeit den Eltern und erleichtert es ihnen, sich über ihre Erfahrungen auszutauschen. Ganz gewiss nehmen ihre Kinder das wahr: Wir sind nicht allein als Neue, und unsere Eltern erzählen sich was. Gute Stimmung…

Selbst mit dem parallelen Start von drei und vier Kindern gibt es gute Erfahrungen.[29]

Die Frage, ob der Kita-Start immer im gleichen Raum stattfinden sollte, ist nicht eindeutig zu beantworten, da die Einrichtungen zu verschieden sind. In manchen Häusern ist es sinnvoll, die Neulinge in einem bestimmten Bereich – dem Nest oder der Basisstation – zu empfangen, in dem sie über einen längeren Zeitraum bleiben können. Denkbar ist aber auch, dass die zuständigen Erzieherinnen sie, sobald die Kinder neugierig und mutig genug sind, dorthin mitnehmen, wo sie etwas zu tun haben. Dann bilden sie als Personen quasi die Basisstationen.

Noch einmal: Wenn nicht nur eine Kollegin zur Verfügung steht, sondern mindestens zwei, sind plötzliche Ausfälle durch Krankheit leichter zu verkraften. Vor allem für die Kinder.

Wo in großer Altersmischung und in offenen Bereichen gearbeitet wird, müssen die Teams darauf achten, dass Neulinge ausreichend stabile Rahmenbedingungen vorfinden, um sich sicher zu fühlen und orientieren zu können. Es muss klar geregelt werden, wer kontinuierlich zur Verfügung steht, wo die Basisstation angesiedelt und wer für die Eltern zuständig ist. Das ist eine Herausforderung an das Team, und mir ist bewusst, dass es sich viel leichter schreibt, als es umzusetzen ist. Aber es ist möglich.

Vor allem, wenn die Organisation sich an den Bedingungen der Eltern und an denen des Teams

29 Siehe dazu: Winner, A./Erndt-Doll, E.: Anfang gut? Alles besser! Ein Konzept für die Eingewöhnung in Kinderkrippen. verlag das netz, Weimar/Berlin 2010

orientiert. In manchen Häusern werden neue Kinder und ihre Eltern am Anfang immer nachmittags begrüßt, weil zu dieser Zeit weniger Trubel herrscht und es mehr Spielraum bei der Personalplanung gibt.

Der Übergang ist gelungen, wenn die vorher unbekannten Erwachsenen als sichere Basis akzeptiert werden, wenn sich ein neues Kind von ihnen trösten und beruhigen lässt. Haben sich Beziehungen zu anderen Kindern entwickelt, den Paten, Mit-Neulingen oder anderen Favoriten, ist alles in bester Ordnung. Manchmal bringt es auch die tolle Schaukel oder ein kuscheliges Versteck.

Ein untrügliches Indiz, dass ein Kind angekommen ist: Es freut sich, andere Kinder und die Erzieherinnen zu sehen. Es ist interessiert am Leben in der Kita, weil es da so viele spannende Sachen und Menschen gibt. Außerdem riecht es gut. Das Essen schmeckt, und das Kuscheltuch ist immer da...

↗Siehe auch: Ablösung, Bindung, Bezugspersonen, Loslassen, Patenkinder, Übergänge

Elternbrief

Damit Eltern wissen, dass sie willkommen sind, und um ihnen im Vorfeld einen kleinen Einblick in die Arbeit zu vermitteln, kann ein kurzer Brief sinnvoll sein, mit dem sie zugleich zu einem Gespräch eingeladen werden. Hier ein Beispiel als Anregung:

Liebe Eltern,

wir heißen Sie und Ihr Kind herzlich willkommen und laden Sie zu einem Gespräch ein.

Es liegt uns daran, dass Sie sich bei uns wohl fühlen und Ihr Kind gern zu uns bringen.

Wir möchten so viel wie möglich über Ihr Kind erfahren, damit wir auf seine Gewohnheiten eingehen und seinen individuellen Rhythmus, seine Eigenheiten und Besonderheiten berücksichtigen können.

Ein paar Worte zu unserer Einrichtung: In der Krippe werden 24 Kinder im Alter von acht Wochen bis zweieinhalb Jahren von sechs Erzieherinnen betreut: Klara S., Karla P., Hilde F., Johanna B., Hanna A. und Henriette T.

Wir planen unsere Arbeit und nutzen die Räume gemeinsam. Wenn Ihr Kind zu uns kommt, wird es zwei Kolleginnen zugeordnet. Das tun wir, um Ihrem Kind und Ihnen am Anfang eine überschaubare Zahl von Ansprechpartnerinnen zu bieten.

Um Ihrem Kind die Umstellung auf die neue Situation zu erleichtern, stellen wir uns auf eine intensive Anfangsphase ein. Sie dauert 14 Tage oder länger – je nachdem, wie leicht und schnell Ihr Kind sich bei uns einlebt. Was in dieser Zeit geschieht, warum wir dieses Vorgehen für wichtig halten und was es für Sie bedeutet, das möchten wir gern mit Ihnen bei unserem ersten Treffen besprechen.

Bitte rufen Sie uns an und vereinbaren Sie einen Termin mit uns.

Wir freuen uns auf Ihren Besuch und auf Ihr Kind.
Ihr Krippenteam

Selbstverständlich ist es nötig, so einen Brief in die Sprachen der Eltern zu übersetzen.

↗Siehe auch: Eingewöhnung, Erstgespräche, Willkommen sein

Elternecke

Die Elternecke ist ein Treffpunkt, der Mütter und Väter einlädt, sich niederzulassen, wenn sie morgens kurz verschnaufen wollen, bevor sie in den Arbeitstag starten oder nachmittags einen Moment auf ihre Kinder warten müssen. Hier sollen sie die Möglichkeit haben, mit anderen Eltern zu sprechen, sich ausruhen und sich wohl fühlen. Das Kita-Team signalisiert ihnen damit: Ihr seid uns willkommen.

Um eine solche einladende Ecke zu schaffen, reichen ein Sofa oder zwei Sessel im Eingangsbereich – bitte nicht auf dem Fluchtweg, sonst gibt's Ärger –, ein kleiner Tisch mit Blumen, ein paar Bilder oder Fotos an der Wand, angenehmes Licht, eine Kanne Kaffee oder Tee, ein paar Kekse, eine Obstschale...

Die Elternecke ist ein passender Ort, um Dokumentationen auszulegen und den Eltern einen kleinen Einblick in das Kita-Leben zu ermöglichen. Dafür eignet sich zum Beispiel auch ein Monitor, über den die Bilder des Tages laufen. Die Eltern freuen sich, wenn sie sehen können, was die Kinder erlebt haben. Dadurch erledigt sich zugleich die leidige Frage: Was hast du denn heute gemacht?

↗Siehe auch: Atmosphäre, Austausch zwischen Eltern, Stillecke, Willkommen sein

Elternabende

Bei Elternabenden kommen Mütter und Väter mit den Erzieherinnen und miteinander ins Gespräch, konzeptionelle Fragen werden diskutiert, Kontoversen ausgetragen, Erfahrungen ausgetauscht. Wenn es gut läuft, wächst das Gefühl der Zugehörigkeit.

Damit es gut läuft, sollten solche Veranstaltungen etwas zu bieten haben, das die Eltern wirklich interessiert. Geht es nur um Informationen und organisatorische Fragen oder um Unterstützung bei Festen, dann ist fraglich, ob Eltern sich nach einem langen Arbeitstag aufraffen und zahlreich erscheinen. Erweist sich die Teilnahme jedoch als Gewinn, sind sie erfahrungsgemäß gern bereit, ein paar Stunden ihres Feierabends in der Kita zu verbringen.

Daher ist es wichtig, solche Themen auf die Tagesordnung zu setzen, die an den Interessen der Eltern anknüpfen, vor allem zu Beginn der Kitazeit. Klappt das, können Eltern auch in Zukunft gewonnen werden.

Was interessiert Eltern? In aller Regel wollen sie vor allem etwas über das Leben ihres Kindes in der Kita erfahren. Besonders in der ersten Zeit, wenn sie noch unsicher sind, freuen sie sich über jeden Einblick in den Alltag, in die Erlebnisse ihrer Kinder und deren Verhalten. Darum sind Fotos und kleine Filme beliebt, die zeigen, was tagsüber geschieht.

Damit die Interessen von Eltern Berücksichtigung finden, muss man sie kennen. Verschiedene Wege führen dorthin. So kann der erste Elternabend genutzt werden, um zu erheben, was die Eltern bewegt. Oder die Eltern werden im Vorfeld angesprochen und gebeten, ihre Themenwünsche aufzuschreiben.

Bewährt haben sich »Briefkästen« für Eltern, die ihre Anliegen aufnehmen. So fordert ein knallroter Kasten auf, brennende Fragen einzuwerfen. Ein goldener Kasten signalisiert: Fragen und Ideen sind Schätze. Natürlich müssen die Kästen regelmäßig geleert werden, und die Eltern erleben, dass ihre Fragen, Wünsche und Ideen tatsächlich aufgegriffen werden.

Je nachdem, worum es geht, sollten Elternabende in verschiedenen Formen und Zusammensetzungen stattfinden. Von speziellen Themen in kleiner Runde bis zu abteilungs- oder hausübergreifenden Veranstaltungen ist alles denkbar.

Manche Themen sind Dauerbrennen: Schlafgewohnheiten, »sauber« werden, Ernährung, Fernsehen, andere ergeben sich aus der aktuellen öffentlichen Debatte, zum Beispiel Bildungsangebote, speziell zur Sprachentwicklung. Manche Fragen ergeben sich in bestimmten Phasen, zum Beispiel vor dem Übergang in eine andere Abteilung. Andere Fragen kehren aus gegebenem Anlass regelmäßig wieder.

Veranstaltungen zu thematischen Schwerpunkten erfreuen sich vor allem dann großer Beliebtheit, wenn Spezialisten eingeladen werden. Dies befreit die Erzieherinnen jedoch nicht davon, selbst Position zu beziehen und zu berichten, was zum jeweiligen Thema in der Kita gedacht und getan wird. Schließlich soll nicht der Eindruck entstehen, dass nur externe Experten was zu sagen haben. Je mehr Vertrauen die Eltern in die Kompetenz der Erzieherinnen gewinnen, umso gelassener werden sie.

Viele Eltern sind daran interessiert, inhaltlich einbezogen zu werden und zu erfahren, mit welchen Fragen sich das Team beschäftigt, welche neuen Erkenntnisse in die Arbeit einfließen oder welche Vorhaben geplant sind. Eltern an dem teilhaben zu lassen, was im Team diskutiert wird, eröffnet ihnen Einblick in die Weiterentwicklung der Arbeit. Sie erleben, dass die Erzieherinnen ihres Kindes nicht stehen bleiben, sondern an neuen Erkenntnissen interessiert sind. Das ist ein überzeugenderer Beweis für Professionalität als langatmige Erklärungen.

Eltern wollen aber nicht immer nur reden und zuhören, geschweige denn, etwas erklärt bekommen. Erfahrungen zeigen, dass sie sich mit Ideen einbringen und zupacken, wenn sie Gelegenheit erhalten. Werden sie von Beginn an in Planungen einbezogen – zum Beispiel bei der Umstrukturierung der Innenräume oder der Gestaltung des Außengeländes –, laufen sie nicht selten zur Höchstform auf.

Die Ideen und Kompetenzen von Eltern, ihre unterschiedlichen Erfahrungshintergründe bereichern kolossal. Durch gemeinsame Planung und Aktion entstehen ganz neue Beziehungsqualitäten. Die Kinder genießen es ebenfalls, wenn ihre Eltern sich einbringen.

Eltern sind überwiegend keine pädagogischen Profis. Von ihnen zu erwarten, dass sie sich in der Frühpädagogik auskennen, wäre verfehlt. Vielmehr sind sie es, die diese Erwartung zu Recht an das Team richten. Das heißt aber nicht, dass sie keine Ahnung haben. Im Gegenteil. Sie sind Experten, was das Zusammenleben mit ihren Kindern und deren Besonderheiten betrifft. Und sie haben alle selbst eine Geschichte als Kinder und Jugendliche.

Vor diesem persönlichen Hintergrund stellen sie ihre Fragen und bringen ihr Wissen ein. Es sollte selbstverständlich sein, sie ernst zu nehmen und ihre Erfahrungen zu nutzen.

↗Siehe auch: Austausch zwischen Eltern, Dokumentation

Elterngespräche

Um die Interessen und Wünsche der Eltern kennenzulernen und die Zusammenarbeit im Interesse der Kinder zu sichern, reichen Elternabende nicht aus. Eltern wollen Genaueres über ihre Kinder erfahren, und auch die Erzieherinnen brauchen den individuellen Austausch mit Eltern für ihre Arbeit. Insofern liegen Einzelgespräche im beiderseitigen Interesse.

Hierbei handelt es sich nicht um mehr oder weniger zufällige Tür- und Angelgespräche oder gar um Katastrophengespräche, wenn was passiert ist oder ein Konflikt aufbricht, sondern um einen mit allen Eltern in regelmäßigem Turnus stattfindenden intensiven Erfahrungsaustausch, zu dem Mutter und Vater – sofern das möglich ist – eingeladen werden.

Vorschläge für Gesprächsthemen

- Wie nehmen die Eltern das Kind wahr, seit es in der Kita ist? Wie hat es sich verändert?
- Wie erleben die Erzieherinnen das Kind? Beispiele aus dem Alltag in Wort, Schrift und Bild
- Wie verhält sich das Kind im Verlaufe des Tages in der Kita?
- Welche Vorlieben hat das Kind, welche Freunde?
- Welche Erzieherinnen bevorzugt das Kind?
- Welche Entwicklungsschritte und -sprünge waren in letzter Zeit zu beobachten?
- Schläft das Kind nachts durch? Wie schläft es in der Krippe?
- Haben die Eltern den Eindruck, dass ihr Kind gern in die Kita kommt?
- Welche Erfahrungen haben die Eltern in der Kita und mit dem Team gemacht?
- Womit sind die Eltern zufrieden? Womit sind sie nicht zufrieden?
- Welche Veränderungs- oder Verbesserungsvorschläge und Ideen haben die Eltern? Was wünschen sie sich von uns?

Zeit und Ruhe sind nötig, damit eine offene Gesprächsatmosphäre entsteht. Die Eltern müssen spüren, dass man sich für ihr Kind, für ihre Erfahrungen und Vorstellungen interessiert. Ist das der Fall, kann ein Vertrauensverhältnis aufgebaut und erhalten werden, das die pädagogische Arbeit erleichtert.

Zuhören und nachfragen sind das A und O. Unnötig ist es, den Eltern in allem zuzustimmen. Schließlich sind es verschiedene Menschen, die ihre Eindrücke und Sichtweisen miteinander austauschen. Logisch, dass es unterschiedliche Ansichten zu manchen Dingen des Lebens mit Kindern gibt. Unerlässlich ist es jedoch, die Einschätzungen der Eltern ernst zu nehmen und sich damit auseinanderzusetzen, gerade wenn es sich um Unzufriedenheiten und Kontroversen handelt.

Je klarer die im Team entwickelten Grundorientierungen der Arbeit sind, umso leichter ist es, souverän zu reagieren. Zu wissen, was man warum in welcher Weise tut, verringert die Gefahr, sich angegriffen zu fühlen und in Rechtfertigungen zu verfallen. Und es schadet niemandem, wenn eine Frage offen bleibt. »Darüber muss ich noch mal nachdenken und mit den Kolleginnen sprechen« – so eine Antwort ist professionell, wenn der Gesprächsfaden später wieder aufgegriffen wird.

Um Zeit und Ungestörtheit für individuelle Gespräche mit Eltern zu haben, ist die Kooperation im Team unerlässlich.

↗Siehe auch: Ängste von Eltern, Konzeptbaustelle, Nachbereitung von Elterngesprächen

Empathie

Empathie ist die Fähigkeit zur Einfühlung und insofern eine Basiskompetenz in der Arbeit mit Menschen jeden Alters, besonders jedoch mit jungen Kindern. Denn das Befinden und die Bedürfnisse von Säuglingen und Kleinkindern sind bekanntlich nicht durch Befragen, sondern nur durch achtsame Wahrnehmung und Einfühlung herauszufinden.

Empathie ist nicht nur eine persönliche Kompetenz, die man hat oder nicht hat. Wissen über die Entwicklungsprozesse von Kindern und die Reflexion praktischer Erfahrungen sind Grundlagen, um die Wahrnehmung zu verfeinern, das Wahrgenommene »richtig« – also kindgemäß und individuell – zu deuten und Schlussfolgerungen für das eigene Handeln zu ziehen, die dem Kind und seinen aktuellen Bedürfnissen entsprechen.

Die erste Voraussetzung für Empathie ist, den Bedürfnissen der Kinder entsprechen zu wollen. Die zweite ist die Fähigkeit, sich in das Erleben von Kindern hineinzuversetzen. Letztere kann man trainieren, zusammen mit Kolleginnen und Eltern. Oft sind ältere Kinder wunderbare »Spiegel« und Übersetzer.

Gerade Situationen, in denen wir hilflos sind und nicht wissen, wie wir das Weinen, Strampeln oder andere Unmutsäußerungen eines Kindes interpretieren und wie wir reagieren sollen, eignen sich, um Einfühlung zu üben. Gut funktioniert das auch im Nachhinein, wenn wir einander schildern, was passiert ist. Besonders hilfreich ist es, wenn wir die Interaktion zwischen Kindern und Erwachsenen gezielt in den Blick nehmen und reflektieren: Wie reagieren wir auf welche Impulse der Kinder? Und vor allem: Warum reagieren wir manchmal nicht angemessen?

Hier ein paar Beispiele:

- Ein Kind strebt auffallend häufig in Richtung Waschraum. Immer, wenn es kurz vor der offenen Tür angelangt ist, wird sie schnell geschlossen. Ende der Forschungsreise.
- Ein anderes Kind schläft fast im Stehen ein. Es ist todmüde und quengelt. Aber Schlafen ist noch nicht dran.
- Mehrere Kinder angeln nach ihren Fläschchen. Doch leider stehen die unerreichbar hoch, absichtlich. Zu trinken gibt es immer nur zur vollen Stunde. Dass die Fläschchen nicht nur den Durst stillen, sondern auch Trost und Halt bieten – Fehlanzeige.
- Ein Kind weint und bekommt zu hören: »Ist doch nicht so schlimm…«

Vier Beispiele, in denen Kinder ihre Bedürfnisse deutlich signalisieren. Wie kommt es, dass die Erwachsenen das ignorieren, obwohl sie »Individualität« auf ihre Fahnen schreiben?

Auf Nachfragen gibt es Begründungen. Die haben nichts mit den kindlichen Bedürfnissen zu tun, aber viel mit denen der Erwachsenen.

Beispiel 1: Das Kind will mit Wasser spielen, dabei macht es sich nass – das macht Arbeit.

Beispiel 2: Das Essen kommt in einer halben Stunde. Erst danach ist Schlafen dran. Oder: Die Eltern wollen nicht, dass ihr Kind schläft, denn dann ist es abends nicht müde.

Wenn schon auf eindeutige Signale nicht eingegangen wird, was ist dann mit den uneindeutigen? Manchmal ist ja weniger klar zu erkennen, worum es einem Kind geht. Weinen kann viele Ursachen haben. Aber eins ist immer nötig: Zuwendung, Trost und Verstehenwollen.

Wer mit jungen Kindern arbeitet, sollte bereit und in der Lage sein, eine Situation nicht nur von der eigenen Absicht her oder durch die Brille der eigenen Interessen zu beurteilen, sondern die momentane Situation und Bedürftigkeit der Kinder wahrnehmen und sensibel darauf reagieren.

Aber Vorsicht: Wir dürfen bei allem Bemühen um Empathie nicht außer Acht lassen, dass wir uns irren können. Das zeigt sich jedoch an den Reaktionen der Kinder auf unsere Versuche.

Empathie ist also eine permanente Anforderung an professionelles Verhalten – Enttäuschungen und neue Versuche eingeschlossen.

↗Siehe auch: Achtsamkeit, Bindung, Dialog, Signale beachten, Zeit

Erfolgserlebnisse

Wenn Kinder strahlen, weil sie es geschafft haben, sich auf die Beine zu stellen, wenn sie stolz sind, weil sie alle Bauklötzer gestapelt haben, wenn sie sich freuen, weil sie ganz allein über den Baumstamm balanciert sind, dann wird klar, welch hohen Stellenwert die Erfahrung hat, eine Grenze zu überwinden, etwas zu erreichen und zu bewirken.

Solche Erfolge braucht jeder Mensch, und jeder strebt sie an. Erfolge sind die Voraussetzung dafür, sich an Unbekanntes oder Schwieriges heranzutrauen. Erfolge sind die Basis für die Entwicklung von Selbstvertrauen und Selbstbewusstsein. Sie schaffen die Gewissheit: Es lohnt sich, sich anzustrengen.

Natürlich gelingt nicht alles, und schon gar nicht auf Anhieb. Misserfolge kommen vor und müssen verkraftet werden. Dies zu können – das ist wiederum als persönlicher Erfolg zu werten. Mit jedem Stein, der aus dem Weg geräumt wurde, mit jeder Stufe, die schließlich doch erklommen wurde, wächst das Vertrauen in die eigene Kraft und die zunehmenden Fähigkeiten: Ich kann noch nicht alles, aber ich kann alles lernen. Nichts ist wichtiger für die Gewissheit, die Herausforderungen des Lebens bewältigen zu können. Um es mit Marie von Ebner-Eschenbach zu sagen: »Wenn es einen Glauben gibt, der Berge versetzen kann, dann ist es der Glaube an die eigene Kraft.«

Misserfolge gehören dazu. Dominieren sie jedoch, dann ist es schwer, Zutrauen in die eigenen Fähigkeiten zu entwickeln. Dann schwindet der Mut. Darum ist es so wichtig, Kindern Erfolgserlebnisse zu ermöglichen.

Voraussetzungen für Erfolgserlebnisse

- Erprobungsfelder schaffen, vor allem in frei zugänglichen Bewegungslandschaften im Haus und auf dem Außengelände, die kindlicher Bewegungslust entgegenkommen, Mut herausfordern und das Gespür für wachsende Kraft und Geschicklichkeit ermöglichen;
- Kinder nicht daran hindern, die Herausforderungen anzunehmen;
- hinschauen, nicht als Aufsichtsperson, sondern aus Interesse, um den Kindern das Gefühl zu geben, gesehen und anerkannt zu werden – auch wenn's noch nicht perfekt klappt;
- Entwicklungsschritte wahrnehmen, an den individuellen Voraussetzungen messen;
- der Kraft und Fähigkeit von Kindern vertrauen;
- auf die Signale der Kinder reagieren, damit sie erleben, dass sie die Unterstützung erhalten, die sie einfordern – auch das ist ein Erlebnis der Bestätigung und des Erfolgs;
- Misserfolge nicht generell verhindern, sondern die Frustbewältigung unterstützen und zu erneuten Versuchen ermuntern;
- Hilfe bei schwierigen Unternehmungen anbieten, aber nicht aufdrängen;
- abwarten, Zeit lassen, gelassen sein, denn die Kinder zeigen, was für sie »dran« ist;
- sich mit den Kindern über ihre Erfolge freuen, sie dokumentieren und weitererzählen.

↗Siehe auch: Abenteuer, Ausprobieren, Loslassen, Lebensfreude, Zeit

Erstgespräche

Im ersten Gespräch mit neuen Eltern werden Weichen für das zukünftige Miteinander gestellt. Die Eltern werden aufmerksam wahrnehmen, wie die Erzieherinnen sich ihrem Kind zuwenden und Kontakt aufnehmen. Sie werden die Atmosphäre im Haus ebenso registrieren wie das Interesse an ihren Erfahrungen und an den Besonderheiten ihres Kindes.

Das Gespräch dient dem wechselseitigen Kennenlernen und der Klärung erster Fragen auf beiden Seiten. Verläuft es angenehm, schafft es eine Grundlage für die Entwicklung eines Vertrauensverhältnisses.

Wichtig ist, dafür zu sorgen, dass jemand zur Verfügung steht, der übersetzen kann, falls die Eltern eine Sprache sprechen, die wir nicht beherrschen. In der Regel kann das jemand aus dem Umfeld der Familie übernehmen.

Die Bedingungen, unter denen das Gespräch stattfindet, entscheiden mit über den Erfolg. Wirkt die Gestaltung des Raumes einladend? Wurde ausreichend Zeit eingeplant (mindestens eine Stunde)? Treten die Erzieherinnen sicher auf und drücken sich klar aus? Stehen Kaffee, Tee, Wasser, ein paar Kekse bereit? Gibt es interessante Dinge für das Kind zu entdecken?

Kurz: Der erste Eindruck ist – wie so oft im Leben – ausschlaggebend. Daher sollte auf Atmosphäre und Botschaft besonderes Augenmerk gelegt werden.

Natürlich werden die Erzieherinnen teilnehmen, die in der ersten Zeit die Hauptzuständigkeit für das Kind übernehmen. Falls dafür nur eine Kollegin vorgesehen ist, sollte ihre Vertreterin hinzukommen. In jedem Fall gehört die Hauptperson in diese Runde: das Kind.

Gute Vorbereitung trägt dazu bei, dass die Chance, die in diesem ersten Gespräch steckt, genutzt werden kann. Welche Punkte sind wichtig? Was wollen wir erfahren und über unsere Arbeit mitteilen?

Schwerpunkte des Erstgesprächs

- Vorstellung der Personen, der Räume und der Arbeitsweisen mit jungen Kindern, am Besten durch die lebendige Anschauung bei einem Rundgang (keine langatmigen Erklärungen, die zumindest das Kind, vielleicht aber auch seine Eltern überstrapazieren);
- Kennenlernen des Kindes durch Kontaktaufnahme und die Erfahrungsberichte der Eltern;
- Ansprüche und Erwartungen, Einstellungen, Fragen und Ängste der Eltern.

In der Verknüpfung dieser Schwerpunkte liegt das Geheimnis des Gesprächserfolgs.

Bitten Sie die Eltern, von ihrem Kind und der ersten Zeit mit ihm zu erzählen: Was haben sie an schönen oder schwierigen Situationen mit ihm erlebt? Was finden sie besonders liebenswert an ihrem Kind? Welche Eigenheiten und Besonderheiten zeigt es?
Lassen Sie Raum für Sorgen und Unsicherheiten.

Es kann hilfreich sein, im Team eine Liste von Stichworten anzufertigen. Das gibt Orientierung und verhindert, dass Wichtiges wegrutscht.

Folgende Punkte sind von Bedeutung, um die Erfahrungen der Eltern nutzen und sich auf das Kind und seine Gewohnheiten einstellen zu können:

Stichwörter für das Erstgespräch – ein Leitfaden

Schlafen und Schlafgewohnheiten

- Schlafrhythmus des Kindes, Einschlafbegleiter (Kuscheltier, Nuckel, Tuch...) und Rituale (Singen oder Stille, schuckeln oder fahren...)?
- Schlafplatz zu Hause: Kinderbett, Matratze, im eigenen Zimmer, im Schlafzimmer der Eltern oder zusammen mit Geschwistern?
- Bevorzugte Lage: Rücken oder Bauch, seitlich, rechts- oder linksdrehend...?
- Bedürfnisse nach dem Aufwachen: eine Weile Ruhe, etwas trinken, Ansprache, hochgenommen werden?

Essen und Essgewohnheiten

- Wird das Kind noch gestillt? Bevorzugte Flaschennahrung oder andere Lieblingsessen?
- Sind Nahrungsmittelunverträglichkeiten bekannt?
- Ist das Kind ein genüsslicher Esser?

Wickeln

- Bevorzugte Windeln und Pflegemittel?
- Allergien oder Neigung zu einem wunden Po?
- Macht das Kind darauf aufmerksam, wenn die Windel voll ist?

Gesundheit

- Eventuelle Probleme, Einschränkungen und Besonderheiten, die es zu beachten gilt?
- Impfungen und bisherige Kinderkrankheiten?
- Braucht das Kind spezielle Medikamente? Reagiert es allergisch?
- Betreuungssituation im Falle von Krankheit?

Beziehungen

- Kontakt zu unterschiedlichen Menschen: Wird das Kind regelmäßig von den Großeltern betreut, gibt es ein Aupairmädchen, kommt hin und wieder ein Babysitter?
- Ist das Kind schon viel in der Welt herumgekommen?
- Erfahrungen mit anderen Kindern: War es in Krabbelgruppen, beim Babyschwimmen oder Turnen, bei einer Tagemutter?

Der Leitfaden erhebt keinen Anspruch auf Vollständigkeit und soll nicht »abgefragt« werden.

Es geht darum, die Eltern zu ermutigen, über das zu berichten, was *ihnen* wichtig ist.

Wenn sie merken, dass ein echtes Interesse besteht, über sie und ihr Leben mit dem Kind mehr zu erfahren, erzählen sie meist bereitwillig – vielleicht auch darüber, was ihnen das Leben schwer macht und was sie sich von der Kita erhoffen.

Arbeitsweisen und Überzeugungen im Team kommen in dem Maße zur Sprache, in dem die Eltern direkt danach fragen. Wird zum Beispiel über die Sprache der Familie, über Singen und Bilderbücher gesprochen, kann man erzählen, wie das Team Bücher oder Lieder einsetzt und dass es das Mitwirken von Eltern, Großeltern oder Geschwistern begrüßt. Fragen Sie, ob die Eltern Lust haben, Familienlieder in die Kita mitzubringen und sie vorzusingen.

Während des Gesprächs wird das Kind einbezogen, soweit es Interesse signalisiert. Spätestens beim Thema »Singen« oder »Bilderbücher« wird es aufmerken.

↗Siehe auch: Ängste von Eltern, Atmosphäre, Dialog, Eingewöhnung, Patenkinder

Essen und Trinken

»Essen und Trinken hält Leib und Seele zusammen.« Ein Sprichwort aus Zeiten, in denen es nicht selbstverständlich war, sich satt zu essen. Leider gewinnt es wieder an Aktualität, denn die Armut in Familien wächst.

Essen und Trinken nährt den Menschen nicht nur, sondern trägt zu Wohlbefinden und Lebensfreude bei; es ist ein sinnliches Erlebnis und ein kommunikativer Akt. Beide Aspekte können in der Kita zusammenwirken. Kinder aus Familien in Notsituationen werden satt und sind gut versorgt. Auch unter diesem Gesichtspunkt ist das Recht jedes Kindes auf einen Kitaplatz unabdingbar – von Anfang an.

Was die vergnügliche, kommunikative und selbstbestimmte Seite der Mahlzeiten angeht, so ist die Kita ein idealer Ort. Denn die Erfahrungen, die Kinder in ihrer frühen Lebenszeit machen, prägen auch in diesem Zusammenhang ihre Weltsicht und ihr Selbstbild, prägen innere Muster und wirken lange, wenn nicht lebenslang, nach.

Oft genug leiden die Essenssituationen in Familien unter Zeitnot oder gestalten sich aus anderen Gründen wenig entspannt. Sonderwünsche von Kindern führen zu familiären Konflikten, oder es werden über das Essen Probleme und Unsicherheiten ausgetragen: Was ist gut für unser Kind? Wofür müssen wir sorgen, wenn wir fürsorgliche Eltern sein wollen?

Ein Kind isst alles und viel, ein anderes mäkelt und muss gelockt, überredet, genötigt werden. Rituale wie »Ein Löffelchen für...« oder Belohnungsstrategien wie »Wenn du aufisst, bekommst du auch den Nachtisch« sind noch immer lebendig – leider auch in Kitas. Eltern, Großeltern und Erzieherinnen ergänzen einander trefflich, wenn sie fragen oder gar Buch führen, wie »gut« ein Kind gegessen hat. Unausrottbar scheint auch der berühmt-berüchtigte »Kostehappen« zu sein.

»Es wird gegessen, was auf den Tisch kommt!« Fast immer zeigt sich in der Essensfrage ein (un-)heimlicher Machtkampf: Wer ist hier der Bestimmer?

Magersucht bei Teenagern ist vermutlich eine Form, endlich Selbstbestimmung durchzusetzen und die Macht der Erwachsenen zu brechen – koste es, was es wolle. Und sei es das Leben.

In der gemeinschaftlich organisierten Welt der Kita kann und muss ein Erfahrungsrahmen geschaffen werden, in dem Kinder Selbstbestimmung und Beteiligung erleben, auch und gerade in den Versorgungssituationen des täglichen Lebens. Respekt vor ihren Wünschen ist der Dreh- und Angelpunkt von Organisation und Gestaltung.

Merkmale der Qualität rund um Essen und Trinken sind Muße und Gelassenheit, eine appetitanregende, entspannte Atmosphäre und die freie Entscheidung der Kinder. Die häufig postulierte gesunde Ernährung nützt wenig, wenn Stress, Druck und Zwang im Spiel sind. Dann wird es ungesund.

Wie überall zeigen sich auch beim Essen und Trinken schon früh individuelle Bedürfnisse. Die Kinder haben zu unterschiedlichen Zeiten Hunger und Durst, mehr oder weniger ausgeprägten Appetit und bereits von Anfang an verschiedene Vorlieben. Die Geschmäcker sind nicht nur bei Erwachsenen verschieden.

Zudem bringen Kinder besondere Gewohnheiten von zu Hause mit. Und manche essen mit Leidenschaft und alles, was sie zu fassen bekommen. Für andere scheint es eine eher lästige Pflicht zu sein, die sie von wichtigeren Dingen abhält.

In großen Häusern mit zentralen Küchen – oder neuerdings häufiger mit »Fremdverköstigung« – bestehen gewisse organisatorische Notwendigkeiten. Doch dies muss nicht automatisch dazu führen, dass alle Schlag 12.00 Uhr am Tisch sitzen. Gute Technik und kluge Zeiteinteilung, vor allem aber guter Willen sorgen unter allen Bedingungen für Flexibilität. Wieder gilt, was immer gilt: Die Organisation muss an den Bedürfnissen der Kinder ausgerichtet werden.

Varianten, um flexibel auf unterschiedliche Bedürfnisse zu reagieren

- ein gleitendes Frühstück von 7.30 bis 9.00 Uhr oder 8.00 bis 10.00 Uhr;
- ein Frühstücksbuffet in einem Kinderrestaurant oder an anderer zentraler Stelle;
- eine Essecke, in der zu jeder Tageszeit Obst, Zwieback und Tee bereitstehen;
- eine Getränkebar, an der die Jüngsten jederzeit ihre Fläschchen finden, in erreichbarer Höhe;
- ein Wasserspeicher oder Zapfhahn, an dem die Kinder sich selbst bedienen können, wenn sie durstig sind;
- das Mittagessen im Hausrestaurant, in zwei oder drei Durchgängen;
- das Mittagessen in gleitenden Zeiträumen, zum Beispiel von 12.00 bis 14.00 Uhr, und mit freier Wahl, wer wann mit wem essen gehen möchte;
- ein gesondertes Krippenrestaurant mit wenigen Plätzen und eigener Zeitstaffelung;
- Obstsalate in Gemeinschaftsproduktion am Nachmittag: Wer mag, macht und isst mit.

Können organisatorische Probleme gelöst werden, argumentieren Erzieherinnen gern aus anderen Gründen gegen die Flexibilisierung von Essenszeiten und die Entscheidungsfreiheit der Kinder: Es geht um das Gemeinschaftsgefühl, um das gewohnte Ritual, um Gemütlichkeit. Doch Gemeinschaftsgefühl entsteht nicht auf Kommando, und Rituale können auch Fesseln sein. Gemütlichkeit wird nur schwer aufkommen, wenn die innere Uhr anders schlägt und die Interessen keine Rolle spielen.

Es stimmt: Mahlzeiten sind zentrale Punkte im Tagesablauf und geben damit Orientierung.

Hoffentlich sind sie auch etwas, worauf man sich freuen kann, weil das Essen schmeckt, weil man essen kann, wenn man Hunger hat und was einem schmeckt, weil Freunde da sind, weil es eine Zeit der Gemeinsamkeit ist: Man kann einander begegnen, zusammensitzen und sich unterhalten.

»Essen gehen« sollte auch für Kinder – und zwar für alle – stets eine Quelle der Freude und Lebenslust sein. Wer nicht essen mag, mag eben nicht. Vielleicht will ein Kind nur dabei sitzen, etwas trinken und sich mit den anderen Kindern unterhalten? Und vielleicht steckt der Appetit der anderen irgendwann an. Wenn nicht, dann nicht. Vielleicht will das Kind lieber ungestört weiter spielen und irgendwann eine Banane verdrücken.

In der Erfahrung, dass die eigenen Bedürfnisse respektiert werden, steckt mehr positives Bildungspotenzial als in der Erfahrung, sitzen (bleiben) zu müssen, bis man aufstehen darf. Im ersten Fall kann sich neben Selbstbewusstsein, Eigenverantwortung und Körperbewusstsein auch die Lust am Essen und am Gemeinschaftserlebnis entfalten. Im zweiten Fall sind Unruhe der Kinder und Unmut der genervten Erwachsenen vorprogrammiert. Besonders angenehm oder gar gemütlich wirken solche Szenarien selten.

Häufig wird gerade im Zusammenhang mit so alltäglichen Verrichtungen wie Essen und Trinken das Ziel »Selbstständigkeit« beschworen. Doch was ist in der einzelnen Situation damit gemeint? Und von welcher Warte aus? Selbstständig sein wollen oder selbstständig sein müssen?

Kinder wollen selbstständig agieren: die Flasche selbst holen und halten, den Löffel selbst zum Mund führen oder ein anderes Kind füttern. Erwachsene haben ein anderes Motiv:

Arbeitserleichterung. Obwohl sich fragt, ob selbstständiges Essen von Kleinstkindern tatsächlich immer zu Arbeitserleichterung führt. Im besten Fall passt beides zusammen. Aber wenn sich acht Kleinkinder mit den Löffeln abquälen und einander den Brei um die Ohren hauen, schreien und unzufrieden sind, weil kaum was von der Leckerei dort landet, wohin es soll, ist das für niemanden besonders erquicklich.

Vielleicht versuchen wir manchmal zu früh, die Kinder in eine »erwachsene« Haltung zu bringen. Warum gönnen wir ihnen und uns das Verwöhnprogramm nicht ein wenig länger? Emmi Pickler empfiehlt das Füttern als Zeit der Zuwendung und alleinigen Verfügbarkeit – so lange es vom Kind gewünscht wird. Die Angst, dass die Selbstständigkeit dadurch zu kurz kommt, entbehrt jeder realistischen Grundlage. Entscheidend ist, dass eine Wohlfühlsituation für alle entstehen kann.

Egal, wie und wo gefüttert, gegessen und getrunken wird – das Kind entscheidet, wie viel und was es zu essen wünscht! Wird das nicht respektiert, erfährt das Kind nichts anderes als die Gewalt und Macht der Erwachsenen. Es registriert: Ich bin nicht wichtig, meine Wünsche werden nicht ernst genommen, ich bin den Erwachsenen gleichgültig.

Außerdem: Ein Kind verhungert nicht, solange Nahrung vorhanden und verfügbar ist. »Vorhin wolltest du ja nicht, nun ist es zu spät…« – dieses Relikt der Schwarzen Pädagogik wird ja wohl niemand mehr ernsthaft praktizieren.

Ein handfest praktisches Problem sind die unterschiedlichen Körper- und Sitzgrößen von Kindern und Erwachsenen. In den meisten Kitas gibt es Tische und Stühle in drei verschiedenen Größen, für die Kleinkinder, die Elementarkinder und die Hortkinder. Erwachsene – weil sie sich auf die Höhe der Kinder begeben wollen – winden sich auf winzigen Stühlen herum und klemmen ihre langen Beine unter winzige Tische. Das ist weder gesund noch gemütlich.

In manchen Häusern wurden Tripp-Trapp-Stühle angeschafft, die mitwachsen, und alle sitzen auf Erwachsenenhöhe. Das Problem: Die kleineren Kinder kommen nicht allein wieder runter oder rutschen sogar durch.

In einigen Hamburger Kitas sah ich kleine Abteile, bestehend aus Tisch und zwei Bänken, in denen die Kinder gut und sicher sitzen.

Schlau ist die folgende Variante: Tische und Stühle werden auf ein Podest gestellt, die Erzieherinnen sitzen auf normaler Bodenhöhe und mit ihren großen Stühlen an der Vorderfront. So können alle auf gleicher Tischhöhe kommunizieren.

Einen ähnlichen Gedanken hatte ein Team in Berlin: Im gemeinsamen Restaurant des Hauses wurde eine

Podestecke mit Geländer gebaut. Die Jüngsten sitzen also etwas erhöht und können alles überblicken.

In einer anderen Berliner Kita sah ich einen Extratisch für Gäste, jederzeit einladend gedeckt, und eine Schale am Eingang des Restaurants, in der alle Ingredienzien der Mahlzeit liegen – ungekocht, zum Anschauen und Be-Greifen.[30]

↗Siehe auch: Buffet auf Kinderhöhe, Kooperation, Raum, Signale beachten

Fasching

Fasching hat für jüngere Kinder nicht die Bedeutung wie für ältere, denen es Spaß macht, sich zu verkleiden und in eine Traumrolle zu schlüpfen. Ältere Kinder verbinden mit einer solchen Rolle bestimmte Vorstellungen über Verhaltensweisen und soziale Positionen. Gern ergreifen sie die reizvolle Chance, aus dem Üblichen auszubrechen und dabei auch mal Grenzen des Erlaubten zu überschreiten – genau wie die Erwachsenen beim Karneval. Beim Fasching gehört die Pistole zum Cowboykostüm wie das Schwert zum Ritter. Fasching bedeutet Abenteuer, das sonst leider weitgehend aus dem Leben von Kindern verschwunden ist.

Einen solchen Rollenwechsel nehmen Kinder in den ersten Lebensjahren noch nicht vor. Wie auch, sie sind ja noch dabei, sich selbst zu entdecken. Das ist Abenteuer genug.

Werden sie in Hasenkostüme gesteckt, als Marienkäfer verkleidet oder wie Clowns geschminkt, freuen sich die Erwachsenen an den putzigen Kleinen, die das mitunter gar nicht komisch, sondern eher befremdlich finden. Wenn dann noch jede Menge Hexen und Zauberer durch die Gegend geistern, wenn vertraute Personen kaum noch zu erkennen sind oder gar bedrohlich wirken, bekommen manche Kinder Angst.

Für Kleinkinder ist Fasching also nicht die reine Freude. Haben sie dennoch Spaß am Faschingsfest, dann vorwiegend am Tanzen, am Krach-Machen, am lustigen Treiben. Auch die geschmückten Räume machen ihnen Freude.

Vorschläge für Programmpunkte mit den Jüngsten

- Gesichter bemalen – aber nur, wenn die Kinder das wollen, sich über die roten Nasenspitzen, Sommersprossen oder Schnurrbarthaare amüsieren. Bitte nicht zu viel des Guten, denn wenn ein Kind sich im Spiegel nicht mehr erkennt – das war gerade ein großer Erkenntnisschritt –, bekommt es Angst.
- Verkleiden – Hüte, Tücher, Schals und Taschen, die man ein- und ausräumen kann, reichen, und es gibt vorm Spiegel was zu staunen. Zwar ist das jederzeit möglich, aber beim Faschingsfest sind alle besonders animiert.
- Essen und trinken – faschingsbunt dekoriert. Daran erfreuen sich alle Kinder und Erwachsenen, egal wie jung oder alt.

Entscheidend ist, dass es Höhepunkte im Kinder- und im Kitaleben gibt, besondere Ereignisse, die durch bestimmte Elemente gekennzeichnet sind: geschmückte Räume, Tanz und Musik, sich schön machen, ein feines Buffet...

Natürlich kann man auch bei anderen Anlässen und zu anderen Zeiten für Spaß und Freude sorgen. Es muss nicht immer Fasching sein, und Kostümzwang entfällt sowieso.

↗Siehe auch: Buffet auf Kinderhöhe, Disko, Geburtstag feiern

Flaschenkinder

Die natürlichste Art für einen Säugling, Nahrung aufzunehmen, ist das Trinken an der Brust. Das kann nur eine Kita bieten, die in Reichweite des mütterlichen Arbeitsplatzes liegt, wie das bei Betriebskitas der Fall ist. Dann können Mütter zu den Stillzeiten herüberkommen und sich in Ruhe mit ihrem Säugling in die Stillecke zurückziehen. Aber das ist selten, weswegen die meisten Säuglinge in der Kita Flaschenkinder sind.

Bei den Flaschen ist auf die Wahl des Saugers zu achten. Das Loch darf nicht zu groß sein, damit das Kind sich nicht verschluckt. Es sollte aber auch nicht zu klein sein, damit das Saugen nicht zu anstrengend wird und das Kind immer wieder darüber einschläft.

---

30 Siehe auch: TPS 1/2008 zum Thema: Angerichtet – essen in der Kita

Wichtig ist, sich ausreichend Zeit zu nehmen, damit das Kind in Ruhe trinken kann. 20 Minuten sollten eingeplant werden.
Wichtig ist auch, bequem zu sitzen. Und zwar so, dass der Arm, in dem das Kind ruht, von der Lehne gestützt wird. Sonst wird es schnell anstrengend, was die Gesamtsituation belastet und sich auf das Kind überträgt.

Es empfiehlt sich, einen schönen Lehnstuhl anzuschaffen, oder besser gleich zwei, und einen ruhigen Platz zum Füttern der Flaschenkinder zu reservieren, einladend und in angenehmen Farben gestaltet. Eventuell lässt er sich mit der Stillecke für Mütter kombinieren.

Hände und Füße des Säuglings dürfen nicht eingeklemmt werden. Das Baby soll sich bewegen und kommunizieren können, gerade in diesem Moment der Zweisamkeit. Es zeigt, was ihm wichtig ist, und sucht den Blickkontakt – Zeichen für den frühen Impuls, Beziehungen zu knüpfen.

Auch in dieser Situation werden Unterschiede zwischen den Kindern sichtbar: Es gibt Babys, die so gierig saugen und dabei so viel Luft verschlucken, dass man sie öfter hochnehmen und aufstoßen lassen muss, damit sie die gesamte Nahrung am Ende nicht in einem Schwall erbrechen. Andere Babys dulden nicht, dass man das Trinken unterbricht, und schreien. Vielleicht fürchten sie, dass man ihnen die Flasche entziehen will.

Zeit zum Einfühlen und Beobachten ist nötig, was Kooperation mit den Kolleginnen erfordert. Dem steht Personalmangel entgegen – ein großes Problem, dass zu Stress auf allen Seiten führen kann. Je mehr Kolleginnen zusammenarbeiten, gemeinsam planen und sich absprechen, desto besser und entspannter läuft die Fütterung. Außerdem brauchen nicht alle Kinder zu jeder Zeit so intensive Zuwendung.

↗Siehe auch: Berührung, Dialog, Signale beachten, Stillecke

Fingerspiele

Fingerspiele machen jungen Kindern viel Vergnügen. Sie entdecken, was sie mit ihren Fingern anstellen können und wie geschickt sie sind. Sie erfreuen sich an den Wörtern, Melodien und Bewegungen, die die Fingerspiele begleiten, und genießen die Gemeinsamkeit.

Für uns Erwachsene bieten Fingerspiele eine Möglichkeit der besonderen Anregung und Kommunikation. In machen Kitas werden diese Spiele vor allem dann eingesetzt, wenn es gilt, eine Zeitspanne zu überbrücken, zum Beispiel vor dem Essen. Manche Kinder sind dann bereits so müde, dass sie einschlafen könnten, und die Fingerspiele wirken als Muntermacher.

Diese Praxis ist jedoch in zweierlei Hinsicht bedenklich: Zum einen wird das kindliche Bedürfnis nach Schlaf unterdrückt. Kinder sollen schlafen können, wenn sie müde sind, und nicht, wenn es der Tagesplan gestattet. Zum anderen ist es bedauerlich, wenn Fingerspiele zu Lückenbüßern werden. Dafür sind sie viel zu schade. Deshalb empfiehlt es sich, ihnen besonderen Platz einzuräumen, zum Beispiel: morgens ein Begrüßungsfingerspiel und beim Abschied ein anderes.

Fingerspiele

Mein Häuschen ist nicht gerade,
das ist aber schade.
Mein Häuschen ist krumm,
das ist aber dumm.
Bläst der kalte Wind hinein,
fällt das ganze Häuschen ein.

Himpelchen und Pimpelchen
stiegen auf einen Berg.
Himpelchen war ein Heinzelmann
und Pimpelchen ein Zwerg.
Sie blieben lange dort oben sitzen
und wackelten mit den Zipfelmützen.
Doch nach 75 Wochen
sind sie in den Berg gekrochen.
Seid mal still und hört mal zu:
Rrr, rrr, Kikiriki!
Heissa, heissa, hoppsassa!
Himpelchen und Pimpelchen sind wieder da.

Linke Hand, das ist der Stall.
Rechte sind die Tiere all.
Dieses dicke Däumchen mein
ist ein kleines, dickes Schwein.
Zeigefinger ist das Pferd,
ist den Reiter lieb und wert.
Mittelfinger ist die Kuh,
hört nur, wie sie schreit: Muh, Muh!
Ringfinger ist ein Ziegenbock
mit 'nem langen Zottelrock.
Und das kleine Fingerlein
soll ein kleines Schäfchen sein.
Tiere laufen im Galopp
über Stein und über Stock
alle in den Stall hinein,
denn sie werden müde sein.

Es regnet, es tröpfelt, es gießt, es blitzt,
und alle Leute gehen nach Haus.
Alle Leute gehen nach Haus
und kommen unterm Regenschirm wieder raus.

Zwei Hampelmänner aus dem Sack,
der eine heißt Schnick, der andere Schnack.
Schnick hat ein Hörnchen
und Schnack einen Kranz,
so gehen sie beide zum Tanz.
So tanzen sie manierlich,
die Schrittchen sind so zierlich.
Zum Schluss gehen Schnick und Schnack
zurück in ihren Sack.

In unserem Häuschen sind schrecklich viele Mäuschen.
Sie kribbeln und krabbeln, sie zippeln und zappeln
auf Tischen und Bänken, auf Kisten und Schränken,
sie kosten und naschen,
und will man sie haschen,
sind sie – husch – alle fort.

Zehn kleine Zappelmänner zappeln hin und her.
Zehn kleine Zappelmänner finden das nicht schwer.
Zehn kleine Zappelmänner zappeln auf und nieder.
Zehn kleine Zappelmänner tun das immer wieder.
Zehn kleine Zappelmänner zappeln rund herum.
Zehn kleine Zappelmänner finden das nicht dumm.
Zehn kleine Zappelmänner spielen mal Versteck.
Zehn kleine Zappelmänner sind auf einmal weg.

Es lohnt sich, Großeltern zu fragen, welche Finger- oder anderen Spiele es in ihrer Kindheit gab. Dieser Fundus, früher von Generation zu Generation überliefert, läuft heute Gefahr, zu verschwinden. Übrigens kommen bei solch einer Spurensuche zwischen Erwachsenen nicht selten die interessantesten Gespräche zustande.

↗Siehe auch: Geräusche, Singen

Fortbildungen

Die regelmäßige Reflexion der Arbeit und deren Weiterentwicklung stellen hohe Anforderungen an die Kompetenzen der Erzieherinnen. Ausbildung und Berufserfahrung reichen nicht aus, um immer auf der Höhe der Zeit zu bleiben. Ganz davon abgesehen, dass der berufliche Alltag betriebsblind machen kann. Daher ist es nötig, von Zeit zu Zeit innezuhalten, dem alltäglichen Trott zu entfliehen und andere Blickwinkel einzunehmen.

Fortbildungen bieten die Chance,

- sich mit gesellschaftlichen und berufspolitischen Entwicklungen zu befassen,
- über den Tellerrand zu schauen und die eigene Arbeit quasi von außen unter die Lupe zu nehmen,
- sich mit Kolleginnen aus anderen Einrichtungen auszutauschen,
- andere Arbeitsweisen kennenzulernen,
- Impulse zu erhalten und auf neue Ideen zu kommen.

Fortbildungen sind nicht allein unter fachlichen Gesichtspunkten wertvoll, sondern bringen in aller Regel persönliche Bereicherung und Weiterentwicklung. Auch deshalb versuchen viele Erzieherinnen, solche Veranstaltungen so oft wie möglich zu besuchen.

Teamfortbildungen – sei es im Gesamtteam oder in einer Abteilung – bieten eine gute Möglichkeit, sich gemeinsamer Orientierungen zu vergewissern, Kontroversen auszutragen, Klarheit zu schaffen, Positionen zu definieren und Vorhaben zu planen.

Dennoch gibt es Kolleginnen, die von der »Fortbildungs-Phobie« befallen sind, aus welchen Gründen auch immer. Liegt Kompetenzerweiterung im Belieben der einzelnen Mitarbeiterinnen, legt das den Rückschluss nahe: In unserem Arbeitsfeld, in unserer Kita kommt es nicht so drauf an – wir schlenkern uns schon durch…

Dem ist entgegenzuhalten: In jedem Beruf, der auf sich hält, gibt es selbstverständlich regelmäßige Fortbildungen beziehungsweise Fortbildungsverpflichtungen.

Natürlich kann man niemanden zwingen. Aber wenn klar ist, dass erwartet wird, sich fortzubilden, wenn man dafür ausdrückliche Anerkennung findet, während die Verweigerung ebenso ausdrücklich kritisiert wird, dann ändert das viel.

Übrigens wird in machen Bundesländern inzwischen die leistungsorientierte Bezahlung eingeführt, die sich auch daran orientiert, wie fortbildungsfreudig eine Mitarbeiterin ist.

Die Teilnahme an Fortbildungen garantiert allerdings Weiterentwicklung nicht automatisch. Es gibt auch diesen Fall: Jede Menge Fortbildungen nach dem Motto »Bloß weg hier…« oder »Gibt Punkte!« Und das war's dann.

Insofern fragt sich, ob es sinnvoll ist, alle Kolleginnen in der Hoffnung zu verpflichten, dass sie sich tatsächlich fortbilden. Letztlich geht es um die Frage nach den Quellen der inneren Motivation und um das berufliche Selbstverständnis. Wenn uns an der

gesellschaftlichen Anerkennung der Arbeit – insbesondere der Arbeit mit jungen Kindern – gelegen ist, müssen wir uns konsequenterweise für eine Fortbildungsverpflichtung stark machen. Falls nicht schon der Träger darauf dringt, plädiere ich für eine Selbstverpflichtung im Team.

↗Siehe auch: Bildung, Fortbildung als System

Fortbildung als System

Besuchen einzelne Mitarbeiterinnen eine Fortbildung, hat das praktische Auswirkungen: Die Kolleginnen müssen deren Arbeit übernehmen, den Kindern fehlt die vertraute Person, den Eltern die Ansprechpartnerin. Um diese »Kosten« zu rechtfertigen, muss sich der Besuch der Fortbildung lohnen, spürbaren Gewinn bringen – und zwar nicht nur für die Teilnehmerin selbst, sondern für die Einrichtung insgesamt. Daher sollte das Team klären, welche Erwartungen und Ansprüche an Fortbildungen gestellt werden.

Fortbildung – Erwartungen und Ansprüche

- Fortbildungsinhalte und Erkenntnisse für alle nutzbar machen;
- Fragen stellen, die für die Auseinandersetzung im Team von Bedeutung sind;
- Unterstützung bei der Lösung von Problemen finden;
- Impulse für die Weiterentwicklung der gemeinsamen Arbeit erhalten, zum Beispiel: theoretische Grundlagen festigen und ausbauen, praktische Anregungen und Handwerkszeug erhalten;
- Vorhaben, die aus der Fortbildung erwachsen sind, gemeinsam in Angriff nehmen.

Unter dem Gesichtspunkt gemeinschaftlichen Nutzens reicht es nicht aus, Fortbildungsverzeichnisse auszulegen und nach individuellen Wünschen zu fragen. Im Team sollte ein Fortbildungskonzept entworfen oder ein Fortbildungssystem entwickelt werden.

Bestandteile eines Fortbildungskonzepts

- Benennen von Themen oder Themenbereichen, die in der aktuellen Situation von Interesse für die gemeinsame Arbeit und Entwicklung sind;
- Schwerpunkte oder Prioritäten setzen und begründen;
- Fortbildungsangebote entsprechend der Themen- oder Prioritätensetzung auswählen;
- Kolleginnen zu den ausgewählten Veranstaltungen delegieren und deren eigene Interessen oder Arbeitsschwerpunkte dabei berücksichtigen;
- gemeinsame Fragestellungen zum Thema entwickeln, die von der Teilnehmerin in die Fortbildung eingebracht werden;
- die Eltern über die geplante Fortbildung informieren, denn sie haben ein Recht darauf, zu erfahren, warum eine Erzieherin abwesend ist und was das Team sich für die Weiterentwicklung der Arbeit mit den Kindern verspricht;
- im Anschluss an die Fortbildung baldmöglichst für ausreichend Zeit und Gelegenheit sorgen, damit die Teilnehmerin von ihren Erfahrungen berichten und ihre Erkenntnisse oder Anregungen weitergeben kann;
- die Teilnehmerin auf Wunsch bei der Vorbereitung und Durchführung dieser Auswertung unterstützen;
- dem Bericht der Teilnehmerin Interesse entgegenbringen, neue Ideen und Vorhaben durchdenken und erproben;

- Papiere, Protokolle oder andere Unterlagen an zentraler Stelle aufbewahren und den Zugang für alle Teammitglieder ermöglichen.

Berichte von der Fortbildung, ihren Inhalten und den Erkenntnissen, die daraus erwachsen sind, sollten den Eltern nicht vorenthalten werden. Denn sie werben für Beteiligung und Zusammenarbeit, sind ein Zeichen von Interesse und eine Voraussetzung dafür, dass die Arbeit mit den Kindern anerkannt wird.

↗Siehe auch: Konzeptbaustelle, Kooperation, Planung, Teambesprechungen, Zusammenarbeit mit anderen Abteilungen

Fotografieren

Ein Fotoapparat sollte in der Kita immer griffbereit sein, denn es gibt kaum eine bessere Möglichkeit, Entwicklungsprozesse der Kinder festzuhalten – also »das Unsichtbare« sichtbar zu machen. Die digitale Fotografie erleichtert das Archivieren und gestattet die mühelose Auswahl. Mittels digitaler Bilderrahmen können Ergebnisse sofort präsentiert werden.

Fotos können auch genutzt werden, um einzelne Stationen des Tagesablaufs, verschiedene Situationen und Ereignisse wie Geburtstagsfeiern oder Ausflüge zu dokumentieren. Eltern erhalten dadurch nicht nur Einblick in die Arbeitsweise des Teams, sondern bekommen die Möglichkeit, ihre Kinder in Aktion und im Umgang mit anderen Kindern zu sehen. Ein Bedürfnis, das sie im Kitaalltag kaum befriedigen können, denn kleine Kinder erzählen noch nicht, was sie erlebt haben. Demzufolge wissen die Eltern nicht, was tagsüber los ist, wie ihre Kinder sich fühlen und verhalten. Wenn sie das sehen könnten...

Beispiele für den Einsatz von Fotos

- Fotos aller Kinder an einer Foto-Wand zeigen, wer in der Kita »zu Hause« ist.
- Mit einer Art »Foto-Kartei« kann man sich einen Überblick verschaffen, wer da ist und wer nicht. Dazu eignen sich zum Beispiel CD-Hüllen, die vorn ein Foto vom Hinterkopf des Kindes und hinten sein Porträt zeigen. Kommt das Kind, dreht es die Hülle um: »Da!« Beim Abholen wird die Rückseite nach vorn gedreht: »Nach Hause!« In einer Reihe an der Wand und in Kinderhöhe angebracht, sind die Hüllen ein Quell der Freude, wenn daneben jeweils eine Spiegelfliese in gleicher Höhe hängt. Ähnelt das Spiegelbild dem Foto noch?
- Familienwände mit Fotos von allen, die dazugehören, können trösten, wenn die Liebsten nicht erreichbar sind. Eltern und Großeltern finden diese Idee meist so gut, dass sie bereitwillig Fotos zur Verfügung stellen. Daraus entstehen Kollagen, die mit den Kindern oder an einem Elternnachmittag hergestellt werden können.
- Fotoserien einzelner Kinder eignen sich als Geschenke für Eltern. Wenn man über die gesamte Kita-Zeit der Kinder in bestimmten Abständen Fotos macht, erhält man ein schönes und sinnvolles Abschiedsgeschenk – eine Erinnerung an die Zeit im Kindergarten.
- Fotoserien zu bestimmten Themen können Arbeitsweisen und -prinzipien auf einen Blick verdeutlichen. Zum Beispiel: Wie gestalten wir die Schlafsituation? Wie wird bei uns gegessen, gefüttert, gewickelt, gefeiert und gespielt? Welche Aktionen unternehmen wir mit den Kindern? Was beobachten wir im Umgang miteinander? Welche Freundschaften sind erkennbar? Welche Kuriositäten erleben wir im Alltag?
- Tagebücher können mit Fotos illustriert und damit aussagekräftiger gestaltet werden.
- Fotos von Kindern mit ihren liebsten Spielfreunden oder Erzieherinnen machen Beziehungen deutlich.
- Fotos aller Mitarbeiterinnen der Einrichtung im Eingangsbereich – mit Hinweisen auf deren jeweilige Funktion – und ein Lageplan der Räume ermöglichen allen Besuchern einen Überblick über das Team und erleichtern die Orientierung.
- Fotos von Funktionsräumen wie Küche oder Waschraum, aber auch von den Aktionsbereichen der Kinder wie Schlaf- oder Bewegungsraum können als Wegweiser für Kinder und Eltern dienen. Eltern, die der deutschen Sprache nicht mächtig sind, erfahren dadurch Unterstützung. Werden solche Fotos an den entsprechenden Türen angebracht, erfüllen sie den gleichen Zweck.
- Speisepläne oder -karten mit Fotos von den Gerichten können die Kinder »lesen«, bevor sie wirklich lesen können. Das verschafft ihnen Unabhängigkeit. Sie müssen nicht fragen, was es zu essen gibt, sondern können sich selbst informieren.
- Fotos in Postkartenformat eignen sich für die Öffentlichkeitsarbeit und als Einnahmequelle.

Wann sollen wir das denn alles machen? Dazu kann ich nur sagen: Fotos machen nicht viel Arbeit, wenn Fotografieren zur Gewohnheit wird und keiner Vorbereitungen bedarf. Eine der kleinen, leichten und preiswerten Digitalkameras kann man immer griffbereit oder in der Hosentasche haben. Vielleicht gibt es

GHI

wie Geburtstag feiern, Gelassenheit, Gelegenheiten, Geräusche, Geschwisterkinder, Gruppenerlebnis

wie Höhlen und Nester

wie Individuelle Förderung, Interessen der Kinder

Geburtstag feiern

Lohnen sich Geburtstagsfeiern für junge Kinder? Ich denke, ja. Auch wenn sie noch nicht realisieren, was Geburtstag bedeutet – gerade der erste Geburtstag ist in ihrem und im Leben der Eltern etwas ganz Besonderes.

Aber es erlebt das Fest anders als ältere Kinder, die bereits Vorfreude empfinden, Wünsche äußern und Vorstellungen vom Verlauf des Tages haben.

Ältere Kinder sind schwer enttäuscht, wenn ihr Geburtstag in der Kita nicht gefeiert wird. Egal, ob es sich um mangelndes Interesse, fehlende Sensibilität, Arbeitsüberlastung oder gar eine Bestrafungsaktion handelt – diese Ignoranz gegenüber den Erwartungen der Kinder wirkt langfristig: Weder Kinder noch Eltern vergessen das. So etwas darf nicht vorkommen, und es lässt sich durch nichts rechtfertigen, Kinder derartig zu enttäuschen. Funktioniert die Kooperation im Team, dürfte es kein Problem sein, eine kleine Feier vorzubereiten und zu veranstalten.

Zurück zu den jungen Kindern. Für sie ist die Geburtstagsfeier eine einzige Überraschungsparty. Sie erleben sich als Mittelpunkt dieser Party. Der Geburtstagstisch mit Blumen und Kerzen[31], mit Keksen und Obst, ein liebevoll verpacktes Geschenk, Luftballons und Luftschlangen, ein Geburtstagslied, Musik und Tanz geben dem Geburtstagskind das Gefühl: Heute ist ein besonderer Tag, alle wollen mir Freude machen und feiern mich.

Vielleicht gibt es sogar einen Thron oder einen anderen besonderen Ort, an dem man sich um das Geburtstagskind versammelt, um es hochleben zu lassen? Dass die Geschwister und alle anderen Kinder, die eine besondere Beziehung zum Geburtstagskind haben, mitfeiern, sollte selbstverständlich sein.

Nicht zu unterschätzen ist die Freude der Eltern über die liebevolle Aufmerksamkeit, die ihr Kind an seinem Geburtstag erfährt. Vielleicht möchten sie in die Vorbereitung und Gestaltung einbezogen werden. Unter Druck sollten sie jedoch nicht gesetzt werden, schon um Konkurrenzen um das tollste Buffet oder ähnliches zu vermeiden.

Nicht alle Kinder lieben es, im Mittelpunkt zu stehen. Auch das muss beachtet werden. Einen Geburtstagsfeierzwang gibt es ebenso wenig wie den Kostümzwang zum Fasching.

↗Siehe auch: Buffet auf Kinderhöhe, Disko, Freundschaften, Rituale

Gelassenheit

Ein schönes Wort und eine ungemein hilfreiche Fähigkeit, die nicht nur Erzieherinnen und den ihnen anvertrauten Kindern das Leben erleichtert. Schließlich gibt es oft Situationen, die eskalieren können, aber nicht müssen.

In welcher Weise Erwachsene reagieren, wenn Konflikte auftreten oder unternehmungslustige Kinder scheinbar waghalsige Aktionen starten, hat Auswirkungen. Wenn wir jedes Mal in Stress geraten und bereits im Vorfeld alles verhindern, machen wir die Kinder verrückt oder verschrecken sie. Reagieren wir immer ängstlich, bekommen Kinder auch Angst. Sie trauen sich nichts mehr zu, weil wir uns nicht trauen und ihnen daher nichts zutrauen.

Uns tut das auch nicht gut. Wer sich ständig damit befasst, was passieren könnte, setzt sich einem dauernden Druck aus. Gelassenheit ist für alle besser.

Doch das ist leichter gesagt als getan. Oftmals haben Erzieherinnen Angst vor der Reaktion von Eltern und vor ihren Vorwürfen: »Mein Kind wurde gehauen? Und Sie haben das nicht verhindert?« »Mein Kind hat eine Beule? Und Sie haben nicht gesehen, wie das passiert ist?«

Angespannte Personalsituationen tun ein Übriges, Gelassenheit schwinden zu lassen.

Ruhe zu bewahren ist aber gerade in schwierigen Situationen besonders wichtig. Kann man das üben? Vielleicht. Zumindest kann man es versuchen und einander dabei – ganz praktisch – unterstützen. Was hilft:

- Auszeiten zunehmen, nicht um jeden Preis durchzuhalten, sondern Hilfe zu holen und sich der Situation kurz oder länger zu entziehen, durchzuatmen, sich auf der Couch im Personalraum auszustrecken, einen Schluck Tee zu trinken oder sich etwas anderes Gutes zu gönnen;
- aus der Isolation einer Gruppe herauszutreten, die Kinder zusammenzutun und sich gemeinsam um sie zu kümmern. Dann fallen auch Absprachen leicht;
- eine klare Linie im Team zu entwickeln: Was ist wirklich gefährlich? Was sind vertretbare und lebensnotwendige Risiken?
- individuelle Ängstlichkeiten von Kolleginnen zu respektieren, sie aber nicht zum Maßstab der pädagogischen Arbeit werden zu lassen. Wer besonders ängstlich ist, geht in einen Raum, in dem nicht geklettert wird;

31 Ein Wassereimer muss in der Nähe stehen.

- Absprachen darüber zu treffen, was erlaubt oder zugelassen wird, was nicht und warum;
- diese Linie den Eltern gegenüber zu vertreten, ihre Ängste ernst zu nehmen, aber nicht zu übernehmen;
- eventuell eskalierende Situationen in Kindergruppen zu entzerren: in Kleingruppen etwas unternehmen;
- bei Überforderung im Umgang mit einzelnen Kindern eine Kollegin heranzuziehen und um Unterstützung zu bitten;
- ein Kind eventuell zur Leiterin ins Büro zu bringen und dort spielen zu lassen. Dabei geht es nicht um Strafversetzung, sondern um Einzelzuwendung und Ruhe für das Kind;
- gegenseitige Beobachtungen und Rückmeldungen über das Verhalten der Kolleginnen. Das setzt allerdings eine entwickelte Diskussions- und Streitkultur voraus. Andererseits entsteht diese Kultur nur, wenn man sich darin übt und selbst kritische Rückmeldungen allmählich zur Gewohnheit werden.

Ruhe und Gelassenheit ist nicht nur im Umgang mit Kindern wichtig, sondern auch im Umgang mit Eltern und Kolleginnen. Das ist manchmal noch schwerer zu schaffen. Es hilft, sich immer wieder bewusst zu machen: Es ist ein Wunder, dass wir uns überhaupt verstehen und nicht ständig aneinander vorbeireden. Die Tücken der Kommunikation lauern überall.

Wenn man nicht erwartet, dass alles klappt wie gewünscht und geplant, dann ist es leichter, gelassen zu bleiben. Und es ist viel leichter, sich zu freuen, wenn etwas gelingt.

Als Persönlichkeiten mit etwas längeren Biografien werden wir uns in unseren Grundstrukturen wahrscheinlich nicht mehr wesentlich verändern. Wir sind eher aufgeregte oder eher gelassene Menschen. Meditation soll ja Wunder wirken, aber manchmal hilft auch Baldrian. Was auf jeden Fall wirkt: die Unterschiede zu nutzen und weder bei Kindern noch bei Erwachsenen ein bestimmtes Maß erreichen zu wollen.

Ein anderes Feld für Gelassenheit ist die Entwicklung der Kinder. Schon immer hatten Eltern Sorge, ob ihr Kind sich »richtig« entwickelt. Ist es im Vergleich mit anderen Kindern gleichen Alters etwas langsamer, wird besorgt gefragt: Stimmt hier möglicherweise etwas nicht?

Da können Erzieherinnen aufgrund ihrer langjährigen Erfahrungen beruhigen. Sie wissen, dass kein Kind sich wie das andere entwickelt. Und sie merken, wenn ein Kind tatsächlich Anlass zu Sorge gibt. Dies schafft professionelle Gelassenheit, die sich auf Eltern überträgt.

Doch in Zeiten von Defizitangst und Förderwahn hat der Virus anscheinend auch die Profis erfasst. Es ist höchste Zeit, sich zu besinnen und die Erkenntnisse aus der Hirnforschung und Frühpädagogik zu beherzigen. Entwicklungsschritte des Kindes abzuwarten und dann zu unterstützen, wenn das Kind diese Schritte selbst geht, statt sie mit aller Gewalt zu forcieren – das ist nicht nur entspannter für alle Beteiligten, sondern hilfreicher für die Entwicklung eines Kindes, für seine Erfolge und sein Selbstvertrauen.

↗Siehe auch: Ängste von Eltern, Aufsichtspflicht, Ausprobieren, Grenzen, Kooperation, Regeln, Zeit

Gelegenheiten

Vertreter der »Gelegenheitspädagogik« zerbrechen sich ihre Pädagogenköpfe nicht, sondern ergreifen die Gelegenheiten beim Schopfe, die das Leben bietet. Gern wird dies auch als »situatives Arbeiten« bezeichnet – eine Fehlinterpretation des Situationsansatzes.

In der Tat bietet das Leben jede Menge Gelegenheiten, sich forschend auf den Weg zu machen, sich zu erproben, etwas Neues kennenzulernen, Erfahrungen zu machen und in der Auseinandersetzung mit den Phänomenen der Welt Erkenntnisse zu gewinnen. Genau das wollen Kinder von sich aus. Sie tun es ständig, am liebsten mit anderen Kindern zusammen.

Allerdings muss ein Umfeld vorhanden sein, das die Neugier anstachelt und den Mut herausfordert, das Anreize und die Chance bietet, erfolgreich zu sein. Das heißt, es muss die Gelegenheit geben, Herauforderungen anzunehmen.

Der Begriff »Gelegenheit« bezeichnet in diesem Zusammenhang einen Möglichkeitsraum – auch für Erwachsene: etwas erproben, das man noch nicht kennt, sich ins Offene wagen, Ungewöhnliches denken und Chancen für Weiterentwicklung wahrnehmen. Es kommt also darauf an, Gelegenheiten für neue Erfahrungen zu schaffen und zuzulassen, dass die Kinder sie ergreifen. Das ist dann zugleich die Gelegenheit zur eigenen Weiterentwicklung.

↗Siehe auch: Abenteuer, Loslassen, Raum

Geräusche

Kinder kommen auf die Welt und werden mit einer Fülle von Eindrücken überschüttet – unter anderem mit lauten Geräuschen. Bislang waren alle Geräusche um sie herum gedämpft. Nun dringen sie ungefiltert an ihre Ohren. Entsprechend empfindlich reagieren Neugeborene und werden deshalb von den Erwachsenen zunächst abgeschirmt. Doch auch hier gilt: Kinder sind kompetent, von Anfang an. Und neugierig. Sie halten inne, wenn sie ein ungewohntes Geräusch in der Nähe bemerken. Sie hören Kinderstimmen und reagieren interessiert. Schon als Babys sind sie in der Lage, die Schritte und die Stimme der Mutter zu identifizieren, und verbinden damit das Gefühl der Geborgenheit.

Im häuslichen Umfeld ist es meist relativ still. Die Menge der Geräusche und Stimmen hält sich in Grenzen. In der Kita hingegen ist immer etwas los. Viele kleine und große Menschen wuseln herum und machen mehr oder weniger Krach.

Während man die Augen schließen kann, wenn zu viele optische Eindrücke auf einen einstürmen, ist das mit den Ohren nicht möglich. Geräuschen kann man sich schlecht entziehen. Umso wichtiger ist es, dass die Kita Orte bietet, an denen es relativ still ist.

Manche Kinder, vor allem Säuglinge, erschrecken sich vor fremden Stimmen. Unbekannte Geräusche – sei es die Sirene der Feuerwehr oder lautes Türenknallen – lösen Unsicherheit aus. Selbst lautes Lachen wird anfangs zuweilen mit Weinen quittiert.

Doch im Laufe der Zeit – von Kind zu Kind unterschiedlich – werden die alltäglichen Geräusche zu einem Teil ihres Lebens. Mit allem, was dazu gehört, wird das neue Umfeld ihnen von Tag zu Tag vertrauter. Wachen sie anfangs beim kleinsten Mucks auf, lassen sie sich später selbst durch den größten Lärm nicht aus dem Schlaf reißen. Mitten im Getümmel liegen sie in ihren Körbchen und schlummern friedlich.

Anders ist es mit seltenen oder besonders lauten und unvermittelten Geräuschen, deren Herkunft unklar ist. Daran kann sich niemand gewöhnen. Auch wir Erwachsene zucken zusammen, wenn neben uns plötzlich eine Sirene ertönt.

Es hilft, wenn wir gemeinsam mit den Kindern die Ursache zu entdecken suchen. Generell trägt es zum Erkenntnisgewinn und zum Abbau von Ängsten bei, den Zusammenhang zwischen bestimmten Gegenständen, Ereignissen oder Personen und ihren Äußerungsformen zu begreifen. Kann man ein Geräusch einordnen, wirkt es nicht mehr beängstigend.

Verursachen Kinder selbst Lärm, ist der Zusammenhang unmittelbar klar. Obwohl sie beim ersten Mal erschrecken, weil ein Topf zu Boden knallt, reagieren sie nicht ängstlich, sondern sind interessiert und stolz auf das von ihnen verursachte Geschepper. Daher rührt die Lust an der Wiederholung, auch beim Krachmachen, und wir sollten ihnen viele Möglichkeiten schaffen, sich selbst als Quelle von Geräuschen zu erleben. Klangkisten, Trommeln und Rhythmusinstrumente aller Art, aber auch Alltagsgegenstände und der eigene Körper – Klatschen, Trampeln, Schreien – dienen als Instrumente. Musikalische Früherziehung der vergnüglichen und alltäglichen Art.

↗Siehe auch: Anregungen, Ausprobieren, Disko, Musik hören und erleben, Singen

Geschwisterkinder

Ist es sinnvoll, ein Geschwisterkind dort anzumelden, wo bereits der große Bruder oder die große Schwester betreut wird? Eltern äußern diesen Wunsch oft.

Argumente für Geschwisterkinder

- Geschwister erleichtern die Startphase und die Trennung von den Eltern;
- die Kooperation mit den Erzieherinnen wird erleichtert, denn man kennt sich;
- Gespräche können komprimiert, Elternabende und Feste müssen nicht doppelt besucht werden.

Erhofft werden also eine Arbeitserleichterung für die Eltern und der fließende Übergang für das nachgeborene Kind. Beides mag durchaus der Fall sein. Doch was das für das ältere Geschwisterkind bedeutet, wird häufig nicht bedacht.

Brauchen die beiden Kinder einander wirklich? Wird das ältere Kind nicht in die Beschützerrolle gedrängt? Selbst wenn es diese Rolle gern übernimmt – es fühlt sich automatisch verantwortlich, greift ständig ein, gerät unter Druck. Erfahrungsgemäß ist das ältere Kind nicht mehr in der Lage, in Ruhe zu spielen.

Für erstgeborene Kinder ist es ohnehin ein Problem, wenn ein Geschwisterkind hinzukommt. Plötzlich müssen sie die Zuwendung und Aufmerksamkeit der Eltern teilen – ein gewaltiger Einschnitt im Leben, auch wenn die Ankunft des Geschwisterchens von den Eltern gut vorbereitet wurde und sie sich bemühen, den Bedürfnissen des älteren Kindes ebenfalls gerecht zu werden.

Meist bleibt die Mutter mit dem Baby zu Hause, während die älteren Kinder in die Kita gehen. Womöglich fühlen sie sich abgeschoben. Hinzu kommt bei geringem Altersabstand: Der Stammplatz an Mutters Brust wird nun von jemand anderem besetzt. Kein Wunder, wenn die Begeisterung sich in Grenzen hält.

Nicht selten fallen die großen Kleinen wieder in die Babyrolle zurück, wollen aus der Flasche trinken, schlafen nachts nicht mehr durch, nässen ein... Konflikte zwischen Eltern und Erstgeborenen tauchen auf, Eifersucht und Wut.

Und dann kommt das Geschwisterkind auch noch in die Kita! Bisher war dies das eigene Terrain, man fühlt sich sicher und kennt sich aus, hat Freunde, Stammplätze und eine Lieblingserzieherin. Plötzlich wird der Frischling vorgestellt! Alle rennen herbei und begrüßen ihn begeistert: »Nein, wie süß!« Und nach mir guckt wieder kein Schwein...

Ein in sich ruhendes Kind mag souverän damit umgehen. In den meisten Fällen aber steht dem älteren Kind eine herbe Prüfung der Belastbarkeit bevor, denn den Argumenten der Erwachsenen ist es nicht gewachsen. Auf der Ebene von Einsicht ist also nichts zu wollen.

Die Tatsache der dauerhaften Anwesenheit des Neulings fordert die Toleranz und Gelassenheit des älteren Kindes heraus, überfordert sie vielleicht. Die Befürchtung, das Baby könne mehr Beachtung und Zuwendung erfahren, kann Verhaltensweisen von Aggression über Clownerie bis zu Resignation und Rückzug entstehen lassen.

Besonders problematisch ist es, wenn das Baby noch gestillt wird und die Mutter sich zwei mal pro Tag in die Kita schleichen muss, damit das ältere Kind sie nicht bemerkt und das Stillen nicht zum Stress für alle wird: Die Mutter kann nicht in Ruhe sitzen, das Baby kann nicht in Ruhe trinken, und das ältere Kind ist eifersüchtig.

Falls eine solche Situation nicht durch eine andere Zuordnung im Haus zu vermeiden ist, sollte wenigstens dafür gesorgt werden, dass die Stillzeit wirklich eine stille Zeit ist. Dies ist möglich, wenn die Mutter anruft, kurz bevor sie kommt, so dass das ältere Kind an einem anderen Ort mit etwas Interessantem beschäftigt werden kann.

Grundsätzlich bin ich der Überzeugung: Geschwisterkinder haben einen Anspruch auf eigenen Lebensraum, in dem sie soziale Erfahrungen machen können – außerhalb der Familie und außerhalb der dort herrschenden Rollenverteilung. Ich plädiere dafür, mit den Eltern zu sprechen, ihnen die Erfahrungen in der Kita zu schildern und Probleme aufzuzeigen, die sich ergeben könnten.

Häufig ist Eltern diese Sicht neu. Dass es Eifersucht zwischen Geschwistern gibt und mit welchen Strategien sie sich vermeiden lässt, darüber sind die meisten Eltern informiert. Was sich in Kindergruppen abspielt, ist weniger bekannt.

Erfahrungsgemäß sind Eltern durchaus bereit, auf die erhoffte Arbeitserleichterung zu verzichten, wenn die neue Sicht sie überzeugt. Schließlich haben sie weder Interesse an einem quengeligen älteren Kind noch daran, ihm das Leben unnötig schwer zu machen.

Wenn Geschwisterkinder in unterschiedlichen Bereichen des gleichen Hauses untergebracht sind, ist das für die Eltern immer noch eine Erleichterung und bietet den Kindern die Chance, sich auf Wunsch zu begegnen. Wechselt das ältere Kind zum Beispiel in den Bereich der Drei- bis Sechsjährigen, kann es sein Großsein genießen und erlebt zugleich: Großsein ist relativ. Denn: Bei den Krippenkindern gehört man mit zwei Jahren schon zu den Großen, aber unter Drei- bis Sechsjährigen ist man noch klein. Auch eine wichtige Erfahrung.

↗Siehe auch: Austausch zwischen Eltern, Elterngespräche, Stillecke, Zuwendung

Grenzen

Seit es nicht mehr selbstverständlich ist, dass Kinder zu parieren haben, plagen Eltern wie Erzieherinnen Zweifel über den richtigen Weg in der Erziehung. In letzter Zeit werden »kleine Tyrannen« beschworen, das »Lob der Disziplin« wird angestimmt, und die Gemeinde derjenigen wächst, die Grenzen für Kinder fordern.

Die Frage ist, welche Art von Grenzen wer im Sinn hat, mit welchem Ziel und mit welchem Blickwinkel: vom Kind und seinen Entwicklungsbedürfnissen oder von den Interessen Erwachsener her. Beide Blickwinkel sind bekanntlich nicht identisch.

Bezogen auf die Arbeit mit Kleinkindern steht klar im Mittelpunkt, was wir heute über die Entwicklungsprozesse von Kindern wissen und welche Entwicklungschancen wir ihnen mit dem Blick auf welche Kompetenzen bieten wollen.

Wir wissen: Die Kinder kommen mit all den Kompetenzen auf die Welt, die sie brauchen, um sich zurechtzufinden, Kontakte zu knüpfen und ihre Fähigkeiten auszubauen. Ihre Neugier und ihr Forscherdrang, gepaart mit der Fähigkeit zur Kommunikation

und dem Bedürfnis, Beziehungen zu knüpfen, treibt sie voran und ermöglicht die Überwindung ihrer Grenzen. Mit dem eigenen Wachsen, Schritt für Schritt, überwinden die Kinder auch die äußeren Grenzen ihrer Welt und dehnen ihren Radius immer weiter aus.

Beginnen die Kinder zu krabbeln und ihre Umgebung neugierig zu erkunden, fragen wir uns, was wir zulassen können und was nicht. Das heißt, wir fragen uns, welche Grenzen wir ihnen durch Verbote und Regeln zusätzlich zu ihren eigenen und den sowieso vorhandenen äußeren Grenzen setzen sollen, wollen oder müssen.

Was ist (zu) gefährlich? Was bringt alles durcheinander? Was stört? Und was sind Maßnahmen, die den Kindern zeigen sollen, dass in der Kita nicht jeder machen kann, was er will?

Was den letzten Punkt angeht: Macht- und Abhängigkeitsverhältnisse sind eindeutig und jeden Tag zu spüren – selbst wenn wir das nicht bemerken. Die Kinder merken es schon früh. Weil sie von der Zuwendung ihrer Eltern und anderer Erwachsener abhängig sind, bemühen sie sich meist um Wohlverhalten. Doch die Entdeckung der Welt lockt...

Wir wissen: Kinder in ihrem Forscherdrang oder ihren Bewegungsaktionen zu beschränken, das bedeutet, sie in ihrer Entwicklung zu behindern. Die autoritäre Ver- und Gebotserziehung hat ausgedient, denn wir wollen Kinder nicht zu gehorsamen Untertanen, sondern zu selbstständig denkenden und handelnden Menschen erziehen, die sich ohne Angst – auch ohne Angst vor uns – an alles Neue heranwagen.

Heißt das nun, alles zuzulassen? Oder sich alles gefallen zu lassen? Natürlich nicht.

Zur Erkundung der Welt gehört es, Beziehungen zu knüpfen und zu erleben, dass andere Menschen ebenfalls Grenzen haben: Grenzen der Belastbarkeit, Grenzen der Geduld, körperliche Grenzen. Um sich ein realistisches Bild von anderen Menschen, von sich selbst und von ihrer Wirkung auf andere machen zu können, müssen Kinder erleben, dass ihr Gegenüber sich abgrenzt und klar sagt: Bis hierhin und nicht weiter! Das ist etwas anderes, als allgemeingültige, abstrakte Regeln aufzustellen. Es handelt sich nämlich um reale Personen und deren Äußerungen, erlebbar und einschätzbar. Eine wertvolle Erfahrung, die ermutigt, es ebenso zu machen und sich zu wehren, wenn die eigenen Grenzen überschritten werden.

Der viel beschworene Respekt vor anderen Menschen schließt den Respekt vor ihren persönlichen Grenzen ein. Wie soll man das lernen, wenn man es nicht kennen lernt?

Grenzenlose Freiheit gibt es nicht, für nichts und niemanden. Völlige Beliebigkeit macht unsicher. Zu große Beschränkung behindert. Worin liegt also das richtige Maß?

Darüber streiten Mütter und Väter miteinander und mit den Großeltern, die häufig veralteten pädagogischen Vorstellungen anhängen. Darüber diskutieren Eltern und Erzieherinnen, Erzieherinnen miteinander und mit Lehrerinnen. Besonders brisant wird die Frage der Grenzen, wenn verschiedene Kulturen aufeinander treffen.

Je größer die Unterschiede in den Gewohnheiten und Vorstellungen, umso wichtiger ist es, sich über biografische Hintergründe zu verständigen, denn es gibt kein einfaches »Richtig« oder »Falsch«. Gerade die Frage der Grenzen ist von persönlichen Wertmaßstäben,

Vorstellungen über das Verhältnis von Kindern und Erwachsenen und Erziehungszielen bestimmt. Aber auch von Ängsten und Verantwortungsbewusstsein. Eine gemeinsame Linie zu finden, ist nötig – schon, um nicht ständig miteinander in Konflikte zu geraten.

In der Regel ist die Kita für Kinder passender eingerichtet als eine Familienwohnung. Viel spannender als das Kinderzimmer sind nämlich die übrigen – nicht ganz so kindgerechten – Räume der Wohnung. Außerdem will ein kleines Kind möglichst oft in der Nähe von Mutter, Vater oder Geschwistern sein, zugucken, zeigen, mitmachen.

In der Kita treten viele Konflikte gar nicht erst auf, weil alle Räume und Materialien auf die Bedürfnisse und Fähigkeiten der Kinder abgestimmt sind. Dennoch werden den kindlichen Entdeckungsfreuden auch hier manche Grenzen gesetzt – oft genug ohne Not. Zum Beispiel:

Gefährdung der Kinder

Selbstverständlich müssen schwere Gefahrenquellen ausgeschlossen werden: Steckdosen mit Kindersicherungen versehen, scharfe Ecken und Kanten beseitigen oder verkleiden, Kaffeemaschine oder Wasserkocher nur hinter geschlossenen Türen einsetzen. Es ist der Part der Erwachsenen, auf so etwas zu achten.

Andererseits kann es nicht darum gehen, jede Beule zu vermeiden, denn damit macht man Kinder ängstlich und unsicher. Außerdem lernen sie durch Versuch und Irrtum, werden durch Übung sicherer und geschickter. Stufen und andere Klettermöglichkeiten erklimmen schon Krabbelkinder mit Begeisterung. Absperrgitter setzen ihrer Neugier und Selbsterprobung Grenzen und sind insofern Bildungsgrenzen. Wer endlich auf eigenen Füßen unterwegs ist und das Gleichgewicht halten kann, will schneller werden und rennen. Verbote solcher Vergnügungen, die mit dem Schutz der Kinder begründet werden, schränken in Wirklichkeit ihren Erlebnis- und Erfahrungsraum und damit ihre Entwicklungschancen ein. Sie sollten überprüft werden.

Zerstörung wertvoller Gegenstände

Geräte oder Materialien in der Kita müssen dem intensiven Interesse der Kinder standhalten. Kassettenrecorder oder CD-Player sind robust und können schon von Kleinkindern bedient werden. Allerdings untersuchen sie die Geräte bei dieser Gelegenheit, und da kann schon mal was kaputtgehen. Was tun? Geben wir ihrem Forscherinteresse Futter, indem wir alte Geräte bereitstellen, die in ihre Einzelteile zerlegt werden können, ohne dass das Budget strapaziert wird. Klar muss für die Kinder sein: Diese Dinge können auseinander genommen werden und jene nicht.

Was die »guten« Papiere angeht, die Erwachsene ungern herausrücken, weil die Kinder darauf nur »Krickelkrakel« hinterlassen, sollten wir bedenken: Hier erproben die Kinder, was sie bei den Großen sehen: malen und schreiben. Zugleich machen sie sinnliche und ästhetische Erfahrungen. Die Frage ist immer: Was ist uns mehr wert? Die Erfahrung der Kinder oder der Schutz des Materials vor den Kindern.[32]

Störung oder Beeinträchtigung anderer Menschen

Einerseits besteht der Anspruch, die Bedürfnisse der Kinder weitgehend zu erfüllen. Andererseits untersagen Erzieherinnen den Kindern nicht selten, was sie stört, ihnen unbequem ist oder Arbeit macht: laut sein, herumrennen, Kräfte in Rangeleien messen, Wasserhähne aufdrehen, andere Räume erkunden. Gerade dies ist aber besonders lustvoll, spannend und für die Entwicklung bedeutsam.

Arbeitet ein Team gruppenübergreifend und kooperativ, ist es kein Problem, den Kindern ihre Entdeckungsreisen zu gestatten. Gegenseitige Störungen und ein aus Konflikten erwachsender Lärmpegel können vermieden werden, wenn die vorhandenen Räume verschiedene Aktionsbereiche bieten.

Förderung der Entwicklung von Kindern heißt auch, sie erleben zu lassen: Ich bin nicht allein auf der Welt, andere Menschen haben ebenfalls Interessen – und zwar mitunter andere. Dann muss man Lösungen finden. Dies zu begreifen ist ein langer Lernprozess.

Junge Kinder beziehen sich zunächst auf sich selbst: Ich, meine... Es ist der erste große Schritt, sich als eigenständige und besondere Person wahrzunehmen. Zu begreifen, dass es noch andere Interessen als die eigenen gibt, ist ein weiterer großer Schritt.

Es ist sinnlos, solche Schritte zu erwarten, bevor die Kinder entsprechende Erfahrungen machen und verarbeiten konnten. Im Zusammenleben mit anderen Kindern und Erwachsenen merken sie jedoch

31 Siehe dazu auch: Atelier

schnell, dass sie nicht immer im Mittelpunkt stehen und dass es nicht nur nach ihren Wünschen geht. Außerdem ist interessant, was die anderen Kinder tun. Dies erleichtert den Schritt vom Ich zum Du und zum Wir.

Wir Erwachsene haben die Aufgabe, diesen Erkenntnisprozess liebevoll zu unterstützen. Dazu gehört, den Kindern klarzumachen, dass auch wir das Recht haben, uns zu unterhalten, ohne ständig unterbrochen zu werden. Sie werden das akzeptieren, wenn sie erleben, dass sie in ihrem Tun, ihrem Spiel, ihrer Unterhaltung nicht unterbrochen werden.

Kinder sind sehr unterschiedlich in ihren Charakteren und Temperamenten. Manche erkennen und akzeptieren die Wünsche anderer Menschen – seien es Erwachsene oder Kinder – schnell. Das sind die »pflegeleichten« Kinder, die in Gefahr geraten, ihre eigenen Interessen zurückzustellen. Wenn sie etwas fordern, ist es wichtig, das zu beachten und zu unterstützen. Andere Kinder agieren so raumgreifend und lautstark, sind so besitzergreifend, dass sie fast jede Situation dominieren. Ihnen tut es vielleicht ganz gut, mal zu erleben, dass auch andere Menschen das Recht auf Zuwendung oder ein paar ungestörte Minuten haben.

Wenn wir nur wenige Grenzen setzen, unser Tun und unsere Forderungen gut begründen, geduldig und konsequent bleiben, differenziert auf einzelne Kinder und Situationen reagieren, dann erkennen die Kinder früher oder später, dass es im Zusammenleben immer darum geht, Spielräume zwischen den unterschiedlichen (persönlichen) Grenzen auszuhandeln. Erleben Kinder, dass Grenzen nicht der Willkür Erwachsener entspringen, sondern einer solchen sozialen Aushandlung, werden sie sie akzeptieren – und überschreiten wollen. Dieser Test ist, sozusagen entwicklungsbedingt, nötig. Nicht zuletzt erweist er, ob Grenzen verteidigt werden müssen oder fallen können.

↗Siehe auch: Aufsichtspflicht; Ausprobieren; Gelassenheit; Kratzen, beißen, Haare ziehen; Regeln

Gruppenerlebnis

Kinder mögen Kinder und suchen ihre Gesellschaft. Früh sind sie an anderen Kindern mehr interessiert als an Erwachsenen. Schon Säuglinge beobachten andere Kinder aufmerksam. Sie schauen ihnen beim Spielen zu und versuchen, sie zu berühren. Am liebsten betasten sie Gesichter, die Augen, die Nase, die Ohren. Sie lächeln einander an, manchmal weinen sie miteinander, krabbeln miteinander oder übereinander und versuchen, das Spielzeug des anderen zu erwischen, es zu begreifen und auszuprobieren.

Es ist wichtig, bereits jungen Kindern regelmäßigen Kontakt zu anderen Kinder zu ermöglichen und sie nicht in der Familie zu isolieren. Die Kita bietet diese Möglichkeit.

Erwachsene geben Sicherheit und Orientierung, aber sie sind nicht die einzig wichtigen Personen. Deshalb sollten Erzieherinnen das Interesse der Kinder an den Altersgefährten unterstützen und Kommunikation zwischen ihnen ermöglichen. Werden die Kinder schlafen gelegt, ist es sinnvoll, die Bettstellen so auszustatten, dass die Kinder einander sehen können. Sichtblenden und »Beulenschutz« stehen dem im Wege.

Kindern das Erlebnis von Gemeinschaft zu ermöglichen heißt nicht, sie in die künstlich gebildete Verwaltungseinheit »Gruppe« zu stecken. Gruppen bilden sich im Miteinander: Spielgruppen, Essensgruppen, Frühdienstgruppen, Freundesgruppen...

↗Siehe auch: Freundschaften, Offene Arbeit, Rituale

Höhlen und Nester

Auch kleine Kinder brauchen – wie alle Menschen – schöpferische Pausen. Das erfordert nicht nur ausreichend unverplante Zeit und die Erlaubnis, sich dem Getümmel zu entziehen, sondern auch angemessene Plätze. Höhlen und Nester sind Inseln der Ruhe. Manchmal werden sie vielleicht auch Orte des Abenteuers – je nach Wunsch und Fantasie.

Schaffen wir also in einer Kita viele kleine Inseln für Ruhe, Rückzug und Fantasiereisen.

Für Nester eignen sich...

- Körbe, zum Beispiel Wäschekörbe, Hundekörbe, große Weidenkörbe, mit Kissen, Decken oder Fellen ausgelegt;
- Kriechtunnel;
- Hängematten;
- Transportkisten und große Kartons;
- Decken zum Ver- oder Drüberhängen;
- Vorhänge und Paravents;
- Iglus und kleine Zelte;
- aufblasbare Schwimmbecken ohne Wasser.

Grundsätzlich sollte darauf geachtet werden, dass solche Utensilien von den Kindern – mindestens mit vereinten Kräften – transportiert werden können, also nicht schwer sind und keine spitzen Ecken oder scharfe Kanten haben.

Fest eingebaute Höhlen oder Zwischenebenen bieten ebenfalls Räume, in die man sich zurückziehen und aus denen man – hinter Vorhängen verborgen – das Geschehen beobachten kann.

Höhlen und Nester zum Träumen und Entspannen, Inseln der Ruhe und Erholung, der Kommunikation und des Abenteuers sind mit einfachen Mitteln zu schaffen. Fantasie, gemeinsame Ideensuche und Unterstützung von Eltern beim Sammeln geeigneter Materialien – schon kündigen sich Neuerungen an, die erst Spaß und dann Ruhe bringen.

↗Siehe auch: Abenteuer, Raumgestaltung, Ruhephasen, Rückzugsbereiche, Schlafen

Individuelle Förderung

Jedes Kind soll gefördert werden – entsprechend seinem Entwicklungsstadium, seinen speziellen Voraussetzungen und Interessen. Das ist der Anspruch. Die Frage ist, was jeweils unter Förderung verstanden wird, worauf sie abzielt und welche Bedingungen als fördernd angesehen werden. Darüber bestehen meist unterschiedliche Meinungen.

Nicht selten wird aus gut gemeinter Förderung Überförderung. Weil das so ist, muss diese Frage im Team und mit den Eltern thematisiert werden, damit gemeinsame Vorstellungen entwickelt werden können.

Individuelle Förderung heißt...

- wahrzunehmen, was bei einem Kind in seinem eigenen Erleben »dran« ist und was wir ihm zuliefern können, damit es das, was »dran« ist, ausbauen kann;
- Unterschiede in den Entwicklungsgeschwindigkeiten und -sprüngen zu akzeptieren. Gelassen abzuwarten, so lange keine ungewöhnliche Abweichung vom breiten Spektrum der Normalität festzustellen ist;
- Probleme des Kindes zu erkennen und den Austausch mit Kolleginnen und Eltern zu suchen;
- professionelle Unterstützung zu organisieren, wenn es erforderlich erscheint;
- die vorhandenen Fähigkeiten und Interessen zu beachten, statt Defizite zu betonen;
- kindliche Potenzen zu entdecken, Interessen zu wecken und zu fördern;
- bei Schwierigkeiten Hilfestellung zu geben und Lösungswege zu eröffnen;

- eigenständige Experimente und Expeditionen nicht zu behindern, sondern dem Kind zuzutrauen, was es sich selbst zutraut, wenn keine Gefahren zu erkennen sind;
- durch ein breites Spektrum an Erfahrungs- und Aktionsmöglichkeiten Anregungen zu bieten, die Familien nicht bieten können;
- Angebote und Unternehmungen zu initiieren, die das Kind auf seinem Weg unterstützen;
- auf Veränderungen – zum Beispiel den Wechsel in eine andere Abteilung – durch rechtzeitiges Kennenlernen vorzubereiten, Orientierung und Sicherheit zu geben;
- Selbstbewusstsein und Ich-Kompetenz durch Herausforderungen und Erfolgsmöglichkeiten zu stärken;
- intensiv und in einer Form, die das Kind verstehen kann, mit ihm zu kommunizieren, auf Vertrautes aufzubauen und neue Kommunikationswege zu eröffnen;
- auf das, was das Kind sagen und zeigen will, so zu reagieren, dass es sich verstanden und angenommen fühlt.

Das Wichtigste ist, ein Kind kennenzulernen und sein Tun verstehen zu wollen. Nur dann können wir beurteilen, was es von uns braucht und was ihm nützt. Dazu bedarf es des intensiven Austauschs mit den Eltern ebenso wie der Aufmerksamkeit für die kindlichen Verhaltensweisen und Unternehmungen.

Förderung kann sich nur auf das Wissen- und Können-Wollen des Kindes beziehen, auf nichts anderes. Die Tendenz mancher Eltern, ihre Kinder so früh wie möglich mit Bildungsinhalten oder dem, was sie dafür halten, zu konfrontieren, schadet meist mehr als sie nützt.

Was sollen Kinder in ihren frühen Jahren in der Kita erleben, erfahren und erproben können?

Welche Fähigkeiten und Fertigkeiten wollen wir damit fördern? Warum glauben wir, dass Kinder in der Kita gerade dies brauchen, um jetzt – nicht in der Zukunft, die niemand kennt – gut zurechtzukommen.

Die Kinder haben noch so viel Zeit, zu lernen und sich zu entwickeln. Wir können sie gar nicht auf alles »hinfördern«, was sie später vielleicht brauchen, weil wir nicht wissen, was das sein könnte – schon gar nicht für jedes Kind.

↗Siehe auch: Beobachtung, Differenzierung, Nichtaussonderung, Sprache, Zeit

Interessen der Kinder

Bereits sehr junge Kinder haben unterschiedliche Interessen. Obwohl sie auf alles neugierig sind, haben sie doch Vorlieben und verhalten sich in bestimmten Situationen unterschiedlich. Manche interessieren sich für das Licht, machen es an und aus, immer wieder. Andere lieben Hammer und Schraubenzieher, klopfen auf der Werkbank herum und weichen Handwerkern nicht von der Seite. Wieder andere Kinder sind unentwegt dabei, Töne aller Art zu produzieren, am liebsten mit Musikinstrumenten. Wenn sie Glück haben, sind die Instrumente nicht weggeschlossen. Und dann gibt es die Verwandlungskünstler, die sich gleich morgens ihren Lieblingshut überstülpen. Die Künstler verschwinden im Atelier, die Puppenmütter und -väter in der Puppenecke, und die Baumeister können es kaum erwarten, an die Arbeit zu kommen. Dann sind da noch die Sportler, die bereits mit 18 Monaten ein Ballgefühl haben wie weiland Maradona oder ihre Fähigkeiten am Klettergerüst ausprobieren. Schließlich gibt es Kinder, die mit Vorliebe auf dem Schoß der Erzieherin sitzen und das Geschehen beobachten.

Wichtig ist, diese Unterschiede und Vorlieben wahrzunehmen und besondere Fähigkeiten zu fördern. Das heißt: Nicht darauf schauen, was die Kinder nicht tun, wollen oder können, sondern den Blick auf das richten, was sie gern machen. Damit ist nicht gemeint, ihnen keine Anregungen in anderen Bereichen als den bevorzugten zu geben oder Entwicklungsprobleme zu ignorieren. Selbstverständlich müssen Probleme wahrgenommen werden, und wir müssen angemessen darauf reagieren. Aber ist es wirklich wichtig, dass jedes Kind mit Puppen spielt, mitsingt oder sich verkleidet? Gibt es wirklich ein »Basteldefizit« oder zu viel Bewegungsdrang? Machen wir den Kindern und uns das Leben doch nicht unnötig schwer!

Entwickelt ein Kind eine Spielleidenschaft und frönt ihr jeden Tag, gibt es keinen Grund, ein Defizit zu wittern oder Einseitigkeit zu befürchten. So lange das Kind dabei vergnügt ist – wunderbar! Gewiss wird es über kurz oder lang – und nicht in erster Linie durch unser Zutun – neue Interessen und Leidenschaften entwickeln.

Individuelle Förderung heißt: Die Unterschiede und individuellen Interessen jedes Kindes zu respektieren, statt alle Kinder auf ein Durchschnittsmaß zu reduzieren.

Wenn wir auf Vorlieben eingehen, entsprechende Möglichkeiten schaffen und die Kinder agieren lassen, statt sie für etwas von uns Vorgesehenes motivieren zu wollen, wird die Gesamtsituation entspannter, die einzelnen Kinder sind zufriedener, und wir haben weniger Stress.

↗Siehe auch: Achtsamkeit, Ausprobieren, Eigensinn, Lust am Spiel, Wiederholungen

KLM

wie Klamottenpool; Konzeptbaustelle; Kooperation; Kratzen, beißen, Haare ziehen; Kreativität

wie Lebensfreude; Lebensgeschichten; Lieger, Krabbler, Laufer; Loslassen, Lust am Spiel

wie Massagen, Morgenkreis, Musik hören und erleben

Klamottenpool

Ein Klamottenpool ist ein Fundus abgelegter Kinderkleidung, jederzeit parat, damit die Kinder bei Wind und Wetter rausgehen, sich schmutzig machen, sich im Sommer bemalen und was Frisches anziehen können – ohne dass es Notstand oder Ärger gibt.

Weil Eltern keine schmutzigen Kinder abholen wollen und Erzieherinnen darauf verweisen, dass keine Wechselsachen da sind, werden vergnügliche Aktivitäten allzu oft unterbunden. Das ist schade, denn damit fallen lustvolle Erlebnisse aus, und wichtige Erfahrungs- und Entwicklungsmöglichkeiten der Kinder werden eingeschränkt.

Das Problem der Eltern kann gelöst werden, wenn wir für alle Eventualitäten gerüstet sind.[33] Dicke Pullover, Gummistiefel in allen Größen, Friesennerze, Mützen, Hosen und was sonst noch vonnöten ist, können erfahrungsgemäß schnell gesammelt werden. Wenn die Sachen dicht beim Ausgang und wie die Orgelpfeifen nach Größen sortiert hängen oder stehen, können sich alle Kinder das Passende suchen. Auch das ist eine vergnügliche Aktion: Vergleichen. Wer ist wie groß, passt wo rein oder ist längst rausgewachsen?

Die fälligen Waschaktionen nach Expeditionen in die Modderpampe sind mit einer großen Waschmaschine und einem Trockner im Keller zu bewältigen. Falls die Geräte fehlen, wird der Träger gebeten, oder es werden Sponsoren gesucht, eventuell auch unter den Eltern. Die Waschaktionen können übrigens für Kinder – Freiwillige voran – ein amüsantes Bildungsunternehmen werden.

↗Siehe auch: Ausprobieren, Außengelände, Bewegung, Lebenslust, Wasserspiele

Konzeptbaustelle

Soll ein Konzept erarbeitet werden, stöhnen viele Kolleginnen. Die gemeinsame Arbeit auf den Punkt zu bringen, die Begründungszusammenhänge schriftlich festzuhalten – das fällt schwer und geht selten ohne Auseinandersetzungen ab. Denn oft stellt sich heraus, dass die Übereinstimmung im Team nicht so groß ist wie vermutet oder gehofft.

Ein Verfahren, das solche Prozesse erleichtern kann, ist die »Konzeptbaustelle«. Es geht so: Den abstrakten Gedanken wird eine konkrete Gestalt gegeben. Das Konzept wird wie ein Haus gebaut. Es bekommt ein Fundament, auf dem alles steht. Das können die gesetzlichen Grundlagen, die Trägergrundsätze oder grundsätzliche Überzeugung des Teams sein – jedenfalls Grundfesten, auf die man bauen kann, weil sie weder heute noch morgen ausgewechselt oder verändert werden.

Das Dach bildet die Philosophie des Hauses: Von welchen Zielen lassen wir uns leiten? An welchen Leitgedanken richten wir uns aus? Welche Visionen haben wir?

Die tragenden Säulen, die auf dem Fundament stehen und das Dach halten, sind Eckpfeiler der Arbeit, die gemeinsam entwickelt wurden. Jede Säule besteht aus Bausteinen, die Ansprüche und Anforderungen konkretisieren. Durchsichtige Bausteine – sie tragen nur eine

Themenaufschrift – verweisen darauf, dass es Punkte gibt, die offen sind, zu denen bislang keine Einigung gefunden wurde, die aber auf der Tagesordnung stehen, früher oder später.

Jede Säule kann ein Prüfstein stützen: Woran erkennen wir, ob wir unsere Ansprüche realisieren? Woran messen wir unseren Erfolg?

Das Konzept ist zunächst ein Rohbau. Alle wesentlichen Elemente sind enthalten und benannt: Fundament, Dach und tragende Säulen. Je konkreter der Rohbau mit Bausteinen zur Organisation und zum pädagogischen Handeln gefüllt wird, desto mehr wird das Konzept zur Konzeption, die für die alltägliche Arbeit handlungsleitend ist.

Denn darin besteht der Unterschied: Ein Konzept benennt Grundlagen, Ziele und Ansprüche, gibt die Generallinie vor, liefert die Orientierung der Arbeit. Eine Konzeption ist die Konkretisierung, gibt Handlungsanleitungen und ist ein Arbeitsmittel für die Praxis.

Die Philosophie des Konzepts muss sich in den Bausteinen der Konzeption wiederfinden – und beides natürlich in der täglichen Arbeit.

Die Konzeptbaustelle ist ein Symbol dafür, dass ein Konzept oder eine Konzeption nie fertig ist. Immer wird irgendwo angebaut oder umgebaut, immer muss etwas Neues eingebaut werden.

Wir haben es mit einem Haus zu tun, dessen An- oder Umbau vor allem »innen« geschieht – in unseren Köpfen. Das Leben verändert unser Haus ständig –

33 Im Film »Wer sich nicht bewegt, bleibt sitzen« aus einer der ersten Kitas, die sich vor mehr als drei Jahrzehnten auf den Weg der Öffnung begaben, wird dies beispielhaft gezeigt. Daher stammt auch die Idee. Leiterin war damals Regina Braun, eine Pionierin.

genau genommen mit jedem neuen Kind. Wir sitzen auf einer Dauerbaustelle. Von Zeit zu Zeit müssen wir nachschauen, ob das Dach noch dicht ist, ob im Keller schon Wasser steht. Dennoch ist es ein Haus, in dem man gut und sicher zusammenleben kann, wenn die Grundpfeiler tragen.

Um den Prozess der Erarbeitung möglichst vergnüglich zu gestalten, kann man ein Bild schaffen, dass auf einer Wandzeitung allmählich aus lauter (Metaplan-)Karten zusammenwächst, nach dem Motto: Eine Karte = ein Baustein.

Unten kommt ein großer Fundamentstein hin, in dem steht, was als Grundlage der Arbeit gilt.
Oben schwebt das Dach mit den Leitgedanken. Die tragenden Säulen werden erst mit Überschriften skizziert. Sie wachsen allmählich, Karte für Karte.

- Der Vorteil ist: Die Aussagen auf den einzelnen Karten können unmittelbar ins Verhältnis zu denen im Dach und im Fundament gesetzt werden. Passen die »Füllungen« zu den Ansprüchen oben und unten?

Eine weitere praktische und handfeste Variante: Es entsteht tatsächlich eine Baustelle aus lauter Kartons. Ein großer, breiter Karton liefert das Fundament. Das Dach kann luftiger sein, besteht vielleicht nur aus einem Transparent. Jeder kleinere (Schuh-) Karton steht für eine tragende Säule und bekommt eine Aufschrift, zum Beispiel: Raum und Material, Planung, Zusammenarbeit mit Eltern...

- Der Vorteil ist: Man muss keine Reihenfolge einhalten, sondern kann in der Diskussion aufgreifen, was als wichtig auftaucht, so dass die tragenden Säulen des Konzept ziemlich schnell stehen. Dann wandert all das in die einzelnen Kartons hinein, was zum Stichwort als verbindlich und gültig festgehalten wurde. Entscheidend ist auch hier, dass der inhaltliche Zusammenhang mit den Zielen und Ansprüchen überprüft wird und stimmig ist.

Das Ganze muss dann »nur« noch in Worte gekleidet und von allen abgesegnet werden.

Kleiner Tipp: Keine komplizierten Sätze und schon gar keine Allgemeinplätze aufschreiben, sondern das, was tatsächlich gedacht, gesagt und gelebt wird.[34]

↗Siehe auch: Spiegeln, Kooperation, Offene Arbeit

Kooperation

Das Geheimnis differenzierter Arbeit, individueller Unterstützung und gelassener Atmosphäre ist die Kooperation im Team. Der Unterschiedlichkeit von Bedürfnissen und Interessen der Kinder kann man am besten entsprechen, wenn auch die Unterschiedlichkeit der Fähigkeiten und Leidenschaften der Erwachsenen zum Tragen kommt.

Die Gleichzeitigkeit verschiedener Anforderungen, die zum Zusammenleben mit Kindern ebenso gehört, wie unvorhergesehene Ereignisse, kann nur arbeitsteilig bewältigt werden.

Ein Beispiel aus dem Kita-Alltag: Um zu vermeiden, dass die ersten Kinder bereits verschwitzt quengelnd auf der Bank sitzen und warten müssen, bis auch das letzte Kind warm verpackt ist – was die Abwehrkräfte auf eine harte Probe stellt –, bedarf es der Kooperation und verlässlicher Absprachen zwischen den Kolleginnen. Geht eine Erzieherin mit den fertig angezogenen Kindern raus und nimmt alle weiteren in Empfang, entspannt sich die Atmosphäre. Niemand muss sich gehetzt fühlen, niemand muss warten, niemand muss im eigenen Saft schmoren. Alle sind zufrieden, und Ermahnungen erübrigen sich.

Lässt man die Rollen rotieren – heute bist du die Ankleidedame, morgen ich –, fühlt sich niemand benachteiligt.

Auch wenn Kinder die Chance bekommen sollen, ihren Interessen zu folgen und sich in verschiedenen Räumen aufzuhalten, funktioniert das nur über das gelingende Zusammenwirken der Kolleginnen. Wer ist wann wo? Wer übernimmt welche Aufgabe? Dazu gehört auch, zu verabreden, wer ab wann im Garten ist, wer das Frühstück übernimmt, wer als »Feuerwehr« für alles Unvorhergesehene zuständig ist und wer den »ruhenden Pol« gibt.

Wenn Eckpfeiler im Tagesablauf geplant sind und dabei auch Zeiten für Austausch und Absprachen miteinander berücksichtigt werden, kann es gelingen, Orientierungspunkte für Kinder wie Erwachsene zu schaffen und gleichzeitig genügend Spielraum für spontane Kooperationsanforderungen zu lassen.

Junge und neue Kinder suchen nach vertrauten Orten und bekannten Personen, die ihnen Sicherheit in der noch unvertrauten Kita-Welt geben. Doch schon bald sind die meisten Kinder neugierig auf die Welt außerhalb des Bekannten. Manchmal streben sie an der Hand einer bekannten Erzieherin dorthin, manch-

---

34 Siehe auch: Jacobs, D.: Die Konzeptionswerkstatt in der Kita. verlag das netz, Weimar/Berlin 2009

mal reicht ein Freund an der Seite, und manches Kind machen sich allein auf die Socken.

All dies ist nur möglich, wenn die Kolleginnen sich nicht in Gruppenräumen einigeln und nur mit »ihren« Kindern arbeiten. Bei gruppenübergreifender Kooperation oder Zusammenarbeit in einer Abteilung kann man unterschiedliche Schwerpunkte setzen, jeden Tag und im Großen und Ganzen. Es ist möglich, mit einzelnen Kindern oder kleinen Gruppen auf Exkursion zu gehen, wenn man weiß, dass alle anderen bei den Kolleginnen gut aufgehoben sind. »Schwitzorgien« entfallen ebenso wie das Schlafen auf Kommando.

Organisatorisch ist das kein Problem, wenn es gewollt wird. Aber viele Erzieherinnen können nur schwer loslassen. Sie sind es gewohnt, darüber zu bestimmen, was in ihren Gruppen und Gruppenräumen geschieht, alles im Blick zu haben.

Mit diesen Kolleginnen in der vorgeschlagenen Weise zusammenzuarbeiten, das erfordert ein hohes Maß an Vertrauen in die Verantwortlichkeit und Zuverlässigkeit aller. So etwas kann man nicht voraussetzen, es muss wachsen. Und wachsen kann es nur durch die Erfahrung, dass man sich tatsächlich aufeinander verlassen kann. Diese Erfahrung wiederum kann nur machen, wer ausprobiert.

Entscheidend ist, dass vorher verabredet wird, wer für welche Kinder und Eltern zuständig ist – in der Regel bleiben die ursprünglichen Bezugssysteme erhalten – und wie die verschiedenen Aufgaben bewältigt werden.

Was heißt Kooperation?

- Austausch über Ziele und Arbeitsweisen, Entwicklung einer gemeinsamen Linie;
- Planung von Raumzuständigkeiten und Verantwortungen für Aufgaben im Tagesablauf;
- Verständigung darüber, was den Kindern geboten werden soll und wer welche Aktionen übernehmen will;
- Austausch über die Kinder, ihre Gewohnheiten und Prozesse;
- Planung freier Zeiten für spontane Treffen;
- zeitweise Arbeit in Kleingruppen oder mit einzelnen Kindern;
- gemeinsame Nutzung und Gestaltung der vorhandenen Räume – Flure, Waschräume, Terrasse, Garten, Restaurant, Atelier, Bewegungsbaustelle – und Bestimmung von Zuständigkeiten;
- prinzipielle Verantwortlichkeit aller Erzieherinnen für alle Kinder in ihrem Umkreis: trösten, zugreifen, helfen...;
- freie Entscheidung der Kinder über Spiele, Spielorte und Spielpartner;
- Zusammenfassung von »Spezialgruppen«, zum Beispiel nach Schläfertypen, Interessen, Vorlieben, Essenszeiten...;
- Nutzung der Fähigkeiten und Vorlieben der Erzieherinnen;
- gemeinsame Planung von Fortbildungsbesuchen einzelner Kolleginnen

Kooperation – so verstanden – schafft Voraussetzungen für die Erweiterung von Aktionsmöglichkeiten der Kinder und Erwachsenen.

Ein positives Nebenprodukt gruppenübergreifender Diskussionen und Kooperation ist die Entwicklung einer gemeinsamen Linie, die im Haus und nach außen vertreten wird. Außerdem macht die Arbeit viel mehr Spaß, wenn man nicht mehr allein vor sich hinpusselt, sondern sich mit Kolleginnen zusammentun kann.

↗Siehe auch: Aufsteiger, Bezugskindersystem, Differenzieren, Offene Arbeit, Zusammenarbeit mit anderen Abteilungen

Kratzen, beißen, Haare ziehen

Aus heiterem Himmel, blitzschnell und ohne dass wir es verhindern können, beißt ein Kind das andere. Das tut weh und löst Geschrei aus. Wir trösten das gebissene Kind und schimpfen mit dem anderen. Besonders hilflos und ungehalten reagieren wir, wenn es sich immer um die gleichen Kinder handelt, die beißen, kratzen, Haare ziehen oder ihren friedlichen Spielgefährten anders zu Leibe rücken. Zwar lehrt die Erfahrung, dass diese unerfreulichen Varianten kindlicher Ausdrucksformen nach einer gewissen Zeit verschwinden, aber momentan sind sie ein Problem – für die anderen Kinder, für uns und nicht zuletzt für die Eltern, denen das Verhalten ihres Sprösslings unverständlich und peinlich ist. Sie fragen sich, was sie in ihrer Erziehung falsch gemacht haben und was sie tun können, zumal ihr Kind zu Hause nicht kratzt oder beißt.

Die Eltern der betroffenen Kinder sind verständlicherweise schockiert, besonders wenn die Kinder nicht mehr gern in die Kita gehen, weil sie Angst haben. So kommt es zu Vorwürfen, den Erzieherinnen gegenüber, zu Mutmaßungen über die erzieherische Kompetenz der Eltern von kleinen Angreifern und schließlich zu Konflikten, die schwer zu lösen sind und unter Umständen sogar dazu führen, dass Freundschaften zerbrechen.

Erzieherinnen geraten – besonders wenn es »Nachahmungstäter« gibt – unter Druck und zwischen die Fronten der Eltern, versuchen die einen zu beruhigen, den anderen zu helfen und zwischen beiden zu vermitteln. Sie thematisieren das Problem auf Elternabenden und in Einzelgesprächen, ziehen Fachliteratur zu Rate oder laden Eltern älterer Kinder ein, die mit Abstand über ihre Erfahrungen berichten können.

Der Kitaalltag ändert sich aber nicht, und die Konflikte schaukeln sich bei jedem neuen Fall wieder hoch, denn es gibt leider weder eindeutige Erklärungen noch ein Patentrezept. So kann es passieren, dass die Erzieherinnen auf aggressives Verhalten von Kindern – wider besseres Wissen – auch mit Aggression reagieren. Nichts könnte falscher sein, denn die Ablehnung oder Bestrafung erleben die Kinder als Bedrohung und werden ihre Angriffe fortsetzen.

Erwachsene – egal, in welcher Rolle – fordern betroffene Kinder häufig auf, sich zu wehren und zurückzuschlagen: Wie du mir, so ich dir. Dies verschärft die Situation unter Umständen noch. Und die Frage »Warum hast du das gemacht?« hilft schon gar nicht weiter, weil die Kinder noch nicht sprechen können. Selbst wenn sie es könnten – was sollten sie sagen? So ist es kaum möglich, genau zu ergründen, was Beiß- oder Kratzattacken auslöst. Ersichtliche Gründe scheinen nicht vorzuliegen, Absichten sind nicht eindeutig zu erkennen. Oft sind die »Täter« über die Folgen ihres Tuns ebenso überrascht und erschrocken wie die »Opfer«.

Was könnte dahinterstecken? Welches Motiv? Wir wissen lediglich: Es handelt sich um eine vorübergehende Verhaltensweise, die – keineswegs bei allen Kindern, aber doch recht häufig – etwa um das Alter von zwei Jahren herum auftritt. Wir sollten sie als eine »normale« Form der Auseinandersetzung und Kommunikation in einem bestimmten Entwicklungsstadium betrachten, nicht als Ausdruck von Aggression und Gewalt. Es gibt Kinder, die eine »Vorliebe« für Beißen, Kratzen oder Haare ziehen entwickeln, es gibt Kinder, die andere niemals angreifen, und solche, die immer wieder angegriffen werden. Man könnte vermuten: Das jeweilige Kind will mit seinem Verhalten etwas erreichen; sein Tun hat einen Sinn in seinem eigenen Erleben. Aber welchen? Das gilt es herauszufinden. Also ein Fall für Beobachten, um zu verstehen. Möglich wäre:

- Ein Kind deutet das Verhalten eines anderen Kindes als Bedrohung, reagiert darauf und zeigt Stärke. Fatalerweise tritt dieses Kind nun selbst als Aggressor auf, was dazu führt, dass nicht auf die eigentliche Ursache des Verhaltens, sondern nur auf die Aktion reagiert wird. Zu ergründen wäre, woher das Gefühl der Bedrohung rühren mag, ob und wodurch wir dies verändern können. Weiteres Beobachten ist nötig, denn es gibt auch bei Kindern unterschiedliche Wahrnehmungs- und Reaktionsweisen: Manche Kinder fühlen sich in der gleichen Situation nicht bedroht oder ziehen sich zurück.
- Ein Kind will etwas haben, was ein anderes Kind hat oder weil es das hat. Um es zu bekommen, nutzt das Kind seine körperliche Überlegenheit und setzt sie als »Waffe« ein. Erreicht es sein Ziel auf diesem Weg, verbucht es das als Erfolg – egal, wie sehr die Erwachsenen schimpfen. Dennoch müssen wir reagieren, unseren Unmut zeigen, auf die Wirkung hinweisen, denn nur wenn das Kinder Rückmeldungen bekommt, lernt es, sich soziale zu verhalten. Es nimmt wahr: Aha, das finden die anderen nicht gut.
- Ein Kind will immer erster sein: »Platz da, jetzt komm ich!« Wichen die anderen nicht freiwillig zurück, wird zugebissen oder geschubst. Ist es damit erfolgreich, steigt sein Selbstbewusstsein. Auch in diesem Fall gilt: Eindeutige Reaktionen unsererseits sind unerlässlich, damit klar ist, dass körperliche Übergriffe nicht geduldet werden.
- Ein Kind beißt aus Langeweile; es möchte, dass endlich etwas Interessantes passiert. Also sind wir gefordert, dem Kind etwas Interessanteres zu bieten als das Wehgeschrei des »Opfers«. Das Kind braucht neue Herausforderungen und Anregungen.
- Ein Kind ist eifersüchtig, will seinen Frust loswerden und Aufmerksamkeit erzwingen. Beides klappt auf diesem Wege wunderbar. Wir sollten dem Kind möglichst viel Zuwendung geben, hin und wieder etwas allein mit ihm unternehmen, um das Problem zu entschärfen, bis es schließlich verschwindet.
- Ein Kind steht unter hohem (Leistungs-)Druck, fühlt sich den Anforderungen nicht gewachsen, erlebt sich als klein und schwach. Das kann zu aggressiven Handlungen führen, um die Unterlegenheit zu überwinden – wenigstens einen Moment lang. In diesem Fall gilt es, die Belastungen zu verringern und zu prüfen, ob das Kind in der Kita oder in der Familie überfordert wird.

Generell gilt: Mangels sprachlicher Ausdrucksfähigkeit ist die verbale Klärung von

Situationen oder Konflikten in diesem Alter kaum möglich. Weder Warum-Fragen noch gutes

Zureden oder heftiges Insistieren versprechen Erfolg – im Gegenteil, sie setzen das Kind weiter unter Druck.

Hinzu kommt: Kleinkinder können die Folgen ihrer Handlungen noch nicht überblicken. Haben sie das gelernt, weil sie es oft genug ausprobiert haben, gefällt ihnen die Wirkung vielleicht: Geheul, Riesentheater, sie stehen im Mittelpunkt der Aufmerksamkeit und erhalten – wenn auch in negativer Form – jede Menge Zuwendung. Prima.

Dennoch: Kleinkinder planen nichts »Böses«. Sie wollen nicht absichtlich wehtun, haben keinen Vorsatz, andere Kinder zu verletzen. Moralische Kategirien wie Gut und Böse sind ihnen noch fremd. Was sie anrichten, verstehen sie erst allmählich, und staunen darüber.

Bei älteren Kindern, die solche typischen Kleinkindverhaltensweisen an den Tag legen, stellt sich die Frage, welche Ursachen – über die oben genannten hinaus – dahinterstecken könnten. Möglicherweise fehlt ihnen das Gefühl von Sicherheit und Geborgenheit. Vielleicht brauchen sie besondere Zuwendung, um Selbstvertrauen aufzubauen und Souveränität im Umgang mit anderen Kindern entwickeln zu können.

Wie auch immer: Grundsätzlich müssen wir das Entwicklungsstadium und die konkreten Lebenssituationen der Kinder berücksichtigen und die voreilige Verurteilung als »auffällig« vermeiden. Schuldzuweisungen – sei es an das Kind oder an die Eltern – sind alles andere als hilfreich. Es muss immer darum gehen, Vertrauen und Verständigung auf allen Seiten zu fördern.

Bestrafungsaktionen bringen nichts. Da sich die Kinder keiner Schuld bewusst sind, verstehen sie den Sinn der Strafe nicht, werden verängstigt oder entwickeln Abwehrhaltungen. Nur über eindeutige Rückmeldungen erleben sie, wie ihre Handlungen auf andere Menschen wirken, und können eigene Schlussfolgerungen daraus ziehen. Solche Rückmeldungen müssen allerdings den würdigen Abgang ermöglichen – dürfen die Kinder also nicht vorführen oder erniedrigen – und die Chance auf Verständnis, Verständigung und Wiedergutmachung einräumen. Auf diesem Wege entwickelt sich allmählich die Fähigkeit, sich in andere Menschen einzufühlen, zwischen Gut und Böse, Richtig und Falsch zu unterschieden.

Natürlich ist es notwendig, die anderen Kinder zu schützen – durch erhöhte Aufmerksamkeit und beherztes Eingreifen. Mit viel Geduld müssen wir versuchen, solche Situationen immer wieder zu klären – sowohl auf der Kinder- wie auf der Erwachsenenebene.

Das Wichtigste aber ist, sich ebenfalls in den Blick zu nehmen und einander Rückmeldungen zu geben: Was tun wir? Was tragen wir dazu bei, ein Kind zu verunsichern? Wie reagieren wir auf das Kind? Haben wir es schon in eine Schublade gesteckt? Und vor allem: Welche Alternativen haben wir im Umgang mit dem Kind?

Wenn wir möchten, dass jemand sich anders verhält, müssen wir uns anders verhalten.

↗Siehe auch: Achtsamkeit, Beobachtung, Gelassenheit

Kreativität

Kinder sind kreativ. Sie erfinden die Welt jeden Tag neu. Gerade weil sie noch so wenig davon wissen, wie wir die Dinge sortieren und katalogisieren, was für Normen herrschen und was als richtig oder falsch gilt, können sie unbefangen Fragen stellen. Weil sie anfangs weder Hemmungen noch Bewertungsskalen kennen, können sie ihren Fantasien freien Lauf lassen.

Kreativität äußert sich nicht allein in der Form, die uns Erwachsenen zuerst einfällt, im bildnerischen Gestalten, sondern in allen Varianten des persönlichen Ausdrucks. Kinder schaffen im wahrsten Sinne des Wortes neue Kreationen in allen möglichen Lebenssituationen: beim Essen, wenn sie Muster aus Obstscheiben legen, beim Bau wundersamer Türme oder im selbstvergessenen Tanz. Sie erfinden sprachliche Neuschöpfungen, eigene Reime, lachen über Wortwitze und komische Laute. Sie singen Melodien, die noch nie jemand zuvor gehört hat. Und natürlich kritzeln sie ihre eigene Schrift oder malen Kunstwerke.

Für Kinder gibt es keine Grenzen der Kreativität, sie können alles neu denken. Doch diese Offenheit und Grenzenlosigkeit verschwindet allmählich, wenn sie mitkriegen, was erwartet und honoriert wird. Eigen-Sinn ist nicht gefragt, was schön ist, bestimmen andere, Kreativität wird in abgesteckte Bahnen gelenkt und bewertet. Das nennt man Sozialisation.

Den wenigsten Menschen gelingt es, einen Rest der ursprünglichen, anarchischen Kreativität und die große Lust am freien Gestalten zu bewahren. »Als Kind ist jeder ein Künstler. Die Schwierigkeit liegt darin, als Erwachsener einer zu bleiben«, wusste Pablo Picasso.

↗Siehe auch: Aufräumen, Atelier, Disko, Eigensinn, Essen und Trinken

Lebensfreude

Die Kita als Bildungsort – darüber wurde hinreichend viel geschrieben. Die Kita als Ort der Lebensfreude hingegen kommt selten vor. Dabei ist das eine ohne das andere nicht zu haben – oder nur verkümmert und beschränkt. So wie Bildung bei uns seit Generationen nur als Gegenteil von Lebensfreude, als unerfreuliche Vorbereitung auf den noch unerfreulicheren Ernst des Lebens verstanden wird, der unausweichlich droht und gegen den man sich wappnen muss. »Das Leben ist kein Wunschkonzert«, müssen Kinder schon früh erfahren, sonst machen sie sich womöglich Illusionen.

Zwar ist das Leben tatsächlich kein Wunschkonzert, und niemand kann wissen, was kommt. Umso wichtiger ist es, mit Selbstvertrauen und Zuversicht zuzupacken, Herausforderungen anzunehmen, es zu feiern, wenn etwas gelingt, und die Flinte nicht ins Korn zu werfen, wenn etwas schief geht. Sich ärgern gehört ebenso dazu wie traurig sein. Lebensfreude hat mit Dauerglück nichts zu tun.

Zur Lebensfreude gehört das ganze Spektrum der Gefühle, vor allem Lebendigkeit, Offenheit für Neues und Freude am Wachsen. Lebensfreude ist etwas sehr Persönliches und hat zugleich mit anderen Menschen zu tun. Lachen und Weinen sind am schönsten in Gemeinschaft.

Lebensfreude ist ein Schatz, den man heute einsammelt und in den Erfahrungsrucksack stecken kann. Darin liegt die beste Vorbereitung auf eine wie auch immer geartete Zukunft: Aus den guten Erfahrungen der Gegenwart etwas einzupacken, auf das man immer wieder zurückgreifen kann.

Kinder zeigen uns das. Sie nutzen alle Gelegenheiten, um sich einzulassen und sich mit Freude zu vertiefen. Sie leben intensiv, ganz im Jetzt – und je ungestörter sie das tun können, umso besser bilden sie sich. Sie stecken einander an mit ihrer Lebendigkeit, mit ihrer Kraft und Lebensfreude, mit ihrer Fantasie und ihren Gestaltungsideen. Wenn wir es zulassen, stecken sie auch uns an.

Dokumentieren Sie doch mal, wo die Lebensfreude in Ihrer Kita lebt. Wie äußert sie sich bei den jüngsten Kindern? Ich wette, Sie werden eine Fülle von Entdeckungen machen.

Das Leben könnte doch ein Wunschkonzert sein. Jedenfalls in der Kita.

↗Siehe auch: Abenteuer, Lust am Spiel, Musik, Singen, Quatsch machen, Zeit, Zuversicht

Lebensgeschichten

Das Leben mit Kindern steckt voller Gelegenheiten, etwas über die Welt, über sich selbst und übereinander zu erfahren. Für Kinder und für Erwachsene. Bildung ist immer. Aber manchmal springt uns etwas besonders ins Auge. Wir sind berührt oder beeindruckt. Weil das so ist, gucken wir noch mal genauer hin und lassen uns intensiver ein.

Ein besonderer Ausdruck für dieses Hinschauen und sich einlassen ist das Geschichten-Schreiben. Kann es im eigenen Stil, ohne Druck und hohe Ansprüche geschehen, bereitet es vielen Erwachsenen Vergnügen. Auf diese Weise kann ein Lebensgeschichtenbuch entstehen – sei es für ein bestimmtes – vielleicht das eigene – Kind, sei es für ein Freundespaar, entlang wiederkehrender Ereignisse oder einfach quer Beet. Gespickt mit Fotos, werden es Erinnerungsstücke der besonderen Art. Darin zu schmökern oder die Geschichten vorzulesen stiftet Nähe und schafft Anregungen für Gespräche, hilft, sich zu erinnern und zu verstehen.

Geschichten aus dem Leben zu schreiben bedeutet zugleich, sich über die eigene Wahrnehmung klarzuwerden und über das, was wichtig ist und war. Erzieherinnen, die ihre Scheu überwinden und ihre Schreiblust entdecken, geben außerdem ein wunderbares Beispiel für die Freuden, die das Großwerden mit seinen erweiterten Kompetenzen – der Sprache und Schrift – zu bieten hat.

Hier zwei Beispiele für Geschichten aus dem Leben mit Kindern. Sie stammen aus der INA-Kita im Berliner Virchowklinikum, die ein Wochenend- und Übernachtungsangebot bereithält.

Der Hefeteig

Heute haben wir mit den Kindern einen Hefekuchen gebacken. Irene und ich hatten Frühdienst und konnten den Teig schon um 6.30 Uhr aufsetzen. Denn oberstes Gebot ist: Der Hefeteig muss ruhen. Dabei hätten wir es viel nötiger gehabt, nach der Umstellung auf die Sommerzeit. Hefeteig müsste man sein...

Nach einem ausgiebigen Frühstück gingen wir gemeinsam in die Küche, um nachzuschauen, ob der Hefeteig ausgeschlafen hat. Man höre und staune: Er war dermaßen aufgegangen, dass er schon den Schüsselrand erreichte. Die Kinder fanden das lustig und piekten mit den Fingern in den Teig, der vor lauter Schreck zusammenfiel.

Das bewahrte ihn nicht davor, auf dem Blech ausgerollt zu werden. Belegt mit Äpfeln und Streuseln, wanderte er in den Backofen und brütete vor sich hin.

Es ist 12.00 Uhr, der Kuchen ist fertig und gelungen. Er schmeckt vorzüglich.
Waltraud Sporleder

Mister Knigge
Am letzten Wochenende lernten wir einen kleinen Jungen kennen. Sein Name ist Tommy. Seine Mutter bringt ihn gegen 10.00 Uhr. Ich begrüße beide.

In einem kurzen Gespräch möchte ich so viel wie möglich über Tommy erfahren, über seine Gewohnheiten, seine Eigenheiten.

Ich erfahre, dass er 1,3 Monate alt ist, leider noch keinen Platz in der Kita bei uns hat, aber auf der Warteliste steht. Auf meine Frage, wie es denn mit den Schlafgewohnheiten aussehe, sagt die Mutter: »Gar nicht. Wenn, dann nur auf dem Arm.« Dabei führt sie eine schaukelnde Bewegung vor.

Tommy kann schon laufen. Doch zunächst steht er wie angewurzelt da und schaut sich um. Die Mutter verabschiedet sich von ihm und verspricht, ihn nachmittags wieder abzuholen.

Tommy setzt sich langsam in Bewegung und trappelt in Richtung Bauraum.

Aber was ist das denn? Bei jedem Schritt gibt er einen quietschenden Laut von sich. ER hat nämlich Hausschuhe mit eingebautem Quietschton.

Die Kinder finden das zum Quietschen lustig, und ich muss sofort an die Kühe auf der Alm denken, die eine Glocke um den Hals tragen, damit sie nicht verlorengehen.

Beim Mittagessen versetzt Tommy uns wieder in Staunen. Er muss husten, legt den Löffel beiseite und hält seine kleine Hand vor den Mund. Hat er das von mir abgeguckt? Ich bin ein wenig erkältet und huste hin und wieder so vornehm. Ob von mir oder aus der Benimmschule – offenbar weiß er, was sich gehört. »Toll, Mister Knigge!«

Ja, man muss in der Tat aufpassen, was man in Gegenwart der Kinder tut oder von sich gibt. Wenig später kommt Jonas, ein Dreijähriger, ganz aufgeregt angerannt und sagt: »Mister Knigge weg – weiß nicht!« Doch Mr. Knigge sitzt in einer Ecke und spielt stillvergnügt vor sich hin. Man konnte ihn weder sehen, noch quietschen hören.
Waltraud Sporleder

↗Siehe auch: Beobachtung, Beobachtungskarteikasten, Briefe an Kinder, Dokumentation, Tagebuch

Lieger, Krabbler, Laufer

Kinder unter drei Jahren – das hört sich an, als steckten sie alle in ein und derselben Schachtel. Und das nur, weil sie vorher in vielen Kitas eine unbekannte Spezies waren? Oder weil es die traditionelle Unterteilung in Krippe (unter Drei) und Kindergarten (über Drei) gab?

Wenn heute unisono von »U3« gesprochen und resümiert wird, was diese Kinder »brauchen«, dann verschwinden nicht nur die individuellen Unterschiede, sondern auch die Entwicklungssprünge, die in den ersten Lebensjahren stattfinden.

Allein die Bewegungsentwicklung in ihren großen Etappen zeigt, dass die Unterschiede zwischen einem vier Monate alten, einem neun Monate alten und einem anderthalbjährigen Kind enorm sind. Ob ein Kind dort liegen bleibt, wo es hingelegt wird, oder sich auf dem eigenen Hosenboden und auf allen Vieren fortbewegt, das ist für sein Erleben, den Blickwinkel und den Radius der Welteroberung ein gewaltiger Unterschied. Richtet es sich auf und läuft los, gibt es kein Halten mehr.

Das Selbst-Bewusstsein ist genauso gewachsen wie die Unabhängigkeit und der Hunger nach weiteren Entdeckungen. Nicht mehr herumgetragen werden, um etwas näher betrachten zu können, sondern sich auf eigene Faust und eigenen Füßen dorthin zu bewegen, wo etwas lockt – das ist wahrscheinlich eine der ersten großen Offenbarungen.

Kinder unter drei Jahren sind also mindestens zu unterteilen in Lieger, Krabbler und Laufer.[35] Auch in anderen Bereichen gibt es natürlich Etappen, die sich an bestimmten Meilensteinen festmachen lassen. So könnten wir Brabbler, Lautmaler, Wortfinder und Satzbauer unterscheiden. Oder Windelträger und Windelfreie. Die Übergänge sind fließend und dennoch deutlich.

Im Erleben der Kinder hat der Übergang vom Lieger über den Dreher zum Krabbler und schließlich der Aufstieg zum Laufer vermutlich einen hohen Stellenwert. Danach kommt der Renner und Kletterer.[36]

↗Siehe auch: Altersmischung, Signale beachten, Zeug zum Spielen

Loslassen

»Kinder brauchen Wurzeln und Flügel...«, sagt man in China. Beides brauchen sie von Anfang an.

Was die Wurzeln betrifft, besteht bei Eltern und Erzieherinnen kein Zweifel. Anders sieht es mit den Flügeln aus. Das Fliegen wird Kindern nicht leicht gemacht, obwohl sie es wollen und das deutlich zeigen.

Gerade in der ersten Zeit wächst eine enge Beziehung zwischen Erzieherinnen und Kindern. Aus der intensiven Eingewöhnung entsteht manchmal eine gewisse Abhängigkeit – von beiden Seiten, denn die Eltern sehen ihr Kind am liebsten bei »seiner« Erzieherin und machen sich Sorgen, wenn sie nicht anwesend ist. Darin liegt eine große Gefahr. Wenn wir Kinder an uns binden, weil wir meinen, nur in unserer Nähe ginge es ihnen gut, behindern wir sie in ihrer Entwicklung.

Wachsen heißt, den Horizont zu erweitern und neue Erfahrungen zu machen – auch in den Beziehungen zu anderen Menschen. Nur wenn wir den Kindern auch einen emotionalen Freiraum lassen, trauen sie sich nach außen und erleben, dass es jenseits ihrer ersten Bezugspersonen und zentralen Beziehungen Menschen gibt, die sie trösten und mit ihnen Spaß haben. Dabei lernen sie, zu unterscheiden und selbst zu entscheiden, wann und von wem sie sich Zuwendung und Unterstützung wünschen.

Wohl gemerkt: Ich plädiere nicht dafür, die anfangs intensive Zuwendung durch kontinuierlich anwesende Erwachsene zu vernachlässigen. Im Gegenteil, sie ist eine wesentliche Bedingung für die Ablösung von den Eltern. Allerdings sollten wir die Ausschließlichkeit – eine einzige Bezugsperson über mehrere Wochen – kritisch prüfen. Sinnvoller ist es, die Kinder bald mit mindestens einer zweiten Person vertraut zu machen, damit eine Fixierung gar nicht erst entsteht.

Interessant ist übrigens, warum das Loslassen Erwachsenen häufig so schwerfällt. Welche Befürchtungen oder Annahmen stehen dahinter? Ist es das mangelnde Vertrauen in die Kompetenzen der Kolleginnen? Ist es die besondere Rolle im Leben des Kindes als eine Art Ersatzmutter, die man nicht aufgeben will? Was hindert uns, ein Kind zu ermutigen, sich fortzubewegen? Was hindert uns, den Kolleginnen ein Stück Verantwortung zu übertragen?

Nicht selten führt das Klammerverhalten von Erzieherinnen zu Konflikten im Team. Kolleginnen haben es schwer, eine unproblematische Beziehung zu einem Kind aufzubauen, wenn »die eine« es nicht freigibt. Bestimmt vernehmen sie die unterschwellige Botschaft: »So gut wie bei mir geht es dem Kind sonst bei niemandem...« Nicht gerade ein Ausdruck guter Zusammenarbeit. Ganz abgesehen davon, dass selbst die »Ersatzmutter« hin und wieder freie Tage hat, Urlaub macht oder zur Fortbildung geht. Dann ist die Katastrophe vorprogrammiert.

Wenn die Kinder flügge sind, müssen wir sie fliegen lassen. Also stutzen wir ihnen nicht die Flügel bei den ersten Flugversuchen, sondern freuen wir uns, dass sie so viel Sicherheit und Souveränität gewonnen haben, sich lösen zu können und zu wollen.

↗Siehe auch: Ablösung, Aufsteiger, Bezugspersonen, Bindung, Offene Arbeit, Übergänge, Zusammenarbeit mit anderen Abteilungen

35 Diese Idee und Bezeichnung übernahm ich von Roger Prott.

36 Alle Begriffe gelten für Kinder beiderlei Geschlechts. Liegerinnen und Lieger, Krabblerinnen und Krabbler oder gar Kletterinnen und Kletterer – das ist denn doch zu komisch. Bei aller Lebensfreude...

Lust am Spiel

Spiel ist Lebensfreude pur. »Der Mensch ist nur da ganz Mensch, wo er spielt«, überlieferte uns Friedrich Schiller.

Wenn man Kinder beobachtet und das Augenmerk darauf legt, was sie mit Lust und Konzentration betreiben, wird klar: Sie gehen alles ernsthaft und zugleich spielerisch an. Ernsthaft im Sinne von Bedeutung: Kinder vertiefen sich in ihr Tun. Spielerisch in der Weise, dass alles offen, ins Unreine, quasi probeweise geschieht, leicht und ohne den Gedanken an mögliche Folgen. Spiel ist immer ganz im Hier und Jetzt.

Diese Leichtigkeit und Losgelöstheit aus größeren Absichten, diese Freiheit von Zwecken, diese Offenheit für alles, was sich an Ideen ergibt – das ist uns Erwachsenen leider kaum noch nicht möglich. Außer in den Ferien vielleicht.

Spiel ist Verarbeitung von Eindrücken. Unübersehbar tauchen die Erlebnisse der Kinder in ihren spielerischen Aktionen wieder auf, werden nachgespielt und fantasievoll verwandelt. Das wirkliche Leben inspiriert das kindliche Spiel. Und dennoch ist es mehr als ein bloßer Abklatsch. Spiel ist eine kreative Verarbeitung dessen, was dem Kind in der Realität begegnet. Es ist eine Weiterentwicklung seines Lebens und Erlebens. Wünsche und Ängste gehen tauchen darin auf. Insofern kann man aus dem Spiel rückschließen, was ein Kind bewegt.

Spiel ist Lebenstraining. Kinder, selbst Tierkinder, üben sich spielerisch in allen Fähigkeiten, die später einmal wichtig werden. Und das ganz ohne den Blick auf dieses Später. Sie trainieren ihren Körper und entfalten seine Kraft, sie schlüpfen in verschiedene Rollen, erleben sich als stark und mutig, überlegen und böse, als Mutter oder Vater, sie messen ihre Kräfte und spielen mit Sprache, sie malen Kritzel und machen ihre ersten Versuche mit Schrift und Zeichen, sie bauen, gestalten und entdecken die Gesetze der Schwerkraft... Wenn sie die Chance dazu bekommen, eignen sie sich spielerisch ein Instrument an oder üben sich im Umgang mit Werkzeugen aller Art. Gibt es etwas, das nicht im Spiel erprobt wird, wenn sich die Gelegenheit dazu bietet?

Obwohl das Kind sich im Spiel bildet, ist sein Tun in dieser Hinsicht völlig zweckfrei. Es baut keine Türme, um die Statik zu begreifen. Die Trennung zwischen Spielen und Lernen ist eine Konstruktion Erwachsener. Der Ernst des Lebens wird von der Lust am Spiel getrennt – und allenfalls als pädagogischer Trick eingesetzt, seit klar ist, dass Lernen in spielerischer Form leichter klappt. Doch dann wird es künstlich oder manipulativ.

Spiel ist spontan und geht überraschende Wege, je nachdem, wer mitmacht, welche Ideen sich ergeben und ansteckend sind. Dennoch kann auch gelenktes Spiel, das eine pädagogische Absicht verfolgt, Spaß machen. Aber die ursprüngliche Kreativität, die im ungeplanten und offenen Spiel liegt, kann sich nicht entfalten, wenn das Lernziel im Hinterkopf des erwachsenen Mitspielers hockt.

Obwohl Spiel freiwillig ist, versenkte ich den widersinnigen Begriff »Freispiel« schon vor drei Jahren.[37] Lesenswert ist zu diesem Thema auch der Beitrag von Erika Kazemi-Veisari: »Freispiel – wovon frei und wozu nützlich?«[38]

So lange das Spiel der Kinder in bestimmte Zeiten gepresst wird oder die sogenannten pädagogischen Zeiten umrahmt, lebt das alte Missverständnis immer wieder auf: Das eigentlich Wichtige sind die geplanten Angebote der Pädagogen; alles andere dient der Erholung.

Die Grenze zwischen Arbeit und Spiel ist bei Kindern fließend – genau genommen gibt es sie nicht: Das Spiel ist die Arbeit des Kindes, wie es Maria Montessori ausdrückte.

Die ernsthafte, zielgerichtete Anstrengung, mit der es sich seiner Umgebung zuwendet, ist eine spielerische Form der Aneignung von Welt oder die kindgemäße Form des Lernens. Deshalb sollten wir keine künstliche Trennung aufbauen.

In der Arbeit mit den jüngsten Kindern gelingt es leichter, dem Spiel seinen Freiraum über den Tag zu sichern – ohne dass es zum »Freispiel« verkommt. Je älter die Kinder und je näher der »Ernst des Lebens« rückt, desto weniger entspannt gehen Eltern und Erzieherinnen mit der Spiellust der Kinder um. Das liegt sicher nicht allein am wachsenden Erwartungsdruck, sondern auch daran, dass noch immer angenommen wird, bei jungen Kindern »spiele« sich bildungsmäßig noch nicht viel ab. Weit gefehlt.

Ein Baby beobachtet seine Umgebung mit Interesse. Es empfindet offensichtlich große Freude, Gegenstände in seiner Nähe zu erkunden. Es angelt nach

---

37 Lill, G.: Begriffe versenken. Sinn und Unsinn pädagogischer Gewohnheitswörter. verlag das netz, Weimar/Berlin 2007
38 TPS, Heft 8/2007

dem Ding, das seine Neugier geweckt hat, betastet und schüttelt es, steckt es in den Mund, hält es fest und wirft es weg.

Mit Ausdauer und Vergnügen probiert es aus, was man damit alles machen kann. Es freut sich an seinem Tun und an seinen Erfolgen. Es spielt mit Ausdauer.

Ältere Kinder erfinden ständig neue Spiele – jedes Kind auf seine Weise, Kinder miteinander oder mit Erwachsenen. Sehr beliebt sind die Versteck- und Wiederfindespiele. Alles, womit man sich verhüllen oder wohinter man sich verstecken kann, wird genutzt. Gern werden auch Taschen aus- und eingeräumt oder Kisten ineinander gesteckt und wieder auseinander genommen. Begeistert erfinden die älteren Kleinen Spiele rund um das Wasser. Lauter Beispiele für die Ernsthaftigkeit des Spiels oder den spielerischen Ernst und den Erfindungsreichtum von Kindern. Damit stecken sie einander an, so dass viele Spielideen in ein gemeinsames Spiel fließen. In der Verständigung miteinander verteilen sie die Rollen, klären ihre Interessen oder Konflikte und erklären sich die Welt.

Die Kinder sind unerschöpflich, sie können mit allem spielen und aus allem ein Spiel machen. Wenn sie Glück haben, werden sie in ihrem Spiel- und Tatendrang nicht eingeschränkt, sondern unterstützt.

Spiel-Regeln für Erwachsene

- Drängen wir Kindern kein Spiel und kein Spielzeug auf.
- Legen wir Kindern nichts in die Hand, sondern deponieren wir interessante Dinge in Reichweite und beobachten wir, ob sie ihr Interesse wecken.
- Spielen wir nicht an Stelle der Kinder.
- Erwarten wir nicht, dass Kinder so spielen wie wir.
- Spielen wir Kindern nichts vor und verlangen wir nicht, dass sie nachspielen.
- Akzeptieren wir die Vorlieben der Kinder. Drängen wir ihnen nichts »pädagogisch Wertvolles« auf, wenn sie sich dafür nicht interessieren.
- Unterbrechen wir nie ohne Not das konzentrierte und vergnügliche Spiel der Kinder.
- Spielen wir mit, wenn die Kinder uns dazu animieren. (Reagieren wir nicht, werden sie das als Desinteresse interpretieren, nicht nur am Spiel, sondern an ihrer Person.)
- Begeben wir uns auf Augenhöhe der Kinder, setzten wir uns zu ihnen auf den Boden.
- Signalisieren wir unser Interesse und unsere Bereitschaft zum gemeinsamen Tun, ohne uns aufzudrängen.
- Lassen wir das Spiel der Kinder auch in Situationen zu, die »eigentlich« nicht dafür vorgesehen sind: beim Essen, Zähneputzen, Wickeln, Einschlafen.
- Untersagen wir den Kindern nichts, das für ihre Lebensfreude und ihre Entwicklung bedeutsam ist. Tischsitten oder ähnliches entwickeln Kinder durch unser Vorbild.
- Schauen wir nicht dauernd auf die Uhr, unterwerfen wir die spielerische Aneignung der Welt nicht unserem kleinlichen Zeitplan.
- Lassen wir das Umfunktionieren von Alltagsgegenständen zu, sofern sie nicht gefährlich sind oder werden können.
- Verkneifen wir uns Spielverbote.
- Sorgen wir für ungestörtes Spiel.

Kinder beim Spielen zu beobachten und diese Beobachtungen festzuhalten, das ist nicht nur eine Möglichkeit, Bildungsprozesse zu erkennen, sondern es bietet zugleich die Chance, Professionalität zu zeigen, zum Beispiel mit einem Tagebuch über die Spielentwicklung eines Kindes: Was und womit spielt es gern? Mit wem und wo? Worin vertieft es sich? Welche Art von Spielen ist gerade dran? Was ist uninteressant geworden?

Werden solche Beobachtungen notiert und mit Fotos bestückt, ergibt sich ein interessantes Dokument. Setzt man die »Spielbrille« auf, eröffnet sich ein weites Feld für das Verstehen der Kinder. Liest man von Zeit zu Zeit nach, kann man ihre Entwicklung, qualitative Sprünge und Veränderungsprozesse deutlich erkennen. Als Grundlage für Gespräche mit Eltern und die Planung mit Kolleginnen sind solche Spiel-Tagebücher wertvoll. Sie tragen dazu bei, dass auch deren Blick sich weitet.

↗Siehe auch: Anregungen, Ausprobieren, Erfolgserlebnisse, Zeug zum Spielen

Massagen

Wenn Kinder sich wohlig auf der Matte ausstrecken und ruhig werden, steht Massage auf dem Programm. Egal, in welcher Form sie stattfindet – es ist immer schön. Selbst Kinder, die sonst sehr mobil sind, strecken hier alle Viere von sich.

Die Varianten, in denen Kindermassagen stattfinden, sind vielfältig: Mal sind die Erzieherinnen Masseurinnen und »bearbeiten« nacheinander alle fünf bis zehn Kinder, die geduldig warten, bis sie dran sind. Mal schmieren sich die Kinder gegenseitig mit Creme ein, mal nutzen sie die Massageroller für Bauch oder

Rücken, den eigenen oder den des Nachbarn. Mal ist es still im Massageraum, mal läuft im Hintergrund Entspannungsmusik.

Massagen gibt es drinnen und draußen – Hauptsache, niemand stört. Denn jenseits der sinnlichen Erfahrung der Berührung, die unmittelbar auf die Haut wirkt, ist diese Zeit eine Zeit der Muße und ungeteilten Aufmerksamkeit. Das erleben auch die Kinder. Sie können es noch nicht in Worte kleiden, aber sie zeigen uns unmissverständlich: Es geht mir gut.

In manchen Häusern hat die Kindermassage einen festen Platz im Wochenplan. In anderen Häusern wird sie angesetzt, wenn keine personellen Engpässe herrschen. Da das leider selten vorkommt, besteht die Gefahr, dass die Massage Ausnahme bleibt. Daher empfehle ich, Zeiten dafür einzuplanen und zu sichern, dass eine Kollegin dafür freigestellt wird.

Am besten ist es, einfach anzufangen und auszuprobieren, was geschieht. Je nachdem, wie die Kinder reagieren, kann sich die Massage im Laufe der Zeit verändern. Und eines Tages gehört sie einfach dazu.

↗Siehe auch: Achtsamkeit, Angebote, Berührung, Pflege, Wickeln, Zeit, Zuwendung

Morgenkreis

Morgenkreise sind in vielen Teams mittlerweile zu festen Größen geworden. Sie gelten als Qualitätsmerkmal. Stichworte: Gemeinschaft erleben, Gruppengefühl entwickeln, Kommunikation und Sprachförderung.

In Teams, die sich der Offenen Arbeit verschrieben haben, werden Morgenkreise zuweilen als letzte Bastion »der Gruppe« verteidigt. Wenigstens ein Mal am Tag wollen die Erwachsenen »ihre« Kinder um sich haben.

Andernorts treffen sich alle Kinder des Hauses, egal in welchem Alter, in einer großen Runde und beginnen den Tag gemeinsam – mit Singen, Fingerspielen, Geburtstagskinder feiern, erzählen… Verbreitet ist auch die Variante, von den Erzieherinnen geplante Angebote vorzustellen und die Kinder wählen zu lassen oder sie einzuteilen.

Was in Morgenkreisen geschieht, ist so unterschiedlich wie die Formen, in denen sie gestaltet werden, und hängt davon ab, was die Erwachsenen für sinnvoll halten oder was sie sich wünschen. Gern wird dies in die Formel gekleidet: »Die Kinder brauchen…«

In diesem Fall: Kinder brauchen Rituale. Oder: Kinder brauchen Wahlmöglichkeiten. Um sich entscheiden zu können, müssen sie wissen, was wir ihnen bieten. Darum der Morgenkreis.

Der Morgenkreis ist in aller Regel ein festes Ritual, das in einem bestimmten zeitlichen und organisatorischen Rahmen stattfindet. Fast immer ist die Teilnahme Pflicht; Nein sagen gibt es nicht. Begründung: So erleben die Kinder Gemeinschaft, lernen, sich in einen Kreis einzufügen, selbst wenn sie gerade etwas anderes vorhaben. Außerdem wird Konzentration geübt.

Konzentration? Wer erlebt hat, wie manche Kinder sich langweilen, hin und her rutschen, sich miteinander beschäftigen, vom Stuhl klettern, rempeln, wer erlebt hat, wie Erzieherinnen sich bemühen, Ruhe in den Kreis zu bringen – »Pschscht!« –, der fragt nach dem Sinn der Übung.

Die unterschiedlichen Ausgangsvoraussetzungen der Kinder, ihre verschiedenen Interessen und aktuellen Bedürfnisse führen zwangsläufig zu Konflikten. Ältere Kinder öden sich bei Fingerspielen, Babys wird es zu laut, Kleinkinder finden die Ohrringe der Erzieherin weitaus interessanter als die dargebotene Angebotsauswahl.

Manche Erzieherinnen sind ebenfalls nicht glücklich mit ihren Morgenkreisen, obwohl sie gewollt und von ihnen gestaltet werden. Dennoch habe ich nur selten erlebt, dass Teams diese Veranstaltung abschafften oder nach Alternativen suchten.

Was könnten Alternativen sein – insbesondere in der Arbeit mit sehr jungen Kindern?

Vorweg: Rituale sind wundervoll – wenn sie so erlebt werden. Orientierung in Raum und Zeit ist sinnvoll, besonders für Kinder, die ganz am Anfang ihrer Kita-Karriere stehen und sich erst zurechtfinden müssen.

Um beides zu bieten, eignen sich alle festen Größen im Tagesablauf, zum Beispiel: die Begrüßung, der Abschied, Essen und Schlafen, Wickeln und Baden. Außerdem Geburtstage und andere Feste.

Auch ein Morgenkreis kann ein schönes Ritual sein oder werden – vorausgesetzt, er bleibt ein Angebot, dass Kinder ablehnen können, und setzt die Eltern nicht unter Druck. Das erste funktioniert nur, wenn nicht alle Kolleginnen verplant sind. Das zweite erfordert, dass kein zu früher Zeitpunkt gewählt wird. Man könnte ja einen Mittags- oder Nachmittagskreis initiieren.

Gemeinsames Singen, Musik oder Fingerspiele machen jungen Kindern Spaß. Warum nicht zu einer festen Zeit und an einem festen Ort damit beginnen? Manche Kinder zieht das magisch an, andere lässt es kalt. Na und?

Auch ein freiwilliger Kreis, der von Kolleginnen mit Kindern gestaltet wird, kann ein beliebter Treffpunkt werden. Wer Lust hat, bietet etwas an. Wer Lust hat, geht oder krabbelt hin. Parallel können andere Aktionen beginnen: eine neue Technik im Atelier ausprobieren, in den Wald gehen, Kuchen backen.... Auch die Traumstunde nach dem Mittagessen für Kinder, die nicht schlafen wollen, aber eine Ruhepause mit Geschichten lieben, ist ein schönes Ritual.

Solche Morgenkreis-Alternativen können dazu beitragen, die Situation für alle Beteiligten zu entspannen. Tritt keine Entspannung ein, sind die Alternativen unpassend, und weitere kreative Lösungen sind gefragt.

↗Siehe auch: Differenzieren, Kooperation, Rituale

Musik hören und erleben

Mit Musik geht alles besser, auch in der Kita. Durch Musik wird Bewegung angeregt und verstärkt, Lebensfreude geweckt und Gemeinschaftsgefühl gestärkt. Musik spricht die Gefühle an und wirkt auf alle Sinne.

Kinder kommen offensichtlich schon mit einem musikalischen Grundgefühl auf die Welt. Sie reagieren auf Klänge und Rhythmen, horchen auf und machen mit. Dieses Gefühl ist – ähnlich wie das Gefühl für Sprache – bei allen Kindern vorhanden, und zugleich ist es vorgeprägt durch das, was sie in ihrem bisherigen

Leben schon gehört haben. Auf Vertrautes reagieren sie anders als auf Fremdes. Unbekanntem begegnen sie eher neugierig als abwehrend.

Dass sie Klänge, Töne und Rhythmen wahrnehmen, zeigen kleine Kinder, indem sie wippen, klatschen, trampeln. Mit dem Körper drücken sie aus, was sie hören und fühlen.

Musik hören, mitsingen und sich dazu bewegen – das ist für viele Kinder eine Einheit. Gut ausgewählte Musik ermöglicht es, auf unterschiedliche Stimmungen einzugehen oder Stimmungen zu erzeugen. So kann ausgelassenes Bewegen nach Musik einem Kind helfen, angestaute Aggressionen abzureagieren oder Lustlosigkeit zu überwinden. Leise Musik im Hintergrund schafft – zum Beispiel beim Einschlafen – eine entspannende, beruhigende Atmosphäre.

Musik hören, sie in Bewegung umsetzen, das kann im Kita-Alltag zu einem Ritual werden, das sich täglich zu einem bestimmten Zeitpunkt wiederholt, zum Beispiel am Nachmittag, während der oft angespannten Abholsituation. Dann können Eltern einbezogen werden, was allen Beteiligten Vergnügen bereitet. Die Kinder haben Freude an der gemeinsamen musikalischen Aktion, selbst wenn sie nicht mitmachen wollen. Zuschauen macht auch Spaß. Dass sie innerlich beteiligt sind, erkennt man am Strahlen und Wippen. Eltern schmelzen schier dahin, wenn sie das miterleben.

Vergnügen bereiten auch die ersten gemeinsamen Sing- und Kreisspiele. Jedes Kind hat dabei die Chance, sich einmal im Mittelpunkt zu sehen und zu erleben, dass sich ihm alle anderen zuwenden.

Ein weiteres musikalisches Erlebnis bietet die Kombination von Tönen und Gesten. Zu einer bestimmten Bewegung kann eine passende Klangimprovisation gesucht werden, zu einem bestimmten Geräusch eine passende Bewegung. Was passt am besten zu welcher Musik? Gehen, laufen, hüpfen, klatschen oder stampfen?

Ähnliche Spiele sind auch mit Musik und Farben möglich: Welchen Ton macht Schwarz? Welchen macht Rosa?

Musikalische Früherziehung bedeutet nicht: mit zwei Jahren Geige spielen. Viel mehr geht es darum, das Gefühl für Musik und ihre vielfältigen Variationen zu wecken und die Freude, sich damit zu befassen. Das setzt voraus, dass Musik im Alltag gegenwärtig ist, in unterschiedlichster Form.

Instrumente, mit denen man Töne und Rhythmen produzieren kann, sind genügend vorhanden, man muss sie nur erkennen. Der eigene Körper, Küchengeräte, andere Gebrauchsgegenstände, selbst gebaute Klangwerkzeuge – es gibt unendlich viele Möglichkeiten, sich musikalisch auszudrücken. Erforderlich sind Fantasie und die Freude am Tun.

Gut singen muss man nicht können. Selbst wenn uns der Zugang zu Musik abhanden gekommen ist – mit den Kindern haben wir die einmalige Gelegenheit, ihn wiederzufinden.

Besteht die Chance, wertvollere Instrumente anzuschaffen, ist das natürlich wundervoll. Noch wundervoller ist, wenn Erwachsene da sind, die Geige spielen, trommeln oder eine andere musikalische Leidenschaft entfaltet haben, mit der sie Kinder begeistern und anstecken. Eine Umfrage unter Eltern und Kolleginnen fördert zuweilen Erstaunliches zutage.

↗Siehe auch: Disco, Kreativität, Singen

NOP

wie Nachbereitung von Elterngesprächen,
Nachbereitung von Elternabenden, Nest und Nestflüchter,
Neugier, Nichtaussonderung

wie Offene Arbeit, Omas und Opas, Orientierung

wie Patenkinder, Pflege, Planung

Nachbereitung von Elterngesprächen

Ob es sich um das Erstgespräch oder ein späteres Einzelgespräch mit Eltern handelt: In jedem Fall ist eine Nachbereitung notwendig, damit Informationen – selbstverständlich nicht die vertraulichen – weitergegeben und die Ergebnisse in professioneller Weise genutzt werden können. Eltern beweist die Nachbereitung, dass ihre Informationen ernst genommen werden. Spätestens beim nächsten Gespräch wird das ersichtlich, wenn sie merken, dass wir Informationen über Besonderheiten ihres Kindes oder ihrer Familiensituation behalten haben.

Die Nachbereitung macht wenig Mühe, wenn das Gespräch gut vorbereitet war und wir im Gesprächsverlauf notieren, was wichtig ist. Diese Notizen werden später in eine Checkliste eingetragen.

Nachbereitung eines Elterngesprächs – Checkliste

- Wann und wo fand das Gespräch statt?
- Wer nahm am Gespräch teil?
- Was war der Anlass des Gesprächs?
- Was war der Hauptgegenstand des Gesprächs? Worum ging es in erster Linie?
- Wie verlief das Gespräch? (Allgemeiner Eindruck)
- Welche wichtigen Informationen ergab das Gespräch?
- Wurden Absprachen mit den Eltern getroffen? Wenn ja, welche?
- Gibt es unterschiedliche Erziehungsvorstellungen? Worauf bezogen?
- Waren die Eltern zufrieden? Was gefiel ihnen? Was nicht?
- Äußerten die Eltern (Veränderungs-)Wünsche?

Die Checkliste muss zur jeweiligen Situation (Erstgespräch oder späteres Einzelgespräch) und zu den Gegebenheiten des Hauses passen, sollte also entsprechend abgewandelt werden. Es kann sinnvoll sein, ein Raster anzufertigen, das Fragen enthält und Platz für stichwortartige Antworten bietet. Das senkt die Schwelle, die Nachbereitung vorzunehmen.

In jedem Team sollte es eine Vereinbarung darüber geben, wie die Auswertung vorgenommen wird. Dies dem individuellen Gedächtnis zu überlassen, grenzt an Fahrlässigkeit.

↗Siehe auch: Elterngespräche, Erstgespräche

Nachbereitung von Elternabenden

Es ist sinnvoll, die wichtigsten Inhalte und Ergebnisse von Elternabenden festzuhalten, um sie in angemessener Weise zu nutzen. Die Nachbereitung sollte von allen Erzieherinnen, die anwesend waren, gemeinsam vorgenommen werden, um unterschiedliche Interpretationen und Erinnerungen abgleichen zu können.

Nachbereitung von Elternabenden – Checkliste

- Wann und wo fand die Veranstaltung statt?
- Wer nahm teil? (Anwesenheitsliste: Eltern, Erzieherinnen, Leitung)
- Wie hoch war die Beteiligung von Eltern? (prozentual)
- Stand ein spezielles Thema zur Debatte?
- Wurden Fachleute von außen eingeladen? Wer?
- Wer übernahm die Vorbereitung der Veranstaltung?
- In welcher Form wurde der Elternabend gestaltet?
- Wer leitete die Diskussion?
- Wie verlief der Elternabend? (Gesamteindruck)
- Gab es zentrale Thesen?
- Gab es Kontroversen?
- Worin bestand Übereinstimmung zwischen Eltern und Erzieherinnen?
- Welche Einschätzungen äußerten die Eltern?
- Welche Wünsche äußerten die Eltern?
- Welche kritischen Hinweise gaben die Eltern?
- Was wurde beschlossen?
- Gab es weitere Themenwünsche? Welche?
- Wurde ein Termin für den nächsten Elternabend festgelegt? Welcher?
- Gab es einen Themenvorschlag? Welchen?

Später kann anhand der Notizen festgestellt werden: Hat sich die Beteiligung an Elternabenden verändert? Bei welchen Themen ist das Interesse groß, bei welchen weniger? Welche Veranstaltungsformen waren erfolgreich, welche nicht?

Nach einer gewissen Anzahl von Elternabenden zu unterschiedlichen Themen können Einschätzungen der Eltern anhand der Notizen genauer erfasst werden. Dadurch sind wir nicht auf vage oder unterschiedliche Angaben angewiesen. Eltern können an ihre Beschlüsse oder Wünsche erinnert werden.

Auch in diesem Fall ist ein vorgefertigtes Raster mit den Fragen und Platz für Antworten nützlich.

↗Siehe auch: Austausch zwischen Eltern, Elternabende

Nest und Nestflüchter

So genannte Nester finden sich vor allem in Kindertageseinrichtungen mit offenem Konzept, die sehr junge Kinder aufnehmen. Sie werden als geschützte Bereiche gestaltet.

In den Nestern kommen Säuglinge und Kleinkinder an – in einem kleinen, leicht überschaubaren Rahmen wird ihnen eine warme Atmosphäre geboten. Hier können sie sich einrichten, von hier aus können sie sich aufmachen, um das weitere Umfeld zu erkunden.

Nestflüchter – diesen Begriff hörte ich zum ersten Mal im »Mopelladen« in Berlin-Lichtenberg. Er bezeichnet Bedingungen, Entwicklungen und Ereignisse gleichermaßen: Irgendwann – von Kind zu Kind unterschiedlich – wird das Nest zu eng. Die Welt außerhalb lockt. Um die ersten Flugversuche zu erleichtern, baute das Team eine Art Schleuse ein. Kinder, die aus dem Nest streben, können in eine Zwischenstation wechseln. Sie haben einen eigenen Raum und eine Erzieherin, die für sie zuständig ist. Aus der Zwischenstation können sie jederzeit in die obere Etage zu den älteren Kindern wandern oder sich im Bewegungsraum amüsieren.

Den Eltern gefällt diese Zwischenstation. Sie können sich allmählich an den Gedanken gewöhnen, dass ihre Kinder unabhängiger werden.

Die Kinder reagieren unterschiedlich. Manche verweilen gern und lange im Zwischenstadium. Andere nutzen es bald als Sprungbrett zu den »Großen«.

Für die Kolleginnen im Nest und bei den Nestflüchtern hat die Sache zwei Seiten: Zwar können sie sich den besonderen Bedürfnissen der Kinder in ihren jeweiligen Entwicklungsstadien widmen, aber es besteht die Gefahr, dass die Bereiche auseinanderdriften. Daher wird gegenwärtig eine andere Variante erprobt: Die Nestflüchter erhalten ihren Ort gleich im oberen Bereich bei den älteren Kindern, so dass sie dem, was für sie Zukunft bedeutet, ganz nahe sind.

↗Siehe auch: Ablösung, Eingewöhnung, Loslassen, Offene Arbeit, Übergänge

Neugier

Neugier ist eine zentrale Triebfeder jeder Entwicklung. Mit dieser Triebfeder ist jedes Kind »ab Werk« ausgestattet.

Schon in den ersten Tagen nimmt ein neugeborenes Kind die Gesichter, die sich ihm nähern, in den Blick. Mit den Augen folgt es dem Licht. Bald umfasst es den Finger des Erwachsenen nicht nur, sondern untersucht ihn, steckt ihn in den Mund.

Die Neugier auf die Welt treibt das Kind voran. Es zieht die Dinge seiner Umgebung zu sich heran, versucht, sich zu drehen, um andere Perspektiven einzunehmen und noch mehr Dinge zu erreichen. Der Radius seiner Reichweite erweitert sich mit seiner Beweglichkeit, und damit bieten sich immer mehr Möglichkeiten, an das heranzukommen, was noch unbekannt ist.

Der innere Motor, sich weiterzuentwickeln, wird von der Lust am Neuen, am Entdecken der eigenen Kräfte gespeist.

Die Neugier hat zwei Begleiter: Vorfreude und Vorsicht. Gäbe es die Vorfreude auf das, was zu entdecken ist, nicht, gäbe es wohl auch die Neugier nicht. Die Vorsicht wiederum, ebenfalls von Anfang an dabei, hindert daran, kopfüber und ungebremst in alles Neue hineinzustürzen. Die innere Bremse steht dem inneren Forschungsmotor zur Seite. Das ist leicht zu erkennen, wenn sich ein Kind langsam an etwas herantastet, lange zuschaut, bevor es selbst probiert. Die meisten Kinder wissen recht gut, was sie sich zutrauen und was noch nicht. Sie zu drängen ist so wenig hilfreich wie sie zu hindern.

Für uns heißt das: Zeigt uns ein Kind – nachdem es sich intensiv mit einer seiner Entdeckungen beschäftigt hat –, dass es nach etwas Neuem »hungert«, müssen wir für Nachschub sorgen. Das heißt nicht, das Kind mit wechselnden Programmen zu überschütten, denn dann hat es keine Muße mehr, sich zu vertiefen.

Wir sind gefordert, genau hinzuschauen, was ein Kind uns zeigt: Ist untersuchen, wiederholen, üben, sich konzentrieren, besser und sicherer werden dran? Staunt es noch immer über seine Neuentdeckung? Oder richtet sich das Interesse wieder nach außen, ist das Bekannte »abgehakt« und einverleibt worden? Müssen die Treppenstufen erklommen werden, täglich eine mehr? Oder ist jetzt die Rutsche dran, die bisher vorsichtig ausgespart wurde?

Das können wir sehen, wenn wir unsere Antennen dafür sensibilisieren, was ein Kind uns zeigt.

In diesem Zusammenhang lohnt es sich, die »Lerndispositionen« näher anzuschauen, von denen im

Rahmen der Bildungs- und Lerngeschichten die Rede ist.[39] Sie wurden ursprünglich in Neuseeland entwickelt, um die Wahrnehmung der Erwachsenen für die Bildungsprozesse von Kindern zu schärfen. Dabei wird deutlich: All die genannten Disposition haben Kinder von Geburt an. Sie werden entfaltet, wenn der Kontext passt. Pädagogen haben die Aufgabe, diesen Zusammenhang zu sehen und für entsprechende Bedingungen zu sorgen.

»Interessiert sein«, die erste der fünf genannten Stufen[40] , ist ohne Neugier nicht denkbar.

↗Siehe auch: Abenteuer, Anfangszauber, Ausprobieren, Eigensinn, Interessen der Kinder, Lust auf Spiel, Zeug zum Spielen

Nichtaussonderung

Üblicherweise ist von Integration die Rede. Zögerlich verbreitet sich der Begriff Inklusion. Integration heißt, jemanden einzugliedern, der zuvor ausgesondert war; Inklusion steht für einen grundsätzlich anderen Gedanken: Alle gehören dazu, niemand wird ausgegrenzt – egal, mit welchen Ausgangsvoraussetzungen er oder sie antritt.

Ich wähle den Begriff Nichtaussonderung. Ein sperriges Wort zwar, aber eins, das deutlich macht: Es muss sich etwas verändern.

Bislang war die Aussonderung in unserer Kultur selbstverständlich und quasi das »Normale«. Dem setze ich entgegen: Egal, wie und wo jemand auf die Welt kam und sich entwickelte: Er oder sie gehört dazu. Er oder sie wird nicht ausgesondert.

Das ist ein anspruchsvolles Ziel und hat Konsequenzen auf allen Ebenen. Zum Beispiel folgt daraus die Auflösung von Sondereinrichtungen und des dreigliedrigen Schulsystems, dass die Aussonderung zum Prinzip erhebt. An die Stelle der äußeren Differenzierung muss die innere treten: Alle Kinder bleiben zusammen, jedes Kind erhält die Förderung, die ihm in seiner besonderen Lebenssituation entspricht.[41]

Gepaart mit einem veränderten Bildungsverständnis, das die Eigenaktivität, das Eigeninteresse und die Selbstverantwortung der Kinder ins Zentrum rückt, kann sich allmählich ein Wandel in allen Bereichen des Lebens und der Bildungsinstitutionen vollziehen. Wohlgemerkt: kann. Noch ist es ein weiter Weg.

Auch in Kitas ist die Nichtaussonderung noch keine Selbstverständlichkeit. Zwar haben immer mehr Teams in den letzten Jahrzehnten Kinder mit Behinderungen aufgenommen. Allerdings nicht unbesehen und immer unter bestimmten Voraussetzungen, zum Beispiel der personellen Ausstattung mit so genannten Integrationserzieherinnen.

Es bleibt also bei Integration in Einzelfällen. Kinder mit geistigen oder Mehrfachbehinderungen finden schwer einen Platz in einer Regeleinrichtung. Je gravierender die Behinderung eines Kindes, umso größer die Abwehr durch die Institutionen oder deren Mitarbeiterinnen. Kein Wunder, denn es fehlt an Wissen und Erfahrungen, wie die gemeinsame Erziehung, Bildung und Betreuung von Kindern mit unterschiedlichen Voraussetzungen tatsächlich aussehen kann. Dass Ängste auftauchen, ist zunächst verständlich, denn die Arbeit mit einem breiten Spektrum unterschiedlichster Kinder ist eine große Herausforderung und führt zwangsläufig zur Veränderung der Arbeitweisen.

Hier gibt es offensichtlich großen Nachhol- und Qualifizierungsbedarf. Vor allem aber gibt es den Bedarf an Grundsatzdiskussionen: Welches Menschenbild haben wir? Welche Vorstellungen vom sozialen Zusam-

39 Leu, H. R. u.a./DJI: Bildungs- und Lerngeschichten. verlag das netz, Weimar/Berlin 2007

40 Es folgen: »engagiert sein«, »Herausforderungen standhalten«, »sich ausdrücken und mitteilen«, »in der Gemeinschaft mitwirken und Verantwortung übernehmen«.

41 Das Konzept der Binnendifferenzierung entstand vor mehr als drei Jahrzehnten übrigens im Rahmen der damaligen Integrationsbewegung – interessanterweise wurde es vorwiegend in Schulen entwickelt und erprobt.

menleben? Welche gesellschaftlichen Visionen?

Niemanden auszugrenzen – das ist ja nicht nur eine Frage der praktischen Realisierung, sondern eine Frage von Menschenrechten und Solidarität. Bevor man nach Wegen der Realisierung sucht, muss man Gemeinschaftseinrichtungen überhaupt wollen. Ist das der Fall, helfen Erfahrungen von Kolleginnen, Interessenvertretungen oder Elternverbänden weiter, die seit Längerem auf diesem Weg sind.[42]

Selbstverständlich kosten die Auseinandersetzung mit dem Thema und Schritte zu einer veränderten Praxis Mühe und Energie. Aber da das pädagogische Prinzip an Boden gewinnt, auf die individuellen Unterschiede und Besonderheiten der einzelnen Kinder einzugehen, dürften die Veränderungen überschaubar sein.

Jedes Kind ist anders, alle bringen unterschiedliche soziale, kulturelle, körperliche und geistige Grundvoraussetzungen mit, sind als Persönlichkeiten bereits von Anfang an sehr »eigen«. Wenn wir uns von der Norm verabschieden und Unterschiede als Normalität nehmen, sind wir unterwegs in Richtung Umstellung und merken, dass wir dabei nur gewinnen können. Der Horizont erweitert sich in dem Maße, in dem wir uns auf neue Erfahrungen und ungewohnte Begegnungen einlassen. Durch persönliche Qualifizierung und Spezialisierung verändert sich das Profil der Einrichtung. Die Zusammenarbeit mit Eltern und anderen Institutionen wird intensiviert, die Kommunikation und Kooperation der Kolleginnen gewinnt Tiefe und Qualität.

Es spricht also auch unter diesen Gesichtspunkten alles dafür, alle Kinder von Anfang an in einem gemeinschaftlichen Rahmen mit anderen Kindern aufzunehmen, damit sie Aussonderung und Stigmatisierung gar nicht erst erfahren.

Übrigens, das Konzept der Offenen Arbeit erhielt seinen Namen ursprünglich genau aus diesem Grund: offen für alle Kinder. Der Gedenke war: Jedes Kind hat ein Recht darauf, einen Platz in einer Regeleinrichtung zu finden. Aus diesem Anspruch ergaben sich zwangsläufig auch strukturelle Veränderungen, nämlich differenzierte Arbeitsweisen. Doch der Kern der Sache ist die veränderte Einstellung: Unterschiedlichkeit als Normalität.

↗Siehe auch: Differenzieren, Individuelle Förderung, Offene Arbeit

42 Zum Beispiel der Verein »Eltern helfen Eltern«

Offene Arbeit

Werden Öffnungsprozesse in der Kita geplant, kommen garantiert Zweifel auf: Ist das für die Kleinen keine Überforderung? Brauchen junge Kinder nicht die kontinuierliche Nähe einer bestimmten Bezugsperson, um Vertrauen zu gewinnen und sich von den Eltern lösen zu können? Brauchen sie nicht einen überschaubaren Raum, klare Zeitstrukturen und Ansagen, was sie zu tun und zu lassen haben, um Orientierung und Sicherheit zu finden? Irritiert es sie nicht, wenn sie in eine Kita kommen, in der sie zwischen verschiedenen Räumen wählen können und auch sonst Entscheidungsspielraum erhalten?

Diese Fragen sagen mehr über die Denkmuster Erwachsener aus als über kindliche Bedürfnisse. Wer beobachtet, wie junge Kinder sich im offenen Gelände bewegen, wird seine Vorstellungen revidieren, denn sie zeigen uns, was sie brauchen – in jedem Alter. Wir müssen es »nur« wahrnehmen und entsprechend reagieren. Beides ist nicht ganz einfach, aber auch nicht schwer.

Das Konzept der Offenen Arbeit bedeutet im Kern genau dies: Unterschiedlichkeit und Besonderheit als Normalität zu sehen, sie wahrzunehmen, darauf jeweils angemessen zu reagieren und einen entsprechend differenzierten Rahmen zu bieten.

Von diesem Gedanken rührt der Begriff »Offene Arbeit« her: offen für alle Kinder – egal, mit welchen individuellen Besonderheiten sie zu uns kommen.

Verschiedenheit erfordert Differenzierung im Umgang. Um das leisten zu können, ist es notwendig, die Wahrnehmung zu sensibilisieren, um Signale auf unterschiedlichen Ebenen aufzufangen und sich bei der Deutung bewusst zu sein, dass es sich immer nur um den Versuch handelt, zu verstehen, was für ein Kind gerade wichtig ist.

Je achtsamer und aufmerksamer wir wahrnehmen, umso leichter wird es uns gelingen, in der Organisation, der Raumgestaltung und im Zeitmanagement differenzierte und flexible Lösungen zu finden.

Das sind die beiden Seiten der Offenen Arbeit: Die sichtbare, die sich in den Strukturen ausdrückt, und die unsichtbare, die dahintersteckt und sich im Wandel der Einstellungen zeigt. Beides hängt zusammen, denn Einstellungen wandeln sich nicht von heute auf morgen und können schon gar nicht »implementiert« werden. Sie wachsen im Handeln und durch Erfahrungen. Das kann man in Öffnungsprozessen von

Teams beobachten: Es entsteht immer ein Wechselspiel zwischen Reflexion, Planung, der Erprobung von Neuem und der Auswertung der Erfahrungen. In diesem Prozess bewegt sich das ganze System: innerlich und äußerlich. Damit Umdenken zu »Umhandeln« führt, braucht es die Bereitschaft zu Kooperation und Dialog – mit Kolleginnen, Eltern und Kindern.

Sich für einen solchen Prozess öffnen zu wollen, das ist der innere Motor der Offenen Arbeit.

Wer sich auf das Wagnis einlässt, anderes als das Gewohnte für möglich zu halten, wird sich und seine Sicht auf die Arbeit auf die eine oder andere Weise öffnen. Wie der Weg im Einzelnen verläuft und in welchem Tempo er beschritten wird, das ist unterschiedlich – eben ein offener Prozess. Und einer, der nicht aufhört.

Halb offen, ganz offen – das höre ich häufig, wenn Teams ihre Arbeitsweise und ihr Konzept vorstellen. Damit bezeichnen sie den Grad der Zusammenarbeit miteinander und das Maß der Bewegungsfreiheit der Kinder im Haus, also das Stadium der Team-Entwicklung. Dennoch ist die Bezeichnung aus meiner Sicht irreführend, denn sie bezieht sich vor allem auf die strukturellen Elemente. Im Sinne von »sich öffnen« für andere Denkweisen und Möglichkeiten greift sie zu kurz.

Entweder wir öffnen uns, oder wir machen dicht. Und Räume zu öffnen ist mitnichten ein Indiz für innere Öffnung. Ich kenne Kolleginnen, die nur darauf warten, den Beweis antreten zu können, dass es so nicht geht: »Habe ich doch gleich gesagt: Chaos!«

Vielmehr geht es darum, verschiedenen Interessen zur gleichen Zeit Raum zu geben. Das heißt: Ich muss die Möglichkeit haben, die Tür hinter mir zu schließen und dem in Ruhe nachzugehen, was im Moment wichtig ist – allein oder mit anderen. Gerade darin erweist sich eine Qualität Offener Arbeit. Darin, dass räumliche und organisatorische Bedingungen entsprechend gestaltet werden, erweist sich die Kompetenz der »offenen Pädagogen«.

Funktionsräume oder Aktionsbereiche? Die Auflösung der traditionellen Gruppenräume mit ihren Funktionsecken und die Einrichtung von Funktionsräumen war – historisch gesehen – ein erster und bedeutsamer Schritt. Von heute aus betrachtet, greift er jedoch zu kurz, denn alte Muster bleiben erhalten: Es wird in Funktionen gedacht, also von den Dingen und ihrer Funktionsweise her. Entsprechend sollen die Kinder Räume und das darin vorhandene Material funktionsgerecht nutzen. Das tun sie oft nicht, was zu Konflikten führt.

Denken wir von den Kindern und ihrer »Funktionsweise« her, kommen wir zu anderen Überlegungen: Kinder erobern die Welt nicht entlang unserer Nutzungsvorgaben. Auch wenn sich unsere Art des Umgangs allmählich auf sie überträgt, haben sie doch jede Menge anderer Verwendungsmöglichkeiten für Tische, Löffel, Bausteine oder Buntstifte. Und sie agieren nicht, um sich zu bilden, sondern weil das, was sie tun, in die Geschichte passt, die sie gerade spielen. Das wahrzunehmen und die Kinder dabei zu unterstützen, ist etwas, das wir Erwachsenen noch üben müssen. Den eigenen eingefahrenen Denkmustern auf die Spur zu kommen, sie abzulegen und verstehen zu wollen, was bei den Kindern geschieht – das bedeutet »sich öffnen«.[43]

Manchmal steckt der Teufel im Begriff. Um alte Denkweisen aufzubrechen, hilft es, alte Begriffe zu befragen. Passen sie nicht mehr zum veränderten Verständnis, sollten wir sie ändern, sollten die Funktionsräume abschaffen – in Wirklichkeit wie als Wort – und stattdessen zum Beispiel Aktionsbereiche schaffen. Dieser Begriff stellt immerhin schon mal das Tun der Kinder in den Mittelpunkt.

Aber es geht um mehr als neue Bezeichnungen. Diskutieren sollten wir über unsere Ordnungsvorstellungen und die »Arbeitsweisen« der Kinder, über Systematik, Ästhetik und die Wirkung von Räumen auf das, was darin geschieht. Fragen wir uns auch: Wie wirkt das, was dort geschieht, auf die Atmosphäre eines Raums?[44]

Offene Fragen nehmen nach meiner Erfahrung im Verlaufe von Veränderungsprozessen zu. Das liegt im Wesen offener Prozesse. Kaum macht man einen Topf auf, kommen tausend neue Gedanken, Ideen, aber auch Zweifel heraus. Darauf lässt sich ein, wer ins Offene wandert, und ein Ende ist nicht abzusehen. Zum Glück.[45]

Doch zurück zu der Frage, wie Offene Arbeit mit jungen Kindern gelingen kann. Antworten finden sich bei Besuchen in Häusern, deren Teams jüngere Kinder bereits einbeziehen, und in Diskussion mit den

43 Siehe dazu: Mit den Dingen im Gespräch oder Wozu der Löffel einlädt. Interview mit Prof. Claus Stieve. Betrifft KINDER, Heft 10/09
44 Siehe auch: von der Beek, A.: Bildungsräume für Kinder von Null bis Drei. verlag das netz, Weimar/Berlin 2006
45 Siehe dazu auch: Lill, G.: Neue Muster in der Offenen Arbeit. Die Serie begann in Betrifft KINDER, Heft 7/09.

Kolleginnen über ihre Erfahrungen. Am besten schaut man sich mehrere Kitas an, denn es gibt die unterschiedlichsten Organisationsformen. In manchen Häusern hat man eine Krippenetage eingerichtet, die von Kindern zwischen Null und Zweieinhalb genutzt wird. Andere Teams bieten ein Nest, in dem die Kinder nur so lange verweilen, wie ihnen der Schonraum wichtig ist. Wieder andere haben in allen Abteilungen Rückzugsorte, die für Neuankömmlinge und junge Kinder zur Verfügung stehen. Was jeweils passt – zu den Menschen und zu den Raumbedingungen – muss jedes Team ohnehin für sich bestimmen und ausprobieren.

↗Siehe auch: Abenteuer, Ängste von Eltern, Altersmischung, Atmosphäre, Beobachtung, Bezugspersonen, Differenzieren, Lebensfreude, Lust auf Spiel, Nichtaussonderung

Omas und Opas

Warum beziehen wir immer nur die Eltern ein? Die Großeltern sind schließlich auch nicht unwichtig. Zwar stehen nicht allen Kindern Omas und Opas zur Verfügung, aber diejenigen, die »greifbar« sind, sollten wir in den Alltag einbeziehen, wenn sie dazu Lust haben.

Großelternnachmittage, Omakränzchen oder Opatreffen können zum allgemeinen Vergnügen veranstaltet werden. Bei Ausflügen sind Großeltern ebenfalls gern dabei, wenn sie gut zu Fuß sind. Für manche Aktionen sind Großeltern geradezu ideal: vorlesen, Geschichten erzählen, werkeln, Plätzchen backen.

Vor allem aber verkörpern die älteren Menschen lebendige Geschichte. Der Mangel an generationsübergreifenden Erfahrungen kann mit ihrer Hilfe ein wenig ausgeglichen werden, auch im Interesse der Kinder, deren Großeltern weit entfernt wohnen oder nicht mehr leben.

Sicherlich gibt es in der Nachbarschaft der Kita Menschen im Großelternalter, zwar mit niemandem aus dem Haus verwandt, dafür aber motiviert, Kontakt mit den Kindern aufzunehmen und ihre Kompetenzen einzubringen. Das bietet sich besonders an, wenn ein Seniorenheim in der Nähe liegt.[46]

↗Siehe auch: Anregungen, Bilderbücher, Fingerspiele, Singen, Willkommen sein

Orientierung

Orientierung bieten vertraute Punkte im Leben, an denen wir uns ausrichten können, die uns Halt und Sicherheit geben. Das gilt für Kinder und Erwachsene.

Mein Eindruck ist aber, dass es in Teams häufig daran fehlt oder Orientierung allein auf äußere Punkte bezogen wird, zum Beispiel feste Zeiten oder Rituale.

Was die innere, inhaltliche Orientierung angeht, sieht düster aus. Weder ist die Richtung klar, in die es gehen soll, noch gibt es klar definierte Maßstäbe und Kriterien, um zu entscheiden, was gut und richtig ist. Was amtlich als Orientierung gelten soll – Bildungspläne und -programme oder die Leitbilder der Trägers – erschöpft sich meist in Worthülsen und Forderungen.

Deshalb ist es die erste und wichtigste Aufgabe der Leitung, für die gründliche Auseinandersetzung über Ansprüche, Begriffe und für Zielklarheit zu sor-

46 Siehe dazu: Grabenhofer, E.: Alt und Jung. Eine Kita im Seniorenheim. Betrifft KINDER extra, verlag das netz, Weimar/Berlin 2009

gen, damit die Qualität der Zusammenarbeit gesichert werden kann. Die Frage nach notwendigen Orientierungspunkten für Kinder ist Bestandteil solcher Diskussionen.

Wie immer plädiere ich dafür, nicht vorschnell sicher zu sein – »Die Kinder brauchen...« –sondern genauer hinzuschauen und zu differenzieren, denn die Kinder brauchen Unterschiedliches. Was das ist, zeigen sie uns.

Generell gilt nur: Je jünger die Kinder und je kürzer sie in der Kita sind, umso größer ist ihr Bedarf an Orientierungspunkten, um sich in der noch unbekannten, unübersichtlichen Welt zurechtzufinden und zu merken: Hier finde ich Halt und Sicherheit.

Solche Orientierungspunkte können sein:

- Personen, die die Kinder kennen und die verlässlich für sie da sind;
- Räume, in denen die Kinder sich zurechtfinden und aufgehoben fühlen;
- Lieblingsstücke, die die Kinder immer wiederfinden oder bei sich haben;
- Familienwände, an denen die Kinder ihre Liebsten betrachten können;
- Rituale, die den Tag strukturieren und bestimmte Ereignisse markieren;
- klare Aussagen und die Übereinstimmung von Reden und Tun;
- Symbole, um Orte oder Ereignisse zuordnen zu können;
- Freunde, denen die Kinder sich zugehörig fühlen;
- eine eigene Schatzkiste.

Nach Orientierung suchen auch die Eltern. Sie wollen wissen, wer für sie zuständig ist, wer sich um ihre Kinder kümmert, in welchen Bereichen des Hauses sie sich aufhalten, wo sie morgens abgegeben und nachmittags abgeholt werden. Die Eltern wollen aber auch wissen, was wir tun und warum. Je besser wir das für uns selbst geklärt haben, umso leichter fällt es uns, für Kinder und Eltern Orientierungspunkte zu schaffen.

↗Siehe auch: Altersmischung, Bezugspersonen, Bezugskindersystem, Rituale, Planung

Patenkinder

Eine wunderbare Möglichkeit, um neuen Kindern den Einstieg zu erleichtern, ist das System der Patenkinder: Ein älteres, schon kitagewohntes Kind, das Lust hat, sich um einen der Neuankömmlinge zu kümmern, wird ihm zugeordnet. Nach meiner Erfahrung finden sich immer Kinder, die eine solche Aufgabe gern übernehmen und sie verantwortlich erfüllen.

Für das neue Kind wird der Einstieg leichter und interessanter, wenn ein anderes Kind es führt, ihm alles zeigt und mit ihm spielt. Kinder sind viel unbefangener, weniger betulich und besorgt als Erwachsene. Andererseits kann es passieren, dass ein älteres Patenkind sich so sehr in der Helferrolle gefällt, dass es solche Verhaltensweisen kopiert. Doch in der Regel ist es eher so, dass das Eigeninteresse sich irgendwann Bahn bricht und das Patenkind zu seinen Freunden und zum eigenen Spiel zurückstrebt. Völlig in Ordnung, denn schließlich geht es nicht um eine Rundumbetreuung durch kleine Hilfserzieher.

Oft reicht es schon, wenn das neue Kind am Morgen von seinem Paten begrüßt wird, der quasi einen emotionalen Anker darstellt. So verschwindet das Gefühl von Fremdheit schnell, und Neugier hat freie Bahn. Außerdem: Erwachsene werden erfahrungsgemäß gelassener, wenn sie ihre Verantwortung anders betrachten und nicht nur miteinander, sondern mit Kindern teilen.

Es scheint, als ob das Patenkindersystem nicht nur die Eigenaktivität bei der Eroberung der unbekannten Kitawelt und beim Knüpfen neuer Beziehungen unterstützt, sondern auch die Fähigkeit der Erwachsenen, dies zu erkennen.

Natürlich muss von Anfang an klar sein, wer sich um wen kümmern will. Die Betonung liegt auf »will«. Niemand darf zu so einem »Dienst« verdonnert werden. Ein Kind, das Pate werden möchte, sollte eine Ahnung davon haben, was das bedeuten kann:

- Am ersten Tag vorbeikommen und mit dem neuen Kind ein wenig spielen.
- Beim Frühstück und beim Mittagessen dabei sein und eventuell mithelfen.
- Sich verabschieden, wenn irgend möglich.

Allerdings sollten wir nicht zu viel vorgeben, sonst wirkt die Aktion künstlich und gerade das geht verloren, was das Verfahren so wertvoll macht: die Besonderheit, mit der jedes Kind auf andere Kinder zugeht und die Kommunikation gestaltet.

Es ist immer wieder überraschend, wie die Kinder sich miteinander bekannt machen, sich ausdrücken und ihre jeweiligen Eigenheiten in die Beziehung einbringen. Dies ist so wenig vorauszusagen (oder gar vorzugeben) wie in allen anderen Beziehungen. Folglich wird ein Teil der »Anfängergeschichten« diese Entwicklung in Wort und Bild festhalten. Das ist nicht nur für die neuen Mütter und Väter, sondern auch für die Eltern der Patenkinder interessant und kann bewirken, dass sich eine besondere Kommunikationsbasis zwischen ihnen ergibt. Die einen freuen sich über die Aufmerksamkeit, die ihrem Kind entgegengebracht wird, die anderen sind stolz auf ihr Kind und sehen es plötzlich in einem neuen Licht: »Ich hätte nicht gedacht, dass Moritz so behutsam sein kann...«

Steht der Pate fest, kann das in den Willkommensbrief geschrieben werden: »Leo steht als Patenkind der vierjährige Moritz zur Seite, der ihn morgens begrüßen und sich im Laufe des Tages immer wieder um ihn kümmern wird.« Fotos von beiden Kindern hängen nebeneinander und zeigen, in welcher Beziehung sie stehen.

↗Siehe auch: Eingewöhnung, Elternbrief

Pflege

Je kleiner die Kinder sind, umso größer ist der pflegerische Anteil der Arbeit. Dazu gehört das Wickeln, das An- und Ausziehen, das Waschen, Baden und Eincremen – also alle Versorgungen, die Kleinstkinder benötigen. Darüber hinaus gibt es individuelle Besonderheiten und Bedarfe einzelner Kinder, darunter die leider zunehmenden Allergien und Hauterkrankungen wie Neurodermitis, die besonderen Zeitaufwand erfordern. Schnüpfchen hingegen, am Anfang einer Kitakarriere an der Tagesordnung, sind für die Entwicklung von Abwehrkräften wichtig. Da müssen alle durch: die Kinder, die Eltern und wir auch.

Egal, ob es sich um das Alltägliche oder um besonderen pflegerischen Bedarf handelt: Immer muss es darum gehen, die Befindlichkeit des jeweiligen Kindes in den Vordergrund zu stellen, aufmerksam für seine Signale zu sein, seine Zeichen zu beachten und seine Wünsche zu respektieren. Gerade dabei kommt es auf Feinfühligkeit an. Denn in keinem anderen Bereich wird die Abhängigkeit des Kindes so sehr spürbar wie im pflegerischen. Umso wichtiger ist es, dem Kind ein Höchstmaß an Selbstbestimmung zu ermöglichen.

Nicht selten wollen Erzieherinnen ungern mit den jüngsten Kindern arbeiten, weil ihnen die pflegerischen Aufgaben nicht behagen. Doch Widerwillen oder Ekel vor Rotznasen oder Hautausschlag, spuckenden Kindern oder vollen Windeln sind in der Kita fehl am Platze. Wer dies nicht aushält, sollte den Beruf wechseln.

Pflege ist ein Teil des Lebens mit Kindern und insofern gemeinsame Erfahrung. Die Phasen der Körperpflege sind im Tagesablauf Anlässe für Nähe, Zuwendung und Zwiesprache. Über die reine Wahrung der Gesundheit und des körperlichen Wohlbefindens hinaus haben sie einen hohen Stellenwert für die Beziehungserfahrungen der Kinder. Es handelt sich sozusagen um Beziehungspflege. Die Art und Weise, wie wir Kindern begegnen, bildet den Nährboden für die Entwicklung ihrer Persönlichkeit, für Vertrauen und Selbstvertrauen, für Zuversicht und Offenheit im Umgang mit anderen Menschen. Insofern ist Pflege Bildung.

↗Siehe auch: Berührung, Signale beachten, Wickeln

Planung

Wer den Ansprüchen nach individueller Förderung der Kinder, nach Ausrichtung an ihren jeweiligen Entwicklungsstadien und Interessenschwerpunkten, an ihren Wünschen und Bedürfnissen – kurz: nach Differenzierung – entsprechen will, muss mit den Kolleginnen kooperieren. Und wer kooperiert, muss die Arbeit gemeinsam planen.

Um eine Vielfalt von Erfahrungen und Handlungsmöglichkeiten bieten sowie Alternativen eröffnen zu können, sind inhaltliche, räumliche und zeitliche Planung erforderlich. Von Absprachen über Verantwortlichkeiten und Zuständigkeiten im Haus und außerhalb ganz abgesehen.

Eine solche Planung erfordert zum einen grundsätzliche Überlegungen: Was ist der Kern unserer Arbeit? An welchen Leitzielen orientieren wir uns? Planung ohne Ziel führt leicht in die Irre, wie eine Schiffsreise im Nebel. Ziele sind Leuchttürme.

Das ist vielleicht das Wichtigste: die innere Orientierung nicht aus den Augen zu verlieren – also die Kinder und das, was wir über sie wissen, was sie uns zeigen, was sie von uns einfordern. Es verweist auf die andere Seite der Planung: Grundsatzüberlegungen immer wieder zu konkretisieren und auf die Kinder zu beziehen, die im Haus leben. Dazu bedarf es der aufmerksamen und offenen Beobachtung: Was zeigen uns die Kinder, was ist im Moment bei wem dran? Wohin streben sie, was erfreut sie besonders? Zu welchen Entwicklungssprüngen setzt wer gerade an? Was wird geübt, was wurde geschafft und was könnten neue Herausforderungen sein?

Aus beidem zusammen ergeben sich die generelle Planungslinie und deren flexible Handhabung. Oder umgekehrt: Ob der Plan stimmig ist, muss sich täglich erweisen. Sind Kinder häufig unfroh und quengelig, sollte überprüft werden, ob und an welchen Stellen ihre Bedürfnisse eventuell keine Berücksichtigung finden, weil sie nicht »eingeplant« wurden. Dann gilt es, nach Alternativen zu suchen und flexibler zu werden.

Die erste Planungsebene richtet sich auf die Nutzung und Gestaltung der vorhandenen Räume – drinnen und draußen. Wenn sie den Kindern vielfältige Anregungen und Herausforderungen bieten und die gleichzeitige Befriedigung unterschiedlicher Bedürfnisse ermöglichen sollen, ist gut durchdachte, gemeinsame Raumplanung das A und O. Doch erst im wirklichen Leben zeigt sich, ob die Vorüberlegungen Erwachsener bei den Kindern auf Gegenliebe treffen. Insofern sollte auch die Raumplanung flexibel sein und Spielräume für Veränderung lassen.

Die Planung von Unternehmungen und Angeboten der besonderen Art ist eine weitere Ebene. Dabei die Interessen der Erwachsenen zu berücksichtigen ist sinnvoll, denn die Freude an einer Aktion schafft Motivation, Engagement, Ideen und überträgt sich auf die Kinder.

Stellt sich jedoch heraus, dass vorhandene Vorlieben ein enges Spektrum umfassen und die Erfahrungsmöglichkeiten der Kinder beschränken, ist es dringend notwendig, sich zu neuen Ufern aufzumachen. Denn alles, was wir Kindern vorenthalten – aus welchen Gründen auch immer –, können sie nicht kennen lernen, erproben und für sich erschließen.

Die Frage ist dann: Was fehlt bei uns? Welche Erfahrungsmöglichkeiten sollen in Zukunft geboten werden? Musik machen, mit Ton arbeiten, Bilderbücher herstellen, Geschichten erfinden, Spielzeug reparieren, Blumen pflanzen und pflegen, Wasserspiele veranstalten... Einzelne Kolleginnen können sich herausfischen, was ihnen liegt oder sie interessiert, und sich auf diesem Gebiet qualifizieren, einschlägige Fortbildungen besuchen und in anderer Weise nach Anregungen fahnden. Sie können sich ausprobieren, Erfahrungen machen, die Reaktionen der Kinder beobachten, ihre Ideen aufgreifen. Werden diese Prozesse – die der Kinder und die eigenen – kontinuierlich dokumentiert, entsteht ein wundervolles Bildungsdokument.

Sofern Fortbildungen, Tagungen oder längerfristige Arbeitszusammenhänge im Interesse der Weiterentwicklung der Team-Arbeit genutzt werden sollen, ist auch hier gemeinsame Planung sinnvoll:

- Welche konzeptionellen Fragen beschäftigen uns gerade?
- Wo gibt es blinde Flecken?
- Was haben wir in nächster Zeit vor?
- Was soll ausgebaut und konkretisiert werden?

Solche Fragen geben Hinweise darauf, welche Veranstaltungen weiterbringen können. Wer sie besucht, das ist ebenfalls gemeinsam zu entscheiden.

Planung: ja – Verplanung: nein. Wird der ganze Tag verplant, bleibt kein Raum für Improvisation und spontane Reaktionen auf das, was sich im Zusammenleben ergibt. Außerdem kann der Eindruck entstehen, es komme vor allem darauf an, Pläne zu erfüllen, oder es sei nur das pädagogisch von Bedeutung, was von Erwachsenen geplant, vorbereitet und durchgeführt wird. Damit würde ein verbreitetes Missverständnis vertieft.

Wenn ein herrlicher Sommertag zum Planschen einlädt, tritt alles andere zurück. Der erste Schnee ist eine größere Sensation als ein Klumpen Ton, der warten kann, weil er nicht taut. Sind Kinder in ihr Spiel vertieft, ist nichts anderes wichtiger.

»Leben ist das, was passiert, während wir dabei sind, Pläne zu machen«, hat John Lennon gesagt. Leben passiert in der Kita wahrlich genug. Dafür sollte genügend unverplante Zeit vorhanden sein: Zeit für Unvorhergesehenes, für Wünsche der Kinder, für spontane Lebenslust, Zeit zum Träumen und Kuscheln, Zeit zum liebevollen Wickeln und für ein ausgiebiges Frühstücksbuffet, Zeit für Rituale ohne Zwang und mit viel Spielraum.

Wichtig ist die Transparenz der Planung. Und zwar nicht nur für die Kolleginnen, sondern auch für die Eltern. Damit erhalten sie Informationen, die eventuell ihre eigene Alltagsplanung betreffen, und Einblick in die Erfahrungsmöglichkeiten ihrer Kinder sowie in die pädagogischen Überlegungen der Erzieherinnen.

Eine ansprechend gestaltete Planungswand, die auch die Bedeutung der unverplanten Zeit sichtbar macht, fördert die Kommunikation mit den Eltern. Alltägliches, spektakuläre Aktionen und Ungeplantes, im Nachhinein angepinnt – diese Mischung wird dazu beitragen, dass die Erwachsenen, Erzieherinnen wie Eltern, Spaß beim Lesen haben und allmählich umdenken, was Pläne betrifft. Denn Planung ist nichts Unabänderliches, sondern Mittel zum Zweck: die Handlungen der Erwachsenen an den Interessen der Kinder ausrichten. Daher ist die flexible, offene Planung der richtige Weg. Das heißt: Ein Grundgerüst lässt ausreichend Spielraum für Abweichungen und überraschende Füllungen.

Will ein Team so planen, muss es sich über die innere Ausrichtung der Arbeit verständigen. Das fördert nicht allein die Kommunikation, sondern auch die Klarheit über Ziele und Arbeitsweisen. Insofern ist Planung nicht nur ein Nachweis von Professionalität, sondern zugleich ein Mittel zur Professionalisierung.

↗Siehe auch: Dokumentation, Fortbildung als System, Kooperation, Interessen der Kinder, Offene Arbeit, Raumgestaltung, Zusammenarbeit mit anderen Abteilungen, Zeit

QRS

wie Qualität, Quatsch machen

wie Raumgestaltung, Regeln, Rituale,
Ruhephasen, Rückzugsbereiche

wie Schlafen, Signale beachten, Singen,
Spiegel, Spiegeln, Sprache, Stillecke

Qualität

Was ist ein guter Kindergarten? Was ist gute pädagogische Praxis? Und welche Kompetenzen brauchen Erzieherinnen und Erzieher, wenn sie Kindern ein Umfeld bieten wollen, in dem sie sich so entwickeln können, wie es den Kompetenzzielen in einer demokratischen Gesellschaft entspricht? Also zu selbstbewussten, eigenständig denkenden und sozial verantwortlich handelnden Menschen.

Diese Fragen – in der Studenten- und Frauenbewegung der alten Bundesrepublik entstanden – trieben seit Anfang der 1970er Jahre pädagogische Praktikerinnen ebenso um wie Bildungspolitiker. Auf allen Ebenen begann ein Umdenken in Sachen Erziehung und Pädagogik.[47] Hinzu kam: Die sich verändernden Lebensbedingungen von Kindern und Familien erforderten angemessene, das heißt ebenfalls veränderte Arbeitsweisen – bezogen auf die Kinder wie auf den Umgang mit Eltern. Partizipation wurde zum Zauberwort.

Im Zuge der Bildungsreform wandelte sich die Krippe – wo es sie gab, nämlich in den Großstädten – vom Notbehelf zur Erziehungseinrichtung, und der Kindergarten wurde zum Elementarbereich des Bildungswesens. Modellprojekte unterstützten die Entwicklung und Erprobung neuer pädagogischer Konzepte in der Praxis, und es entstanden Strukturen der Öffnung und Vernetzung im Arbeitsfeld.[48]

Bei aller Unterschiedlichkeit und Vielfalt der Konzepte waren leitende Gedanken: fort von der bloßen Beschäftigung und Beaufsichtigung der Kinder, hin zur individuellen Förderung und Erweiterung ihrer Handlungs- und Entscheidungskompetenz. Denn schon damals wurde deutlich, dass es darum gehen muss, Kindern die Entfaltung von Schlüsselkompetenzen wie Autonomie und Solidarität, Handlungs- und Problemlösefähigkeit, praktische und kognitive Kompetenzen zu ermöglichen, statt nur ihre Fein- und Grobmotorik zu schulen und sie auf Anpassung zu drillen. Aus veränderten pädagogischen Zielen erwuchsen veränderte Konzepte und Methoden, allen voran die Projektarbeit.

Diese Entwicklungen wurden politisch gewollt und forciert. In der Praxis wurden sie vielfach begeistert getragen und vorangetrieben. Man machte sich auf den Weg, das pädagogische Denken und Handeln umzukrempeln und nutzte die Chance, sich im Rahmen von Modellprojekten und Praxisforschung fachlich und persönlich weiterzuentwickeln. Viele derjenigen, die in den 1970er und 1980er Jahren den Beruf der Erzieherin – auch die Berufsbezeichnung war neu – wählten, taten dies, weil sie die Welt verändern wollten. Andere machten weiter wie bisher und schafften es, sich von den neuen Ideen nicht anstecken zu lassen. Die einen bildeten sich unentwegt fort, die anderen waren resistent. So entstand ein Problem: die Beliebigkeit in der Arbeit mit Kindern.

Da es sich nicht um ein Privatvergnügen handelt, sondern um einen gesellschaftlichen Auftrag, konnte dies nicht so bleiben. So bemühte man sich bereits vor dem Fall der Mauer, verbindliche Mindeststandards für die Arbeit in Kindertageseinrichtungen zu entwerfen.[49]

Nach dem Zusammenschluss der beiden deutschen Staaten verstärkte sich die Diskussion über die Frage nach den Zielen von Bildung und Erziehung und den diesen Zielen angemessenen Arbeitsweisen sowie nach der Notwendigkeit und Möglichkeit, Verbindlichkeit herzustellen. Weder die zentralistischen Vorgaben in der DDR noch die Beliebigkeit und Zufälligkeit der Konzepte in der alten BRD sollten übernommen werden. Die Debatten schlugen hohe Wellen.

Nachdem Wolfgang Tietze mit seiner Forschung und in seinen Veröffentlichungen[50] den Zusammenhang zwischen den Lebensbedingungen in der Familie, den Bedingungen und Arbeitsweisen in der Kita und den Entwicklungschancen der Kinder thematisiert hatte, gab es kein Halten mehr: Qualität war in aller Munde. Denn die Diagnose hieß: Unsere Kindergärten sind nicht gut genug. Oder besser: Sie sind sehr unterschiedlich gut, und der Qualitätsunterschied wirkt sich gravierend auf die Entwicklung von Kindern aus.

Nun boomte die Qualitätsdebatte. Der Tenor blieb: Nicht gut genug.

Donata Elschenbroich brachte es schließlich auf den Punkt: »Der Schatz der frühen Kindheit wird verschenkt in dieser Republik.«[51]

47 Siehe dazu auch das Kapitel »Damals war's«
48 Stichworte: Situationsansatz, Offene Arbeit, Integration
49 Ein Beispiel: Lill, G./Sauerborn, J.: Entwicklungsbedingungen und Lebensverhältnisse von Kindern in (West)Berlin – Folgerungen für eine qualitative Weiterentwicklung der Kindertagesstättenerziehung. 1990 von der Senatsverwaltung für Frauen, Jugend und Familie zusammen mit »Empfehlungen für die pädagogische Arbeit im Kindergarten«, einem Diskussionsmaterial, das von Wissenschaftlern der DDR vorgelegt wurde, veröffentlicht.
50 Tietze, W.: Wie gut sind unsere Kindergärten? Luchterhand, Neuwied 1998
51 Elschenbroich, D.: Das Weltwissen der Siebenjährigen. Verlag Antje Kunstmann, München 2001

In dieser Diskussion gerieten die Praktikerinnen leicht in die Defensive. Eine Gruppe von Berliner Erzieherinnen und Leiterinnen machte sich auf, eigene Vorstellungen von dem, was Qualität in der Arbeit mit Kindern ausmacht, zu definieren und ihr alltägliches Handeln daraufhin zu reflektieren. Das Ergebnis was das erste Qualitätslexikon.[52]

Das Buch verkaufte sich gut, weil das Bedürfnis in der Praxis groß war, sich mit dem eigenen Qualitätsverständnis auseinanderzusetzen – gern entlang der Denkprozesse und Ideen anderer Praktikerinnen. In dieser Zeit entstand das »Krippenlexikon«, der Vorläufer dieses Buches.[53]

Wie die Stichwörter in beiden Titeln zeigen, richteten sich unsere Qualitätsvorstellungen vor allem auf die Kita als einem lebendigen Ort, an dem die Kinder all das finden, was ihnen sonst immer weniger gegönnt wird: Spielraum für ihre Abenteuerlust, Futter für ihre Neugier und Gelegenheiten, ihren Mut zu erproben; als einem Ort, an dem sie ihren Ideen folgen und sich in ihrem individuellen Tempo entwickeln können, an dem Erwachsene ihnen Zeit lassen und Zeit für sie haben, an dem sie gehört werden und mitwirken können, an dem sie Beziehungen knüpfen und Nähe finden – so, wie sie es wollen. Kurz: die Kita als Erprobungsfeld für ihre wachsenden Kompetenzen und als Ort der Lebensfreude.

So ein Umfeld entsteht nur, wo die verantwortlichen Erwachsenen über ausreichend innere Sicherheit verfügen, um sich zurückzuhalten, loszulassen und zu differenzieren.

Dieses Grundverständnis von Qualität hat sich inzwischen nicht verändert, nur vertieft. Und mehr denn je ist die Frage, wie eine solche Qualität gesichert und entwickelt werden kann. Zu standardisieren nützt in diesem Zusammenhang nichts. Im Gegenteil.

Qualität, so verstanden, erfordert Kompetenzen, die gerade nicht vorgegeben und implementiert werden können: Offenheit und Flexibilität sind gefragt, Einfühlungsvermögen, Urteilsfähigkeit und Mut, sich eine eigene Meinung zu bilden, mit anderen zu streiten und Überzeugungen glaubwürdig zu vertreten.

Auf welchen Wegen sich solche Kompetenzen bei Erwachsenen entfalten, das ist für mich nach wie vor die spannendste aller Fragen rund um Qualität.

Beobachtungsfragen und Prüfsteine für die Qualität einer Krippe

Was kann ich wahrnehmen, ohne zusätzlich nachzufragen?

Welche Atmosphäre herrscht insgesamt?
- Ruhe, Gelassenheit, Muße? Zeit für einzelne Kinder? Und für Eltern?
- Sind die Kinder vertieft in ihr Tun?
- Kommunizieren die Kolleginnen miteinander?
- Werden die Eltern freundlich begrüßt?

Welcher Geist ist spürbar? Worauf legen die Erwachsenen offenbar Wert?
- Sind das neue Bildungsverständnis und eine neue Professionalität erkennbar?
- Wird vom Kind, seinem Erleben und seinen Prozessen her gedacht?
- Folgen die Erwachsenen den Spuren der Kinder?

Was strahlen die Räume aus?
- Wärme, Geborgenheit, Willkommen-Sein? Laden sie zum Verweilen ein?
- Sind klare Strukturen erkennbar? Orientierungspunkte? Begrenzungen?

Wie sind die Räume aufgeteilt?
- Entspricht die Aufteilung den Interessen und Signalen der Kinder?
- Gibt es zentrale Orte der Begegnung und dezentrale Orte zum Verweilen und Vertiefen?

Welche Erfahrungsräume, Anregungen und Herausforderungen finden die Kinder?
- Gibt es Gelegenheiten für raumgreifende Bewegungen aller Art?
- Sind Klettermöglichkeiten vorhanden?
- Finden die Kinder ruhige Ecken, Höhlen, Rückzugsbereiche?
- Ist anregendes Material im wahrsten Sinne des Wortes greifbar?

Welche Entscheidungsfreiräume haben die Kinder?
- Bezogen auf Schlafen, Essen, Wickeln?
- Bezogen auf Spielorte, Spielpartner, erwachsene Bezugspersonen?

Wie begegnen die Erwachsenen den Kindern?
- Mit Aufmerksamkeit gegenüber den Signalen der Kinder?

52 Lill, G. (Hrsg.): Von Abenteuer bis Zukunftsvisionen. Luchterhand, Neuwied/Kriftel/Berlin 1998
53 Lill, G./Sporleder, W.: Von Abflugrampe bis Zwischenlandung. Luchterhand, Neuwied/Kriftel/Berlin

- Mit Achtsamkeit gegenüber ihren Gefühlen?
- Mit Respekt ihrer Wünsche und Grenzen?
- Welche Botschaften stecken im Tun und Reden der Erwachsenen?

Welche Rituale sind zu erleben?
- Sind deren Sinn und tiefere Bedeutung erkennbar?
- Machen die Kinder gern mit?

Wie viel persönlichen Raum hat jedes Kind?
- Findet jedes Kind »seinen« Ort?
- Finden Eltern für sich und ihr Kind einen Platz?
- Ist Intimität möglich und gewahrt?

Wie wird der vorhandene Raum genutzt?
- Wird auch in die Höhe gedacht?
- Sind praktische und die Arbeit erleichternde Gesichtpunkte berücksichtigt?

Gibt es Spuren vom Forschen und Erleben, vom Wissen und Können der Kinder?
- Finden sich Geschichten in Wort und Bild an den Wänden, in Mappen oder an anderen Orten?

Was sagen die Wände über das Verhältnis zu oder die Sicht auf Eltern?
- Werden die Eltern freundlich angesprochen, in ihren Sprachen?
- Können sie sehen, was im Haus geschieht und was die Erzieherinnen leitet?
- Sind Informationen aktuell und eindeutig? Sind sie übersichtlich angebracht?

Würde ich in diesem Haus gern Kind sein? Würde ich mein Kind gern in diese Kita bringen?
Möchte ich hier arbeiten?

↗Siehe auch: Bildung, Konzeptbaustelle, Differenzieren, Offene Arbeit

Quatsch machen

»Mach keinen Quatsch!« Erwachsenen behalten Kinder gern im Auge, um zu verhindern, dass sie auf dumme Gedanken kommen, eben Quatsch machen. Dumme Gedanken – was ist das? Das Gegenteil von klugem, gut durchdachtem Handeln?

Das Gegenteil von erwachsenem Ernst? Streiche machen, tun, was man nicht soll, und sich möglichst nicht erwischen lassen. Das macht Spaß. Noch mehr Spaß macht es, zusammen herumzualbern. Vor allem, wenn Erwachsene mitmachen. Dann wollen Kinder sich ausschütten vor Lachen, auch schon die Jüngsten.
Und wir Erwachsene? Wie steht's mit unserer Quatschmacherlust? Schräge Fantasien, ein wacher Blick für Situationskomik – macht so etwas das Leben nicht erst lebenswert?

In der Kita kann die Quatschmacherlust reiche Blüten treiben. Schließlich gibt es in kaum einem anderen Arbeitsfeld so viel Freiraum für Selbstbestimmung und Lebenslust.

Warum also wird Quatsch nicht liebevoll gepflegt? Warum gibt es keine Quatschkindergärten? Die Kinder wären begeistert dabei. Wer oder was hindert uns daran, Quatsch zu professionalisieren? Doch, das geht. Hier sind ein paar Beispiele:
- eine Quatschwortkiste für die schönsten und verrücktesten Wortschöpfungen;
- feine Reime: Was reimt sich eigentlich auf Quatsch? Matsch, ritsch-ratsch, Pittiplatsch, Klatsch...;
- Quatschreimbücher[54] vorlesen;
- Zungenbrecher wie »Fischers Fritze« sammeln und selbst erfinden.

Was haben wir früher geliebt? Die Kuhllefumdenententeich, Kattenschiete, den Straßenbahnschienenritzenreinigerassistenten und »Dri Chinisin mit dim Kintribiss«, mit denen wir ganz nebenbei die Vokale und Umlaute lernten. Was wäre noch denkbar?

---

54 Budde, N.: Trauriger Tiger toastet Tomaten. Peter Hammer Verlag, Wuppertal 2006; Krüss, J.: Wenn die Möpse Schnäpse trinken. Aufbau-Verlag, Berlin 2007

Auf Quatschtour – Beispiele

- Zum Mittagessen Quatsch mit Soße bestellen. Ob das schmeckt? Und was der Köchin dazu wohl einfällt?
- Pantomime-Tage ohne Worte, so ähnlich wie spielzeugfreie Tage. Verständigung nur mit Händen und Füßen, Mimik und Gestik. Auf einmal sind alle Sprachbarrieren verschwunden, und wir kommen in die Nähe der Gebärdensprache.
- Dialekt-Training. Wer spricht welchen Dialekt?[55] Wie hört sich das an? Warum lachen wir über mache Dialekte und über andere nicht? Können wir einen Dialekt nachmachen? Was heißt eigentlich »Deutsch«, »Hochdeutsch«, »Niederdeutsch«? Und die anderen Sprachen: Gibt es da auch Dialekte? Wer kann welche? Wie hören sie sich an?
- Faxenmacher-Wettbewerbe, unter Beteiligung der Erwachsenen. Väter sollen ja vergleichsweise faxenfähig sein, mehr Quatschmacherkompetenz aufweisen als Mütter. Oder mehr Bereitschaft? Frauen behaupten gern, dass Männer große Kinder bleiben. Mal sehen, ob das stimmt…
- Grimassen schneiden, Quatsch mit allen Sinnen fabrizieren.
- Alles rund ums Raufen und Balgen hat ebenfalls hohen Quatschmacherwert.
- Quatschgeschichten, die das Leben schreibt und die wir fantasievoll umschreiben können. Wer hat den quatschigsten Quatsch zu bieten?

Ist man mit Kindern erst mal auf Quatschtour, ergeben sich an jeder Ecke spontane Gelegenheiten: Sommerwetter, Getümmel im Garten. Ein knapp dreijähriger Junge mit Schaufeln in den Händen teilt mir mit: »Ich bin ein Tiger, aber ich esse keine Tiere.« Aha, ein vegetarischer Tiger? Das gefällt ihm. Klar, er ist ein vegetarischer Tiger. »Das sind meine Tatzen, guck!« Was macht der vegetarische Tiger denn mit seinen Tatzen? »Der kratzt sich damit und gräbt. Und manchmal ist er wütend.« Ein wütender vegetarischer Tatzentiger. Toll!

So ein Wort kommt in den Sprachförderprogrammen natürlich nicht vor. So ein Wort entsteht aus Sprachlust, verbunden mit Lachen, mit Beziehungen. Beteiligt sind alle Sinne, kein Programm.

Lust und Leichtigkeit mit Quatschsätzen gehen verloren, wenn sie bierernst zur Überprüfung von Merkfähigkeit und Sinnverständnis eingesetzt werden, wie inzwischen in mehreren Bundesländern praktiziert. Das ist dann nicht mehr komisch.

Wie wär's mit einer Quatschwortsammlung für Kita- oder Abteilungsnamen? Unter Beteiligung von Eltern und in verschiedenen Sprachen. Am Ende findet sich ein Name, der allen viel besser gefällt als der, der über dem Eingang steht. Wir können uns auch gegenseitig Quatschnamen geben. Der Fantasie sind keine Grenzen gesetzt.

Neuerdings ist immer häufiger von Humorpädagogik die Rede. Es wird systematisch erforscht, welche Bedeutung Humor und Lachen für die Entwicklung von Kindern haben. Oder umgekehrt: Welche Rückschlüsse man aus dem, was Kinder komisch finden, auf ihr Selbst- und Weltverständnis ziehen kann.[56]

Auch ohne die Lektüre von Forschungsergebnissen wissen wir: Lachen tut gut. Also: Auf ins Quatschmacherland Kita, wo der Blödsinn System hat und Lachen zur Haupt-Sprache wird.

↗Siehe auch: Lebensfreude, Lust am Spiel, Gelassenheit, Zeit

Raumgestaltung

Es ist eine Binsenweisheit: Die Gestaltung von Räumen hat vielfältige Wirkungen auf die Menschen, die in ihnen leben. Sie erzeugt eine Atmosphäre, die sich inspirierend oder lähmend, beruhigend oder aufregend, beengend oder befreiend auswirken kann. Wir alle kennen das. Raum schafft Stimmung.

Andererseits hängt die Wirkung eines Raums von unserer Stimmung ab, vom ästhetischen Empfinden und von dem, was wir vorhaben. Zuweilen entsteht etwas Unerwartetes, Unbeabsichtigtes. Die Dinge nehmen einen anderen Verlauf als gedacht. Auch das liegt eventuell am Raum: viel oder wenig Platz, sanftes oder grelles Licht, überbordende Fülle oder freie Fläche, Rückzugsecken oder Präsentierteller. Wie immer findet eine Wechselwirkung zwischen mehreren Faktoren statt, die individuell verschieden ausfällt und nicht vorhersehbar ist.

Wenn viele Menschen aufeinander treffen, kann die Gestaltung des Raums die Kommunikation und damit die Möglichkeiten der Begegnung und Beziehungsgestaltung enorm beeinflussen. Wir denken

55 Neulich las ich in einem Magazin, wie der Berliner Apfelgriebsch in anderen Bundesländern genannt wird. Niedersachsen: Appelpietschen, Thüringen: Apfelschnirps, Rheinland-Pfalz: Appelknüsel oder Apfelkrutze, Hessen: Abbelkrotze, Hamburg: Knust oder Krubber, Sachsen-Anhalt: Apfelpuler, Bayern: Opflibutzn.

56 Siehe auch: Ganz im Ernst: Spaß, Humor, Vergnügen. TPS 6 /2009

darüber nach, wenn wir ein Festessen ausrichten: Sollen alle an einer Tafel sitzen oder sich besser an einem Buffet bedienen und sich in lockeren Runden zusammenfinden? Wir denken darüber nach, wenn eine Teamsitzung oder ein Elternabend ansteht: Ist es besser, an einem langen oder an einem runden Tisch zu sitzen? Oder sollte gar kein Tisch vorhanden sein, hinter dem man sich verschanzen kann? Wir denken darüber nach, wenn ein Kinderrestaurant eingerichtet wird: Sind große oder kleine Runden angebracht? Schaffen wir Hocker, verschieden hohe oder verstellbare Stühle an? Oder besser Bänke? Werden Nischen gebildet? Oder wird ein offener Raum gestaltet?

Ob die Tische gerade, klare Linien bilden und die Verkehrswege zwischen ihnen frei sind oder ob alles kreuz und quer steht, das beeinflusst nicht nur den Raumeindruck, sondern auch die Störanfälligkeit. Die Lautstärke in Kinderrestaurants hängt nicht selten damit zusammen.

Also: Schon allein die Anordnung der Möbel wirkt. Ganz abgesehen von Raumgröße, Farben und Licht.

Weil räumliche Gestaltung so dominierend wirkt, tragen Erwachsene, die Räume für Kinder schaffen, viel Verantwortung. Es wundert mich zuweilen, wie zufällig und lieblos Kitaräume gestaltet sind, wie wenig offenbar darüber nachgedacht wird, wer hier lebt, was in den Räumen möglich sein soll und welche Botschaft sie vermitteln. Wird das thematisiert, zeigt sich fast immer Veränderungsbedarf. Häufig äußern die Kolleginnen, dass sie schon lange nicht mehr richtig hingeschaut hatten. Der Mensch gewohnt sich und wird irgendwann betriebsblind. Darum ist es gut, wenn hin und wieder ein Blick von außen auf die Räume fällt. Manchmal reicht es, einander von Abteilung zu Abteilung Rückmeldungen zu geben. Vor allem Kinder und Eltern merken, wo Veränderungen angebracht sind, und sollten gefragt werden. Ist professionelle Begleitung von außen möglich, umso besser.

Das Schöne ist: Es macht Spaß, über so etwas Handfestes wie den Raum und seine Wirkung nachzudenken und Ideen zu spinnen.

Reflexionsfragen

- Wer geht hier ein und aus? Wie reagieren diese kleinen und großen Menschen?
- Wie nehmen wir den Raum wahr?
- Wie nehmen wir ihn wahr, wenn wir ihn aus Kinderhöhe betrachten?
- Was kann sich hier abspielen – unter den gegebenen Bedingungen? Was nicht?
- Was möchten wir anregen und ermöglichen? Wofür soll es Gelegenheit geben?
- Was fehlt und könnte leicht angeschafft werden?

Je nachdem, ob es darum geht, einen bestimmten Raum oder Bereich umzugestalten oder ob die Raumaufteilung insgesamt neu konzipiert werden soll, muss unterschiedlich vorgegangen werden. In jedem Fall sollte nicht zu klein gedacht, sondern der gesamte Kontext einbezogen werden:

- Welche Bereiche – im Haus und draußen – sind für die Kinder zugänglich?
- Wer arbeitet mit wem zusammen?
- Welche Erfahrungen werden den Kindern geboten?
- Welche Erfahrungsmöglichkeiten fehlen?

Besonders bei der Gestaltung von Räumen gilt es, genau hinzuschauen und wahrzunehmen, welche Bedürfnisse die Kinder zeigen, um diesen Bedürfnissen Raum und Gelegenheiten zu verschaffen. Doch auch umgekehrt wird ein Schuh draus: Kinder entfalten ihre Wünsche und Interessen in dem Umfeld, das sie vorfinden. Sie können uns nur zeigen, wofür sie grundsätzlich eine Chance erhalten. Sind keine Schrägen und Treppen vorhanden, sehen wir nicht, mit welcher Begeisterung sie diese Möglichkeiten erobern. Gibt es keine Trommeln, kann die Freude am Trommeln nicht sichtbar werden. Ist der Waschraum nur zum bewachten Zähneputzen und Händewaschen offen, fallen Wasserspiele und -experimente aus.

Insofern ist die Devise einmal mehr: Den Spuren der Kinder folgen und Spuren legen. Für alles, das wir für wichtig halten, müssen wir den Kindern Erfahrungsräume verschaffen. Dann zeigen sie uns, wie es weitergehen soll.

Raumgestaltung heißt, pädagogische Ziele und Überzeugungen in räumliche Bedingungen umzusetzen. So erweist sich Professionalität.

Das beginnt bei der Zuordnung von Räumen oder Bereichen zu verschiedenen kindlichen Aktivitäten, die sich bei zu großer Nähe eventuell behindern würden, und setzt sich in pfiffigen Einbauten fort, die vielfältige Nutzung anregen und ermöglichen, sowie im sparsamen und effektiven Gebrauch von Möbeln, im wohldurchdachten Einsatz von Licht und Farben.

Ob Enge oder Weite, offene oder geschlossene Türen, Nischen oder freie Flächen – alles hat eine pädagogische Bedeutung – und eine Bedeutung für die Kinder. Ob das eine mit dem anderen zusammenpasst, muss sich im wirklichen Leben erweisen, und zwar nach der Devise: Im Zweifel für die Kinder. So schlagen wir mehrere Fliegen mit einer Klappe. Denn ein am Leben überprüftes Raumkonzept nutzt nicht nur den Kindern, sondern erleichtert die Arbeit.

Breitet sich Zufriedenheit aus, können die Kinder ihren jeweiligen Interessen nachgehen, dann verringert sich das Konfliktpotential. Und davon haben alle etwas.

Die Raumgestaltung für die Arbeit mit den jüngsten Kindern folgt den gleichen Grundfragen:

- Mit welchen Kindern haben wir es konkret zu tun?
- Was zeigen sie uns?
- Welche Erfahrungen wollen wir ihnen ermöglichen?
- Welchen Schutz und welche Freiräume wollen wir bieten?

Besonders sollten wir beachten: Je jünger die Kinder sind und je größer das Altersspektrum ist, desto differenzierter und flexibler sollte die Raumgestaltung sein, um unterschiedlichen Bedürfnissen gleichzeitig gerecht werden zu können. Darin liegt auch das wirksamste Mittel gegen hohe Geräuschpegel und Arbeitsüberlastung.[57]

Faustregeln der Raumplanung für junge Kinder

- Ein Nest oder einen Heimatort schaffen, in dem die Kinder sich erst einmal einrichten und zu dem sie immer wieder zurückkehren können. Je kleiner die Kinder sind, umso wichtiger scheint dies für sie zu sein. Das ist bei offenen Arbeitsformen besonders zu berücksichtigen.
- Früher oder später tritt die Lust auf Neues neben das Festhalten am Vertrauten. Vom heimischen Stützpunkt aus brechen die Kinder wie Columbus auf, um nach ihrer Entdeckungsreise in den sicheren Hafen zurückzukehren. Schritt für Schritt ziehen sie immer weitere Kreise, bis sie sich auf die Suche nach Indien begeben und schließlich Amerika entdecken. Für die Raumbedingungen bedeutet das: Die Grenzen müssen durchlässig sein. Eine Krippe oder ein Nest ist kein Hochsicherheitstrakt.
- Jedem Kind seinen persönlichen Platz bieten, an dem es ausruhen, sich trösten lassen und auftanken kann, seinen Nuckel, seine Flasche oder sein Schnuffeltuch findet, seine Familie an der Fotowand um sich hat.
- Gerade sehr junge Kinder entwickeln Vorlieben für bestimmte Dinge des täglichen Gebrauchs – meine Matratze, mein Stuhl, meine Kuscheldecke – und haben es gar nicht gern, wenn jemand anderes sie benutzt.
- Beispiele interessanter Zielorte für eigenständige Erkundungsreisen: Waschraum und Toiletten mit ihren interessanten Spiel- und Experimentiermöglichkeiten, die Treppe in die Freiheit, Flure zum Rennen und für Kontaktaufnahmen mit anderen Kindern, das Außengelände oder das Büro mit Computer und Telefon.
- Das Vertrauen der Erzieherinnen in die Fähigkeiten der Kinder. Ist es nicht gegeben, fehlt die Bereitschaft, Erfahrungsräume und Erprobungsfelder zu schaffen oder zuzulassen, und blankes Entsetzen herrscht, wenn die Kinder den Waschraum unter Wasser setzen oder in andere Räume verschwinden. Die Angst vor dem, was passieren könnte, dominiert das Wissen über die Bedeutung solcher Unternehmungen. Damit nichts passieren kann: Echte Gefahrenquellen beseitigen.
- Vielfältige Anregungen und Aktionsmöglichkeiten schaffen und für die Beweglichkeit der Dinge sorgen. Alles außer Einbauten – und vielleicht sogar die – sollte variabel sein, denn die Kinder verändern sich, wachsen, wechseln. Dem müssen die Räume Rechnung tragen. Darum ist es sinnvoll, eher kleine, leicht zu bewegende Möbelstücke anzuschaffen: kleine Regale, auch als Raumteiler zu nutzen, bewegliche Sitzelemente, kleine Matratzen, niedrige Bänke, Korbstühle, Podeste aus Einzelteilen.
- Reichlich Bewegungsraum bieten, in dem die Kinder ihre Kräfte testen und weiterentwickeln können: verschiedene Ebenen mit Treppen und Rutschen, Kriechtunnel, kleine Klettergerüste, Schaukeln, Hängematten und Autos, Laufrädchen, Dreiräder und Puppenwagen mit den dazugehörenden Rennstrecken. Faustregel: möglichst viele Klettergelegenheiten und ausreichende Freiflächen zum Bewegen.
- Kinder haben nicht nur einen ausgeprägten Bewegungsdrang, sondern auch das Bedürfnis nach Ruhe. Sie wollen sich von Zeit zu Zeit zurückziehen, wenn sie müde sind oder allein sein wollen, möchten sich unsichtbar machen oder Versteck spielen, mit jemandem kuscheln oder haben die Nase voll vom Trubel des Geschehens. Wie auch immer, dieses elementare Bedürfnis muss bei der Zuordnung und Gestaltung der Räume berücksichtigt werden, mit Nischen und Höhlen, mit Matrat-

---

57 Unbedingt empfehlenswert für alle, die sich mit Räumen für junge Kinder befassen: von der Beek, A.: Bildungsräume für Kinder von Null bis Drei. verlag das netz, Weimar/Berlin 2006

zen, Kissen und Decken, Tüchern und Kuscheltieren. Gedämpftes Licht und leise Musik laden ebenso zum Innehalten ein wie bewegliche Inseln der Ruhe, zum Beispiel Hundekörbe mit Kissen und Decken, die nach Belieben als Lagerstatt genutzt werden können. Wichtig ist: Diese Dinge müssen jederzeit erreichbar sein, damit die Kinder die Möglichkeit haben, ihren Bedürfnissen eigenständig nachzugehen. Dadurch entspannt sich die gesamte Atmosphäre.

- Waschräume dienen nicht allein der Sauberkeit. Sie sollten grundsätzlich als Orte der Lebensfreude verstanden und gestaltet werden. Das heißt: Waschräume als Wasserspielplätze und Experimentierräume umnutzen, zum Planschen und Manschen, Messen und Schütten. Wasser als Lieblingselement der Kinder muss natürlich unbedingt auch draußen reichlich fließen, für Matschepampe und andere Vergnüglichkeiten.
- Gitterbetten nicht wegwerfen, sondern in Höhlen und Kletterlandschaften verwandeln. Es ist erstaunlich, was man damit anstellen kann, wenn man sie umdreht und die Seitenstangen herausnimmt. Zwei Gitterbetten – auf die Seite und einander gegenüber gelegt – ergeben eine herrliche Doppelhöhle für zwei, die sich mögen. Probieren Sie aus, was geschieht, wenn die Ideen sprudeln.

↗Siehe auch: Anregungen, Altersmischung, Atmosphäre, Außengelände, Atelier, Bewegung, Elternecke, Essen und Trinken, Höhlen und Nester, Kooperation, Orientierung, Planung, Rückzugsbereiche, Spiegel, Stillecke, Wasserspiele

Regeln

Regeln müssen sein, sonst wissen die Kinder nicht, wie sie sich zu verhalten und mit den Dingen umzugehen haben, oder machen gar, was sie wollen. Aber wäre das so schlimm?

Natürlich macht ein kleines Kind, was ihm gerade einfällt. Es zeigt seine Gefühle, folgt seinen Bedürfnissen und den Fragen an die Welt, die es im Moment interessieren. So signalisiert es unmissverständlich, was in seinem Entwicklungsprogramm dran ist.

Wenn wir klug sind, achten wir darauf, reagieren aufmerksam zugewandt und versuchen, möglichst viele Hindernisse zu beseitigen, die dem Forschungsdrang des Kindes im Wege stehen. Denn entscheidend ist nicht, wie wir das Kind gern hätten, was für uns angenehm und bequem wäre, sondern das, was für das Kind von Bedeutung ist.

Sicher, es gibt auch die andere Seite: unsere Interessen – und unsere Angst.

Natürlich haben wir als Erwachsene das Recht, unsere Interessen zu schützen und unsere Grenzen zu wahren. Zu bedenken ist aber: Wir sind in einer überlegenen Position. Und wir tragen die Verantwortung dafür, dass kleine Kinder ihre Fragen an die Welt stellen und ihre Experimente wagen können. Wenn wir wissen, welche Bedeutung es hat, Dinge umzufunktionieren, Fantasien zu entfalten und sich nicht an vorgegebene Regeln zu halten, werden wir vielleicht großzügiger und bestehen nicht mehr darauf, dass unsere Vorstellungen umgesetzt werden müssen.

Was in seinem neuen Lebensumfeld die Regel ist, merkt ein Kind sehr schnell. Allein durch das Handeln und Verhalten der anderen großen und kleinen Menschen vermittelt sich, was als Norm und üblich gilt. Das Kind imitiert und passt sich an, wie seine gesamte Entwicklung ein permanenter Auseinandersetzungs- und Anpassungsprozess mit der es umgebenden Welt ist.

Die Lust am Nachmachen und der Wunsch, dazuzugehören, haben wahrscheinlich eine viel durchschlagendere Wirkung als alle Regeln zur Handhabung von Dingen oder des Umgangs miteinander.

- Stichwort Tischsitten: Wie Messer und Gabel in unserem Kulturkreis verwandt werden, erleben Kinder jeden Tag. Da sie alles können wollen, was die Großen können, versuchen sie es auch. Es klappt nicht sofort, klar, denn es erfordert Geschick. Außerdem dominiert der Forscherdrang: das Essen untersuchen, befühlen, zermanschen... Die Reaktion der Erwachsenen: »Iss anständig!« Das ist sicher eine angemessene Forderung für ältere Kinder. Aber für die Jüngsten muss es nicht nur die Chance geben, zu probieren und zu kleckern, sondern auch die, mit allen Sinnen und allen Fingern zu essen.
- Stichwort Konfliktbewältigung: Von Kindern, die des Wortes noch nicht mächtig sind und sich gerade als eigenständige Personen mit eigenem Willen entdecken, kann nicht erwartet werden, sich »sozial« zu verhalten oder sich gar verbal auseinanderzusetzen. Abgeben, teilen, sich ins Gegenüber einfühlen – das sind Kompetenzen, die sich allmählich herausbilden und als Basis erst einmal das Erleben brauchen: Ich bin ich, und was ich will, ist wichtig.

Die zentrale Frage ist: Welchen Sinn haben Regeln im Allgemeinen und im Besonderen für die Entwicklung der Kinder und für ein gedeihliches Zusammenleben?

Sicherheit ist eine der häufigsten Begründungen, gerade bei jungen Kindern. Logisch, denn Bedrohliches darf nicht geschehen. Dafür sollte grundsätzlich gesorgt werden, und das wird auch getan. Nicht umsonst müssen alle Spielgeräte oder Einbauten vom TÜV abgenommen werden.

Ich vermute vielmehr, dass die Fülle von Regeln für uns Erwachsene nötig ist. Wir brauchen Sicherheit. Wir plagen uns mit Zweifeln, besonders am Anfang eines Öffnungsprozesses, wenn wir die Kinder loslassen, damit sie sich frei bewegen und ihr Spiel finden können. Hinzu kommen persönliche Ängste mancher Kolleginnen und die Ängste der Eltern, auf die häufig verwiesen wird.

Eltern wie Erzieherinnen scheinen allein durch die Existenz einer Fülle von Regeln ruhiger zu werden. Schließlich hat man sich abgesichert. Wenn ein Kind rennt, kann man immer sagen...

Das ist der dickste Stolperstein auf dem Weg zu veränderten Arbeitsweisen: Noch ist das Vertrauen in die Kinder, aber auch das Vertrauen in die Kolleginnen nicht so sicher, dass Gelassenheit einziehen kann. Noch brauchen die Erwachsenen ihre Regeln. Doch wenn nach Jahren gemeinsamer Erfahrungen Gelassenheit gewachsen ist – was man an der Atmosphäre eines Hauses merkt –, ist der Boden bereitet, um die Regeln abzuspecken.

Fragen zur Überprüfung von Regelwerken

- Welche Regeln gelten überhaupt noch? Erfahrungsgemäß fallen einige Regeln sofort flach, wenn sie daraufhin überprüft werden.
- Welche Regeln werden eingehalten?
- Welche Regeln werden übertreten?
- Welche Regelverstöße sind besonders häufig? Ständige Verstöße sind ein untrügliches Zeichen dafür, dass die Regeln für die Kinder nicht sinnvoll sind.
- Welche Regeln sind in Wirklichkeit Verbote?
- Welche Regeln sind Gebote?
- Was ist überhaupt eine Regel?
- Was unterscheidet vereinbarte Regeln vom alltäglichen Umgang miteinander, in dem sich vieles wie von selbst regelt? Was passiert, wenn wir probeweise eine Woche alle festgelegten Regeln außer Kraft setzen? Vielleicht stehen uns verblüffende Erfahrungen bevor?
- Welche ordnungspolitischen Vorstellungen liegen unserem Regelverständnis zugrunde? Wie haben wir diese Vorstellungen im Laufe unseres Lebens erworben? Hat sich in den letzten Jahren daran etwas verändert? Wenn ja, was?
- Welche Bildungs- und Erziehungsziele verfolgen wir mit Regeln im Allgemeinen und im Besonderen? Was lernen die Kinder bei deren Einhaltung? An welchen Erfahrungsprozessen werden sie dadurch gehindert?
- Wie verlaufen die Entscheidungsprozesse? Sind wir die Bestimmer? Wollen wir das nicht mehr sein? Oder soll es nur keiner merken? Wie sehen wir unsere Rolle?

In dem Maße, in dem wir das Kind als Akteur seiner Entwicklung sehen und ihm die Hauptrolle in seinem Lebens-Film zugestehen, müssen wir uns umorientieren und die eigene Rolle neu definieren. Bleibt die Erzieherin auch dann eine Art Regisseurin, wenn Kindern »Lernen in eigener Regie«[58] ermöglicht wird? Sind Regeln dann so etwas wie Regieanweisungen?

Ehe ich in die antiautoritäre Ecke gestellt werde: Ich plädiere nicht dafür, alles zu erlauben. Ich plädiere für Klarheit und Ehrlichkeit.

Also: Stehen Sie dazu, die Bestimmerin zu sein. Sie definieren den Rahmen des Zusammenlebens in der Kita. Das steht nicht nur in Ihrer Macht, sondern Sie tragen die Verantwortung. Sagen Sie, was geht und was nicht geht. Klar, deutlich und mit Begründung. Übernehmen Sie für die von Ihnen getroffenen Entscheidungen die Verantwortung gegenüber den Kindern und den Eltern.

Sagen Sie ebenso deutlich, welche Freiräume für Selbstbestimmung Sie den Kindern zugestehen. Definieren Sie die Spielräume für gemeinsame Entscheidungen.

58 Titel der Freinettagung 2008

Diskutieren Sie mit den älteren Kindern darüber, was Bestimmen mit Verantworten und was Verantworten mit Bestimmen zu tun hat. Wenn Sie an Ihr eigenes Leben denken, können Sie bestimmt erklären, dass all das mit wachsenden Kompetenzen einhergeht und mit individuellen Unterschieden zu tun hat.

Mit Sicherheit werden Sie nicht allen Kindern – unabhängig von ihren Voraussetzungen und Eigenschaften – gleichermaßen zugestehen, allein in den Garten oder zum Bäcker zu gehen. Solche Entscheidungen können also nur begrenzt allgemeingültig geregelt werden.

Kindern leuchtet nach meiner Erfahrung auf Anhieb ein, dass Freiräume und Unabhängigkeit an Vertrauen und Verlässlichkeit gebunden sind: Ich kenne dich und vertraue dir. Ich trau dir das zu und bin gespannt, wie du es meisterst. Aber ich muss mich auf dich verlassen können.

Es geht mir nicht um ungebremste Freiheit, sondern um die Entwicklung einer Kultur der Verantwortung, in der die Rechte von Kindern klar definiert und gesichert sind, in der die Kinder diese Rechte kennen, schätzen und nutzen. Vielleicht ist es eine zukunftsweisende Aufgabe, einen gemeinsamen Lernprozess von Kindern und Erwachsenen ins Zentrum zu stellen, der eine solche Kultur zum Ziel hat.

Ich stelle mir klare Verhältnisse vor, die Kindern einen eindeutigen Rahmen bieten und ihnen innerhalb dieses Rahmens Entscheidungsspielraum und das Recht auf Selbstbestimmung zugestehen. In diesem Sinne ist ein nach außen wie nach innen klar formuliertes Regelwerk auch für Erwachsene ein Sicherheits- und Begrenzungsnetz. Das ist besonders wichtig bei hoher Personalfluktuation, die mittlerweile zum Dauerzustand geworden ist. Ich bin überzeugt, dass es für alle Seiten viel leichter wird, wenn kein Zweifel darüber besteht, wer welche Rechte hat und wo deren Grenzen liegen.

Meine Zukunftsvision: Es gibt wenige Grundregeln für das Zusammenleben – keine Verbote, nur Gebote, besonders für das Verhalten von Erwachsenen gegenüber Kindern. Am liebsten würde ich die Regelwut unter Strafe stellen und nur solche Regeln zulassen, deren Sinn für das kindliche Erleben dermaßen einleuchtet, dass sie gar keine Regeln mehr sind.[59]

↗Siehe auch: Ängste von Eltern, Beteiligung, Eigensinn, Grenzen, Interessen der Kinder, Konzeptbaustelle

Rituale

Rituale strukturieren das Leben und den Tag. Sie geben dem Lauf der Dinge einen Rhythmus, heben Besonderes aus dem Alltag hervor, setzen Punkte und Kontrapunkte im Miteinander. Sie schaffen besondere Momente, mit anderen Menschen oder allein erlebt, bieten Zeiten des Innehaltens, in denen etwas Wiederkehrendes geschieht. Rituale entschleunigen: Halt, verweile im Hier und Jetzt!

Rituale ermöglichen, dass im Zufälligen und Unvorhergesehenen, das das Leben mit sich bringt, etwas bewusst zelebriert wird. Das verlangt, sich darauf zu besinnen, was warum zelebriert wird, woher das Ritual stammt, welchen Sinn und welche Bedeutung es für wen hat.

Rituale sind gewachsene Traditionen, entstammen einer bestimmten Kultur, prägen sich aus und wandeln sich. Wir alle sind in Rituale hineingewachsen, haben sie aus Familientraditionen übernommen und tragen sie weiter, ohne uns darüber Gedanken zu machen. Sie sind uns zu einer lieben Gewohnheit geworden. Andere Rituale haben wir im Laufe unseres Lebens abgelegt, weil sie nicht mehr passten oder uns behinderten. Wieder andere haben wir geschaffen und zu einem festen Teil unseres Lebens gemacht.

Sich dessen bewusst zu werden und darüber nachzudenken, welche Rituale warum eine Rolle im eigenen und im Kinderleben spielen, ist nicht nur für Eltern eine wichtige Frage, sondern ebenso für all jene, die täglich das Leben mit Kindern gestalten. Denn Rituale sind nicht per se gut oder schlecht, sondern sie entfalten je nach Einbindung und Erleben bei verschiedenen Menschen unterschiedliche Wirkungen. Deshalb ist es hilfreich, nicht nur zu überlegen, was mit Ritualen gewollt wird, sondern darauf zu achten, wie sie erlebt werden. Das wiederum ist leicht zu erkennen, wenn das Augenmerk auf die Reaktionen und Signale der beteiligten Kinder und Erwachsenen gelegt wird.

»Kinder brauchen Rituale« – einer der beliebten »Brauchen-Sätze«, die als scheinbar feste Größe alle offenen Fragen beantworten. Gemeint ist in diesem Fall, dass Rituale als wiederkehrende Ereignisse Orientierungslinien in die Unübersichtlichkeit der Welt ziehen und damit Sicherheit geben. Gemeint ist, dass gemeinsam zelebrierte Rituale das Gefühl der Zugehörigkeit stärken, wodurch ebenfalls Sicherheit wächst.

59 Anstöße zum Weiterdenken über die quasi »beiläufige« Übermittlung von Regeln und »korrekten« Verhaltensweisen finden Sie im Interview mit Claus Stieve, veröffentlicht in Betrifft KINDER, Heft 10/09.

Daraus wird abgeleitet, dass alle Rituale wichtig sind und unter allen Umständen beibehalten werden müssen. Oft verschwimmt dabei die Grenze zwischen Ritualen und Regeln. Die Regelmäßigkeit, die Ritualen anhaftet, wird mit der Aufstellung von Regeln vermischt, und der geregelte rituelle Ablauf kann nur mittels Ermahnungen – »Pssst! Wir hatten doch verabredet...« – oder der Androhung von Strafen bei Regelverstößen durchgesetzt werden. Ein Beispiel: Bis zum Ende des Frühstücks sitzen bleiben. Bei Verstoß: Strafsitzen auf dem Flur.

Rituale sind so wenig Selbstzweck wie Regeln. Werden sie als nervend erlebt und entfalten einen zwanghaften Charakter, verkehren sie sich ins Gegenteil. Sie machen das Leben und Zusammenleben nicht schöner, sondern für alle Beteiligten stressiger. Ihr Sinn und ihre Bedeutung verschwinden hinter ihrer äußeren Form.

Um eine solche Entwicklung zu verhindern, sollten Rituale und ihre Umsetzung regelmäßig daraufhin überprüft werden, ob sie dem ursprünglichen Anliegen noch gerecht werden und das Leben verschönern. Was Kindern gut tut, zeigen sie uns in ihren Aktionen und Reaktionen, in ihrem Verhalten und ihren Signalen. Wenn ihnen etwas nicht gut tut, kann man das auch sehen.

Rituale entfalten ihre positive Kraft in der Interaktion. Jedes neue Kind, jeder neue Erwachsene, der hinzukommt, bringt seine Gewohnheiten und Traditionen in die Gemeinschaft ein. Umgekehrt wirken Rituale, die fester Bestandteil des Kitalebens sind, in die Lebensgewohnheiten von Kindern und Familien hinein. Je nachdem, wie nah sich die Kulturen sind, sind die Rituale kompatibel, oder es ergeben sich Reibungspunkte.

Damit keine unnötigen Konflikte entstehen, sollten wir mit den Eltern rechtzeitig in einen Dialog über ihre und unsere Rituale treten. Je größer das kulturelle Spektrum – unseres wie das der Familien –, desto größer auch das Spektrum an gewachsenen Traditionen, die in der Kita aufeinandertreffen.

Es reicht keinesfalls aus, den Eltern mitzuteilen, was in der Kita üblich ist. Womöglich noch nach dem Motto: »Wenn Sie in unser Land kommen, haben Sie sich gefälligst unserer Kultur anzupassen.« Genau das befürchten manche Eltern: die eigene kulturelle Identität zu verlieren.

Vielmehr geht es darum, einander die eigenen Rituale vorzustellen und deren Bedeutung verstehen zu wollen.

Dabei den ersten Schritt zu tun, das ist Aufgabe des Teams. Zeigen Sie, welche Rituale Sie im Laufe des Tages, der Woche, des Monats, des Jahrs, zu Beginn und am Ende der Kitazeit sowie in den Übergangsphasen pflegen. Lassen Sie die Eltern miterleben, was geschieht, und ermöglichen Sie den Austausch mit anderen Eltern über deren Erfahrungen. Bitten Sie die Eltern, Ihnen mitzuteilen: Was ist in der Familie fester Bestandteil des Lebens über Jahr und Tag? Lassen Sie sich zeigen und erzählen, welche Traditionen gepflegt werden. Spüren Sie deren Sinn nach. Vielleicht könnte etwas davon in der Kita übernommen werden?

In einem solchen Prozess des wechselseitigen Kennenlernens und Verstehens kann sich Nähe einstellen, kann ein gemeinsamer Rhythmus gefunden werden, in dem sich alle aufgehoben fühlen, vor allem die Kinder.

Gerade sehr junge Kinder zeigen uns die Bedeutung von Ritualen für ihr Wohlbefinden. Sie sind aufmerksam und reagieren erfreut, wenn sie etwas wiedererkennen.

Manche Kinder entwickeln eigene Rituale, pflegen sie und sind unglücklich, wenn etwas dazwischenkommt. Sie können erst einschlafen, wenn... Solche Rituale sollten wir annehmen und übernehmen. So erfahren sie Respekt und Resonanz.

Rituale, die im Kitaalltag hilfreich sind

- Das Ankommen in der Kita muss für manche Kinder immer den gleichen Verlauf nehmen. Sie vergewissern sich auf ihre Weise, dass alles seine Ordnung hat. Ein für alle Kinder gültiges Begrüßungsritual ist nur dann sinnvoll, wenn die individuelle Ansprache jedes Kindes nicht gesichert werden kann.
- Die Verabschiedung von den Eltern ist eine heikle Situation, besonders am Anfang. Ein festes Ritual – zum Beispiel die Eltern zur Tür begleiten, am Fenster winken – erleichtert den Abschied.
- Beim Essen ist es für manche Kinder wichtig, einen festen Platz zu haben und in bestimmten Konstellationen zu sitzen.
- Die Schlafsituation erfordert besondere Rituale. Fast alle Kinder haben feste Gewohnheiten, die wir beachten und befolgen müssen, weil sie sonst nicht einschlafen können. Sei es das Schnuffeltuch oder der Nuckel, das Kuscheltier oder leise Musik, Streicheln oder Singen, ein bestimmter Schlafplatz, eventuell in Sicht- und Greifweite der Freundin – in jedem Fall gilt es, diese Gewohnheiten im Vorfeld bei den Eltern zu erkunden und ernst zu nehmen. Hilfreich ist es, für Vertretungs-Kolleginnen Stichwörter zu den Schlafgewohnheiten jedes Kindes in einem Schlafbuch zu notieren.

- Die Kinder wachen unterschiedlich auf. Ihren Wünschen und Gewohnheiten zu entsprechen hat positive Wirkungen auf die Stimmung am Nachmittag.
- Auch das Abholen nimmt bei vielen Kindern eine ritualisierte Form an – sie verhalten sich immer in der gleichen Weise. Dies scheint für sie wichtig zu sein. Also ist es das auch für die Eltern und für uns.
- Ähnlich sieht es bei der Verabschiedung von uns aus. Egal, welches Ritual – es hat immer die Funktion des geordneten Rückzugs: Heute ist der Kitatag zu Ende, morgen sehen wir uns wieder.
- Wenn wir uns erst nach dem Wochenende oder den Ferien wiedersehen, fällt der Abschied anders aus. Kleine Kinder haben noch keine Vorstellung von zeitlichen Dimensionen. Erst durch das Wahrnehmen wiederkehrender Ereignisse entwickeln sie ein Zeitgefühl: Noch drei Mal schlafen, dann... Symbole, zum Beispiel Tagessteine, erleichtern den Überblick: Drei Steine lang komme ich nicht in die Kita, 20 Steine lang bin ich verreist. Auch der Blick zurück kann mit Symbolen strukturiert werden, zum Beispiel mit Lebensaltersketten.
- Wichtige Rituale stellen Feste dar. Dazu gehören gemeinsame Veranstaltungen wie Geburtstagsfeiern, in deren Mittelpunkt zwar einzelne Kinder stehen, die aber wiederkehrende Elemente aufweisen und dadurch rituellen Charakter tragen: Es gibt etwas besonders Leckeres zu essen, der Tisch ist festlich gedeckt, die Räume sind geschmückt, es wird Musik gemacht und getanzt. Dies zu wissen schafft Vorfreude und hebt den Tag schon im Vorfeld aus dem Alltag heraus.

Was niemand braucht, das ist der Stress, der entsteht, wenn sich die Erwachsenen unter Druck setzen und das Fest nur noch »abarbeiten«. Also: Überlegen Sie gut, worin Sie Kraft und Ideen investieren wollen, was sich lohnt und allen Beteiligten Vergnügen bereitet. Nur weil es immer so war und die Eltern es erwarten, muss es nicht so bleiben.

Rituale können nur dann ihre Wirkung und ihren Reiz entfalten, wenn sie sparsam eingesetzt werden. Sie müssen herausragen, etwas Besondere sein, gerade wenn sie »üblich« werden.

Ein Tagesablauf, der vollkommen durchritualisiert ist, schränkt individuelle Spielräume ein.

↗Siehe auch: Geburtstag feiern, Morgenkreis, Orientierung, Schlafen, Verabschiedung

Ruhephase

Das Bedürfnis nach Ruhe heißt nicht nur, schlafen zu wollen. Das Bedürfnis nach Rückzug bedeutet nicht nur, allein sein zu wollen. Auch ohne müde zu sein, braucht der Mensch hin und wieder Erholungsphasen vom aufregenden Alltagsgeschehen, in denen Besinnung und Entspannung möglich sind, Zeiten, die nur ihm selbst gehören. Dadurch tankt er Kraft für neue Abenteuer.

Kinder allen Alters wollen kuscheln, sich verstecken, ungestört und unbeobachtet sein, in Ruhe Bilderbücher anschauen, Musik hören, träumen, schmusen oder einfach mal nichts tun. Dieses Bedürfnis ist unterschiedlich ausgeprägt – in Abhängigkeit von der jeweiligen Tagesform. Insofern lässt sich nichts verallgemeinern. Aber jedes Kind zeigt, wann es Ruhe braucht. Dies wahrzunehmen, zu respektieren und zu ermöglichen ist die Aufgabe der Erzieherinnen und macht einen gewichtigen Teil der Qualität ihrer Arbeit aus.

Natürlich brauchen nicht nur Kinder, sondern auch Erwachsene Ruhe- und Erholungsphasen. Niemand ist pausenlos einsatzfähig. Daher muss für regelmäßige kinderfreie Pausen der Kolleginnen gesorgt werden. Selbst außer der Reihe muss es bei Bedarf möglich sein, eine kurze Auszeit zu nehmen. Wird im Team kooperiert, ist das möglich, ohne dass gleich alles zusammenbricht.

Auch Eltern wünschen sich hin und wieder eine Verschnaufpause, in der sie sich vom Alltagsstress erholen können. Dafür Gelegenheit zu schaffen ist ein weiteres Merkmal von Qualität und wirkt sich positiv auf die Beziehungen zwischen Eltern und Erzieherinnen aus.

↗Siehe auch: Achtsamkeit, Elternecke, Höhlen und Nester, Raumgestaltung, Schlafen, Signale beachten, Stillecke

Rückzugsbereiche

Werden Erzieherinnen gefragt, worin die Hauptbelastung im Arbeitsalltag besteht, nennen sie den Lärmpegel. Das Bedürfnis, für Ruhe zu sorgen, äußert sich im häufigen »Pssst!« Ein sinnloses Unterfangen.

Tatsächlich hilft die Gestaltung der Räume, also die Schaffung unterschiedlicher Bereiche für unterschiedliche Bedürfnisse. Ganz oben stehen Gelegenheiten zum Rückzug, denn wenn Kinder sich zurückziehen können, weinen die Jüngsten seltener, und Konflikte nehmen ab.

Um den individuellen Ruhebedürfnissen der Kinder und Erwachsenen gerecht werden zu können, ist es notwendig, mehrere Rückzugsbereiche zu schaffen, die jederzeit zugänglich sind. Manche Kinder verziehen sich gern hinter einen Vorhang, andere liegen am liebsten in ihrem Korb, wenn er mitten im Raum steht. Während ein Kind immer mal wieder auf dem Schoss der Erzieherin seine Auszeit nimmt, verteidigt ein anderes seine Höhle gegen jeden Eindringling. Es gibt Lieblingsrückzugsecken wie die Hochebene, eine Hängematte oder die Puppenecke. Daher sollten wir dezentrale Nischen, Höhlen und variable Ecken schaffen, die mit Kissen, Matratzen, Decken, Tüchern, Vorhängen, Baldachinen und unterschiedlichen Lichtquellen versehen sind. Auch der Rückzug in ein Regal – das unterste Fach bleibt leer und wird mit einer Decke ausgestattet – oder in einen Schrank ist bei manchen Kindern beliebt.

Gibt es diese räumlichen Voraussetzungen, haben die Kinder nicht nur Gelegenheit, sich bei Bedarf zurückzuziehen, sondern sie erleben, dass es unterschiedliche Bedürfnisse gibt. So lernen sie allmählich, die eigenen Bedürfnisse wahrzunehmen und die der anderen Menschen zu respektieren. Zwar geht das nicht automatisch und ohne Probleme vonstatten, aber wenn wir deutlich machen und dafür sorgen, dass Ruhephasen und Rückzugsbedürfnisse geschützt werden, also eine eindeutige Haltung dazu einnehmen, dann unterstützen wir diesen Prozess und bereiten den Boden für Akzeptanz und Respekt.

Um dem Bedürfnis der Erwachsenen, hin und wieder ohne Kinder in Ruhe miteinander reden zu können oder einfach mal auszuruhen, Raum und Gelegenheit zu geben, können kinderfreie Zonen geschaffen werden, die als solche ausgewiesen sind. Erleben die Kinder, dass sie für sich sein können, wenn sie es wünschen, dann akzeptieren sie auch, dass Erwachsene sie zuweilen nicht dabeihaben wollen. Gucken dürfen sie aber mal...

↗Siehe auch: Raumgestaltung, Kooperation, Höhlen und Nester, Signale beachten, Schlafen

Schlafen

Wer gut schläft, dem geht es rundum gut. Und wem es gut geht, der schläft gut. Wir wissen alle aus eigener Erfahrung, wie eng tiefer, erholsamer Schlaf und Wohlbefinden mit den Lebensumständen im Allgemeinen und den Schlafbedingungen im Besonderen zusammenhängen.

Schlafen bringt Entspannung für Körper und Geist. Nicht schlafen zu können, wenn man schlafen muss, ist schlimm. Nicht schlafen zu dürfen, obwohl man müde ist, ebenso. Sei es der Tiefschlaf in der Nacht oder das Nickerchen am Nachmittag – der Körper zeigt, was er braucht, und das Geheimnis des Wohlbefindens liegt schlicht darin, den signalisierten Bedürfnissen nachzugeben.

Es gibt kaum etwas anderes, das sich so wenig erzwingen lässt, wie der Schlaf – außer mit Medikamenten. Der Schlafrhythmus wird von einer inneren Uhr gesteuert. Man wird vom Schlaf übermannt und wacht auf, wenn man ausgeschlafen hat – es sei denn, eine Störung funkt dazuwischen. Den individuellen Schlafrhythmus zu finden und ihm zu entsprechen ist ein erstrebenswertes Ziel und Bildungsbestandteil (Bildungsbereich: Körper und Gesundheit, Kompetenzziel: Wissen, was mir gut tut, und dafür sorgen, dass ich es bekomme.)

Obwohl wir Erwachsenen es nicht immer schaffen – den Kindern können wir die Chance bieten, ihrem inneren Rhythmus zu folgen und ihr Gespür für den eigenen Körper und seine Signale weiter zu entfalten. Ausgeruhte Kinder sind selten gereizt und quengelig. Sie schlafen, wenn die äußeren und inneren Bedingungen günstig sind. Sich beim Einschlafen sicher zu fühlen ist eine dieser Bedingungen, Bewegungsfreiheit und eine kuschelige Umgebung eine andere. Vor allem aber: Schlafen, wenn die Lider schwer werden.

Kinder halten sich nicht an feste Schlafzeiten und an den Organisationsplan. Sie sind müde, wenn sie müde sind – und das hängt nicht allein mit ihrer inneren Uhr zusammen, sondern auch mit Tagesform, den Schlafbedingungen und Aufstehzeiten zu Hause. Wer um 5.00 Uhr früh schon aus dem Schlaf gerissen wurde, wird vielleicht im Halbschlaf in der Kita ankommen und sich ein Nachnickerchen wünschen.

Kinder schlafen, wann und wo sie wollen – wenn die Erwachsenen den Raum dafür geben.

Das kann im Bett sein oder eine Bank im Garten, ein Kuschelkissen und selbst der Stuhl beim Mittagessen.

Kann ein Kind von Anfang an schlafen, wenn es müde ist, wird es künftig keine großen Probleme geben. Es erlebt, wie schön es ist, sich zurückzuziehen, zu entspannen und sich einzukuscheln. Und es muss sich nicht wehren, weil es nicht zum Schlafen gezwungen wird.

Schon junge Kinder haben höchst unterschiedliche Schlafbedürfnisse: Einige schlafen extrem lange, einige sind schnell müde, andere halten lange durch und sind dabei fröhlich und ausgeglichen. Manche, sagen Mütter, sind nie müde.

Jedes Kind kommt auf seine Weise zur Ruhe. Allerdings liegt kaum ein Kind sofort still. Jedes Kind stellt auf seine Weise Anforderungen an die Flexibilität der Erzieherinnen, ebenso wie an die der Mütter und Väter. Diese Herausforderungen belasten junge Eltern oft. Dem Schlafrhythmus des Kindes entsprechen zu wollen, das geht auf Kosten des eigenen, und völlig übermüdete Eltern müssen dennoch ihren Arbeitsalltag meisten.

In der Kita ist es sehr viel leichter, flexibel zu reagieren, denn verschiedene Räume und Menschen stehen zur Verfügung. Trotzdem kann es zu Engpässen kommen.

Nach meiner Erfahrung sind jedoch einige der Probleme selbst gemacht. Endloser Streichelbedarf zum Einschlafen wird seltener, wenn Schlafen individualisiert wird. Und der Wunsch von Erzieherinnen, ein Dutzend Hände zu haben, um parallel streicheln zu können, wird überflüssig, wenn nicht alle Kinder zur gleichen Zeit zur Ruhe gebracht werden müssen.

»Schlafwache« erübrigt sich. Schlafende Kinder braucht man nicht zu bewachen.

Die Unterschiedlichkeit der Kinder zeigt sich auch in ihren Gewohnheiten und Schlafritualen. Der eigene Schlafsack, das Kuscheltuch oder Lieblingstier, die Spieluhr von zu Hause bringen ein Stück Vertrautheit und erleichtern das Einschlafen.

Verschiedene Schläfertypen

- Der Schlafwusler dreht und rollt sich hin und her – auf, über und unter der Decke –, bis er die richtige Schlafposition gefunden hat.
- Der Schlafsportler macht Kopfstand auf der Matratze, stört die anderen Kinder beim Einschlafen, braucht ein Einzelzimmer, turnt noch mit geschlossenen Augen und schläft irgendwann ein.
- Der Querschläfer braucht drei Matratzen.
- Der Gewohnheitsschläfer kommt nur zur Ruhe, wenn er immer den gleichen Schlafnachbarn antrifft und Matratze oder Bett exakt an derselben Stelle stehen.
- Der Wachbleiber hat Angst, etwas zu verpassen, und ist ein Kandidat für den Suppenschüsselschlaf.
- Der Herdenschläfer schläft nur, wenn alle Schäfchen schlafen – egal, wie müde er ist.
- Der Kuschelschläfer sucht den Hautkontakt zur Lieblingserzieherin und zwingt Erwachsene zum bezahlten Mittagsschlaf.
- Der Dauerschläfer könnte stundenlang irgendwo hingelegt werden, verpasst alles, ist aber glücklich.
- Der Sitzschläfer reißt sofort die Augen auf, wenn er hingelegt wird, denn er will auf dem Stuhl schlafen.
- Der Bewegungsschläfer macht nur die Augen zu, wenn er herumgefahren wird.
- Der Melodieschläfer braucht musikalische Untermalung.
- Der Schuckelschläfer muss geschaukelt werden.

Wie man sieht, alles ist möglich. Nicht möglich ist hingegen, alle Sonderwünsche gleichzeitig zu erfüllen. Das Kunststück besteht also darin, der Vielfalt von Schlafbedürfnissen dennoch gerecht zu werden. Dies erfordert ein hohes Maß an geplanter und spontaner Kooperation sowie die gemeinsame Nutzung von Räumen. Sinnvoll kann auch die Zusammenstellung bestimmter Schlafgruppen sein – die Frühschläfer, die Spätschläfer, die Nicht- oder Nebenbeischläfer –, in Kombination mit den passenden Erzieherinnen. Entsprechende Raum- und Personalplanung erleichtert die erforderliche Flexibilität.

Wenn Kinder im Schlaf weinen oder beim Aufwachen schreien, haben sie einen Grund. Seien es Verlassenheitsängste oder schlechte Träume – man muss sofort reagieren. Erfahren die Kinder, dass ihre Hilferufe ernst genommen werden, ist die Angst besser zu bewältigen.

Es ist ein großes Erfolgserlebnis, wenn sich nach wochenlangen Schlafproblemen Veränderungen zeigen: Plötzlich wacht ein Kind auf, ohne zu weinen, spielt mit seinem Kuscheltier oder krabbelt leise davon. Dann haben wir es geschafft!

Siehe auch: Achtsamkeit, Raumgestaltung, Rituale, Rückzugsbereiche, Ruhephasen

Signale beachten

Weil Säuglinge und Kleinkinder ihre Wünsche nicht in der Weise artikulieren, wie wir es gewohnt sind, werden ihre Signale häufig übersehen oder falsch interpretiert. Schlimmer noch: Sie werden nicht selten gering geachtet, geringer jedenfalls als die Wünsche und Absichten der Erwachsenen. So müssen die »süßen Kleinen« es sich gefallen lassen, betatscht und herumgetragen zu werden, ob sie es mögen oder nicht. Sie werden unterbrochen – egal, ob sie mitten in einem Forschungsprozess stecken oder sich gerade mit einem anderen Kind anfreunden. Protestieren sie lauthals, nehmen wir auch das unter umständen nicht ernst.

Erwachsene halten es für normal, dass junge Kinder weinen oder schreien, und rätseln allenfalls über die Ursache. Hinzu kommt – noch immer weit verbreitet – die Befürchtung, das Kind könne verwöhnt und launisch werden, wenn man regelmäßig auf seine Wünsche reagiert.

Sicher ist es nicht immer ganz einfach, die Bedürfnisse kleiner Kinder zu erkennen. Doch es wird in dem Maße leichter, in dem ihr Tun und Treiben genau beobachten. Dabei erschließt sich nach und nach, wie ein Kind reagiert und in welchen Formen es sich äußert. Dies setzt natürlich die Absicht voraus, kindliche Eigenheiten und Grenzen zu respektieren, Kindern nichts überzustülpen und sie in ihren Aktivitäten nicht zu behindern. Wenn wir ihnen Zeit geben, sich auf ihre Weise zu artikulieren, und ihnen die Erfahrung verschaffen, dass sie verstanden und unterstützt werden, leisten wir einen wichtigen Beitrag zur Entwicklung von Selbstwertgefühl und Vertrauensbildung.

Um die Wahrnehmung für die Zeichen und Signale junger Kinder zu sensibilisieren, kann man im Team und zusammen mit Eltern die Methode »Erfahrungsstern« ausprobieren.[60]

Die Methode »Erfahrungsstern«

Im Mittelpunkt steht die These: Was Kinder brauchen, zeigen sie uns; und was sie uns zeigen, brauchen sie.

Um diese These herum werden sternförmig Halbsätze gelegt, die von den teilnehmenden Erwachsenen entsprechend ihren Erfahrungen mit Säuglingen und Kleinkindern vervollständigt werden. Anschließend verständigen sich die Beteiligten darüber, in welcher Weise Kinder ihre Gefühle äußern, was Erwachsene verstehen und was nicht.

- Woran erkennen wir im Einzelnen, was ein Kind bewegt?
- Verstehen wir, was Kinder uns sagen wollen? Wann sind wir unsicher?
- Reagieren wir angemessen? Was ist »angemessen«?

Kinder suchen nach...
ihren Freunden, dem Lieblingsspielzeug, ihrer liebsten Erzieherin...
Kinder werden ungeduldig, wenn...
es nicht sofort etwas zu essen gibt.
Kinder wehren sich dagegen...
auf den Arm oder den Schoß genommen zu werden, weiterzuessen, wenn sie satt sind oder das Essen nicht schmackhaft ist.
Kinder weinen, wenn...
sie wach gehalten werden, ihre Flasche nicht bekommen, sich niemand um sie kümmert.
Kinder genießen es, wenn...
sie gewickelt, eingecremt, massiert werden.
Kinder freuen sich über...
Quatsch machen, singen, tanzen, Versteck spielen.
Kinder lieben es,
Bilderbücher anzuschauen, Kniespiele zu machen, zu klettern.
Kinder kommunizieren, indem sie...
lächeln, brabbeln, rufen, weinen, schreien, strampeln, fuchteln, hinstreben.
Kinder sind neugierig auf...
andere Räume und Bewohner der Kita.
Kinder sind offen für...
alles, was ihnen begegnet.
Kinder probieren aus, wie...

60 Die Methode und die Arbeitsergebnisse stammen aus einem Workshop auf der Fachtagung der »Sternchenkitas« 2009.

es sich anhört, wenn man auf Töpfe klopft oder etwas umfällt.
Kinder experimentieren mit...
Essen, Knete, Lichtschaltern, ihrem eigenen Körper.
Kinder vertiefen sich in...
Bauklötze stapeln, Wasserspiele, malen, manschen, buddeln, träumen.
Kinder konzentrieren sich auf...
Treppensteigen, Löffel in den Mund stecken, selbst eingießen, sich hochziehen, auf den Stuhl klettern, Türgriffe herunterdrücken.
Kinder orientieren sich an...
Orten, Symbolen, Signalen (Glocke), Ritualen, bestimmten Menschen.

↗Siehe auch: Achtsamkeit, Beobachtung, Dialog, Emphatie

Singen

Singen spielt eine große Rolle für junge Kinder. Es macht ihnen Freude, wenn gemeinsam gesungen wird, und es beruhigt, wenn jemand vorsingt. Nicht von ungefähr werden Kinder seit Generationen in den Schlaf gesungen.

Singt man einem Kind etwas vor und wiegt es dabei auf dem Schoß, genießt es nicht nur die Klänge und sanften Rhythmen, sondern zugleich Wärme und Zuwendung. Die meisten Kinder werden dabei still und versonnen.

Anders beim gemeinsamen Singen, das die Kinder lieben, weil sie aktiv sein und ihre Ideen einbringen können. Eine gesungene Geschichte wird mit der Stimme, mit Händen und Füssen, mit dem ganzen Körper begleitet. Der Rhythmus des Gesangs setzt sich unwillkürlich in Bewegung um.

Singt man mit den Kindern regelmäßig und verbindet das Singen mit anderen Bewegungs- und Ausdrucksformen wie klatschen, auf den Tisch schlagen, hopsen oder mit den Füssen trampeln, entsteht im Laufe der Zeit vielleicht ein bestimmtes Ritual, auf das sich alle freuen, weil es mit Vergnügen verbunden ist.

Erzieherinnen, die dazu Lust haben, sollten regelmäßig mit den Kindern, die Lust dazu haben, und für die Kinder, die das gern hören, singen. Lust ist wichtiger als eine tolle Stimme, und von den Kindern kann man lernen, dass nichts peinlich ist, schon gar nicht Gesang.

Wer partout nicht mag oder will, sollte dazu beitragen, dass die Kinder jemanden finden, der mit ihnen singt. Großmütter zum Beispiel kennen viele Lieder.
Gibt es mehrere Erwachsene, die eine Leidenschaft fürs Singen haben, könnte sich ein Kitachor gründen und zu einem ganz besonderen Angebot für Kinder, Eltern und Kolleginnen werden.

Gesang »aus der Dose« ist übrigens kein Ersatz für echte Stimmen, mag er noch so perfekt klingen. Egal, wie schräg wir singen, für die Kinder zählt die gemeinsame Aktion, die Freude auf beiden Seiten und die Beziehung, die beim Singen entsteht.

↗Siehe auch: Disko, Fingerspiele, Musik hören und erleben, Rituale

Spiegel

Für uns Erwachsene haben Spiegel in der Regel die Funktion, unser Äußeres zu prüfen und uns ein bisschen aufzurüschen. Außerdem verschönern sie Räume. Die Faszination von Spiegeln erliegen wir nur noch selten – es sei denn, wir geraten in ein Spiegelkabinett oder -labyrinth auf dem Jahrmarkt.

Für Kinder haben Spiegel eine andere Bedeutung, viele Funktionen und üben große Anziehungskraft aus. Spiegel geben Rätsel auf, vergrößern und verzerren die Welt. Spiegel regen an, sich mit sich selbst zu befassen, Faxen zu machen, zu staunen und sich zu wundern. Spiegel helfen, ein Bild von sich selbst zu entwickeln.

Schon vor Jahrzehnten beschäftigten sich Pädagoginnen in Reggio Emilia intensiv damit, wie Spiegel auf Kinder unterschiedlichen Alters wirken. Von ihnen ließen wir uns anregen und setzen Spiegel nicht nur als Dekorationselemente in der Kita ein.

Bei Säuglingen ergibt sich das Interesse am Spiegel zunächst zufällig. Sie untersuchen ihn, wie sie jeden anderen Gegenstand, der ihnen in die Hände gerät, untersuchen: Sie betasten ihn, klopfen dagegen, lecken daran. Sie sehen das Bild im Spiegel, aber es sagt ihnen nichts – jedenfalls vertiefen sie sich nicht in dieses Bild. Interessanter ist das Ding an sich: kalt, glatt, mit einem beweglichen Griff... Der Spiegel ist ein Gegenstand wie andere auch, seine besondere Eigenschaft erhellt sich erst nach und nach.

Entdeckt ein Kleinkind die Spiegelbilder von Dingen und Menschen, kann das zunächst irritierend wirken. Gerade hat es gemerkt, dass alles eine Form hat, sich unterschiedlich anfühlt und bewegt werden kann. Plötzlich ist alles flach, kalt und bewegt sich im Spiegel wie von Zauberhand. Eigenartig und ein bisschen beunruhigend...

Eine solche Reaktion wahrzunehmen und dem Kind erst einmal eine weniger spiegelverkehrte Welt zu eröffnen, das ist Aufgabe der Erzieherin. Spiegel sind eben nicht per se und für alle Kinder in jeder Situation gut.

Die Spiegelspiele der älteren Kinder, der Ein- bis Zweijährigen, drehen sich um das, was für sie auch sonst von Bedeutung ist: die Entdeckung des eigenen Körpers und der eigenen Identität. Nach und nach erkennen sie, dass ihr Gegenüber nicht hinter dem Spiegel steckt, sondern dass der Spiegel sie selbst zeigt. Ein großer Sprung in der Entwicklung. Von da an wollen sie sich immer wieder ansehen und vergewissern: Das bin ich. Schauen sie gleichzeitig Fotos an, die ebenfalls »Ich« zeigen, steigert sich das Vergnügen.

Spiegel können in unterschiedlicher Weise eingesetzt werden. Auch das haben wir von den Reggianern gelernt. Am bekanntesten wurde das Spiegelzelt, ein begehbares Kaleidoskop, häufig in hiesigen Kitas nachgebaut. Die Kinder schauen hinein, kriechen hinein und sehen zwei Köpfe, vier Arme, acht Beine. Sie drehen sich auf den Rücken und sehen sich hundertfach in der Kristallpyramide. Was für ein überwältigender Eindruck! Manche Kinder können sich davon kaum noch losreißen.

Bei der Planung und Gestaltung von Räumen für junge Kinder sollten Spiegel nicht zu kurz kommen – allerdings im Zusammenhang mit der Frage, welche Bedeutung sie für wen an welcher Stelle haben können.

Spiegel-Möglichkeiten

- Sollen Krabbelkinder Bekanntschaft mit ihren Spiegelbildern und denen der anderen machen, ist es sinnvoll, einen großen Wandspiegel, der bis auf den Boden reicht, neben der Krabbelmatte anzubringen. Erstaunt werden die Kinder sich selbst und die anderen spiegelbildlich kennen lernen.
- Daraus lässt sich ein tägliches Spiel oder morgendliches Ritual machen: Alle anwesenden Kinder setzten sich auf die Matte vor den Spiegel und stellen fest, wer da ist. Bei dieser Gelegenheit werden die Namen der Kinder und Erzieherinnen genannt. Nach und nach prägt sich ein: Ich bin ich und heiße Tim; du bis du und heißt Anna.
- Der Prozess der Selbsterkenntnis wird unterstützt, wenn Spiegelfliesen und Fotos der Kinder nebeneinander aufgehängt werden, zum Beispiel den ganzen Flur entlang und natürlich auf ihrer jeweiligen Augenhöhe: für Krabbler weit unten, für Läufer weiter oben. Die Kinder nehmen sich so dreifach wahr, »in echt«, im Spiegel und auf dem Foto. Sie entdecken, vergleichen, identifizieren sich selbst und die anderen Kinder.
- Ein Spiegel über der Wickelkommode ermöglicht den Kindern, ihren ganzen Körper zu sehen und die gesamte Prozedur zu beobachten. Dadurch erhält das Wickeln neben der Säuberung und liebevollen Zuwendung eine weitere Dimension.
- Wo Sachen zum Verkleiden, Tücher und Hüte hängen, darf auch ein Spiegel nicht fehlen, damit die Kinder ihre Verwandlungen verfolgen, sich bewundern und ihre Bewegungen beobachten können.
- In Waschräumen und Toiletten muss darauf geachtet werden, dass die Spiegel auch tatsächlich in Augenhöhe der Kinder angebracht sind, damit sie die Chance haben, sich bei ihren Verrichtungen zu sehen.

Reiche Anregungen finden sich im »Spiegelheft«[61]. Es eröffnet einen Zugang in die magische Welt der Spiegel und die Bedeutung von Spiegelungen.

↗Siehe auch: Anregungen, Disko, Raumgestaltung

Spiegeln

Das Spiegeln im übertragenen Sinne – in Beziehungen, in der Kommunikation, in der Interaktion, das Spiegeln von Wahrnehmungen und Gefühlen – und die Selbstbespiegelung sind Formen der Selbstvergewisserung, der Überprüfung und wechselseitigen Rückmeldungen, unerlässlich für eigene und gemeinsame Entwicklungsprozesse. Reflexion und Selbstreflexion gehören zum professionellen pädagogischen Handwerkszeug. Das eigene Handeln, seine Begründungszusammenhänge und Auswirkungen im Spiegel von Zielen und Wertvorstellungen zu betrachten ist eine Voraussetzung dafür, den inneren roten Faden zu halten oder ihn wiederzufinden, falls er verloren gegangen sein sollte.

Auch für Kinder sind Spiegelungen notwendig, damit sie ein Gespür dafür bekommen, was sich in Beziehungen abspielt, was ihr Handeln bewirkt und

61 Rettkowski-Felten, M./Jordan, M.: Spieglein, Spieglein an der Wand... verlag das netz, Weimar/Berlin 2008

was sie von anderen Menschen erwarten können. Spiegelungen ermöglichen Kindern, ihr Verständnis von sozialen Beziehungen weiter auszudifferenzieren, ein immer klareres Bild von sich selbst und ihrer Rolle im sozialen Geflecht zu entwerfen.

Ein weiterer Aspekt von Spiegeln ist im Leben mit Kindern bedeutsam: Von Geburt an haben sie die Fähigkeit zur Kommunikation und Interesse an Beziehungen. Schon Neugeborene nehmen Blickkontakt auf und spiegeln die Mimik von Gesichtern, die sich ihnen zuwenden. Sie »antworten« regelrecht. Wenn wir ihnen die Zunge herausstrecken, tun sie es auch irgendwann. Eine Folge der sogenannten Spiegelneuronen, die bewirken, dass der Mensch sich durch bloßes Hinschauen unbewusst, quasi automatisch, in sein Gegenüber versetzt und Mimik, Gestik oder Körperhaltung spiegelt. Achten Sie mal darauf, wie oft Sie die gleiche Körperhaltung einnehmen wie die Menschen, die ihnen gegenüber stehen. Es ist verblüffend![62]

Zu wissen, was es damit auf sich hat, hilft, nicht zu vergessen, dass jede Äußerung, alle Reaktionen, jedes Handeln und Nichthandeln eine Bedeutung für die Welt- und Selbstwahrnehmung der Kinder hat.

Das soll nicht heißen, dass Erzieherinnen oder Eltern ständig mit Lupe und Spiegel bewaffnet unterwegs sein und sich permanent selbstzweifelnd bespiegeln sollen. Dann würden sie wahrscheinlich jede Unbefangenheit im Umgang mit Kindern und überhaupt verlieren. Es geht eher darum, Achtsamkeit und Gelassenheit zu üben, Signale wahrzunehmen und zu beantworten, sich auf wechselseitige Abstimmung und gemeinsames Erleben einzustellen und sich dessen bewusst zu sein, dass Kinder lauter kleine Puzzleteile für ihr Selbstverständnis aus unseren Spiegelungen ziehen. Vor allem aber geht es darum, dass wir aus dem, was die Kinder uns spiegeln, etwas über uns erfahren können. Denn die Kinder zeigen nicht nur, was sie brauchen, sondern ebenso, wie wir auf sie wirken. Vier- bis Fünfjährige machen uns regelrecht nach, zum Beispiel wenn sie »Mutter, Vater, Kind« spielen.

Im Kleinkindalter spiegeln Kinder in anderer Weise, was wir tun und welche Atmosphäre wir verbreiten. Unruhe, Genervtheit oder stillvergnügte Zufriedenheit – das hat immer auch mit uns zu tun.

↗Siehe auch: Achtsamkeit, Beobachtungskompetenz, Dialog, Kooperation, Offene Arbeit, Qualität

Sprache

Seit PISA wird für die frühkindliche Sprachförderung viel Geld und Zeit aufgewandt. Sprachstandsmessungen und Sprachförderprogramme werden in etlichen Bundesländern generalstabsmäßig durchgeführt. Frühzeitige Sprachtest sollen Defizite aufdecken, womit vor allem begrenzte Deutschkenntnisse gemeint sind. Gezielte Sprachförderkurse sollen Abhilfe schaffen. Die Absicht ist, auf diese Weise bessere Voraussetzungen dafür zu schaffen, dass auch Kinder aus Migrantenfamilien im selektiven Schulsystem bestehen können.

Bisherige Erfahrungen zeigen, dass diese Versuche wenig erfolgreich sind. Kein Wunder, denn Sprachentwicklung und deren Unterstützung »funktionieren« anders. Das wissen alle, die sich damit intensiver befasst und praktische Erfahrung – auch mit den erfolglosen Sprachfördermaßnahmen der letzten Jahre – gemacht haben.[63] Leider spielt das auf politischen Entscheidungsebenen offenbar keine Rolle.

Sprache hat eine große Bedeutung. Sie ist unser zentrales Kommunikationsmittel. Je besser wir uns verbal ausdrücken können, umso einfacher ist die Verständigung miteinander und umso weniger müssen andere Mittel eingesetzt werden, wenn es darum geht, eigene Wünsche anzumelden und Interessen auszuhandeln.

Sprache ist aber mehr als das gesprochene Wort. Einen erheblichen Teil unserer Botschaften übermitteln wir über nonverbale Ausdrucksformen. Gestik und Mimik gehören ebenso dazu wie Körperhaltung und Tonfall. WAS gesagt wird, hat weniger Gewicht als das WIE. Zu allem Überfluss hören wir sowieso nur das, was in unserem eigenen Kopf gerade bedeutsam ist.

Wie bei allen anderen Entwicklungsprozessen von Kindern kommt dem Verhalten der Erwachsenen auch bei der Sprachentwicklung hohe Bedeutung zu. Mehr noch: Sprachverständnis und Sprachgefühl vermitteln sich wesentlich über Empfindungen und Beziehungen.

Sprachentwicklung beginnt spätestens mit der Geburt. Schon im Mutterleib hört das Kind die umgebende(n) Sprache(n), erlebt Tonfall und Sprachrhythmus, Schwingungen und Betonungen. Während andere Stimmen mehr oder weniger entfernt sind, bleibt die mütterliche Stimme immer gleich nahe.

62 Wer sich damit näher befassen will, dem empfehle ich Joachim Bauers Buch »Warum ich fühle, was du fühlst«, erschienen im Heyne Verlag, München 2006.

63 Siehe dazu: Eibeck, B.: Wer das Sprechen verbietet, kann Sprache nicht fördern. Betrifft KINDER, Heft 5-6/2007

Kommt das Kind auf die Welt, hört es plötzlich nicht mehr von innen, sondern von außen. Auch die Stimme der Mutter ist nicht mehr permanent nah, aber sehr vertraut. Von ihr lässt sich das Kind am ehesten beruhigen.

Doch nicht allein Stimme und Sprache sind wichtig, sondern deren Kombination mit liebevoller Zuwendung und interessierter Aufmerksamkeit. Entscheidend für die Entwicklung im Allgemeinen und die Sprachentwicklung im Besonderen sind die Erfahrungen des Kindes mit Beziehungen und Kommunikation. Dabei hat die »Muttersprache« besondere Bedeutung, denn sie ist ein Synonym für die erste und zunächst engste Beziehung des Kindes. Natürlich bleibt sie nicht die einzige, denn es gibt andere Familienmitglieder und damit die »Familiensprache«.

Falls es nicht nur eine Familiensprache gibt, sondern zwei oder gar mehrere, hat ein Kind die Chance, mehrere Sprachen – und damit mehrere Kulturen – kennenzulernen. Von seinen biologischen Voraussetzungen her kann es jede Sprache dieser Welt erlernen, alle Laute erzeugen, alle Tonlagen übernehmen. Tatsächlich erwirbt ein Kind natürlich nur die Sprache(n), die ihm in seinem Lebensumfeld begegnen. Seine ursprünglich allumfassenden Potenziale werden nach und nach eingeschränkt. Im späteren Leben ist es nicht nur schwieriger, eine neue Sprache in Wort und Grammatik zu erlernen, sondern vor allem, deren ungewohnte Laute zu übernehmen.

Weitere Sprachen zu erlernen fällt umso leichter, je sicherer ein Kind die Systematik von Sprache überhaupt verinnerlicht hat, denn auf diesem Fundament bauen alle weiteren Sprachen auf. Die Systematik von Sprache eignet sich ein Kind quasi nebenbei an, wie Sprachentwicklung und Sprachenlernen im Kindesalter beiläufig geschieht, im alltäglichen Leben und Erleben. Deshalb ist die beste Förderung eine, die in den Alltag integriert ist und an der Lust und den Impulsen des Kindes ansetzt.

Bereits von Anfang an übt sich das Kind im Sprechen und in den Sprachen seiner Umgebung. Zunächst probiert es verschiedene Laute und macht Erfahrungen damit, wie und auf welche Weise welche Töne zu erzeugen sind. Dabei kommt die Spiegelung zum Tragen: Das Kind macht die Mundstellungen nach, die es sieht, und merkt dabei, wie was »produziert« werden kann. Zunehmend bildet es gezielt Laute und ordnet sie Menschen, Dingen und Ereignissen zu.

Erwachsene achten beim Thema »Sprachentwicklung« meist auf Wortschatz und Grammatik. Bewusst fördernd agieren sie oft erst, wenn das Kind die ersten Wörter spricht oder wenn sie den Eindruck haben, das Kind spreche nicht »richtig«. Die frühkindlichen Prozesse, Stimm- und Sprachexperimente werden selten in den Blick genommen oder gar unterbunden, weil ihre Bedeutung unbekannt ist. Ein Kind, das einen bestimmten Laut lustvoll immer wieder erprobt, stört.

Wieder hilft es, zu wissen, was tatsächlich geschieht und welche Bedeutung das Tun des Kindes für seine Entwicklung hat. Sicherlich müssen solche Übungen nicht unbedingt im Restaurant stattfinden. Aber in der Kita muss dies möglich sein und unterstützt werden.

Kindgemäße Sprachförderung greift die Lust der Kinder am Spiel mit ihren Stimmen und Sprechwerkzeugen auf und stachelt sie an.[64]

Zu den Bedingungen, die mehr oder weniger förderlich wirken, gehören das Elternhaus, die Familie und das unmittelbare soziale Umfeld, aber ebenso die Kita. Denn hier verbringen Kinder einen großen Teil ihres wachen Lebens und machen prägende Beziehungserfahrungen.

Nicht nur die Sprachen, sondern die gesamte Kommunikationskultur, die Ausdrucksformen und die Sprachfreudigkeit färben auf die Kinder ab, selbst wenn sie noch nicht wortwörtlich verstehen, was wir sagen. Sie nehmen unsere Ansprache wahr – vermittelt über Zuwendung und emotionale Wärme –, setzen sie in den Zusammenhang mit Handlungen und Erfahrungen und bilden einen begrifflichen Grundstock. Darum ist es so wichtig, mit den Kindern über das zu sprechen, was geschieht und worauf sie ihre Aufmerksamkeit richten.

Ein Kind lernt die Sprache von Erwachsenen und älteren Kindern, weil es das will. Es will sich mitteilen und wird ungeduldig oder zornig, wenn es nicht verstanden wird.

Ein Kind will Beziehung, und Sprache ist ein Band. Sprechen wir also mit dem Kind von Beginn an, sagen wir ihm, was wir tun und vorhaben, nehmen wir seine Reaktionen und Äußerungen ernst – beim Hochnehmen, Baden, Anziehen, Füttern und Schlafenlegen. Es hört unsere Laute, beobachtet unsere Mimik und Gestik und verbindet mit dem, was es hört, sieht und erfährt, die liebevolle Zuwendung, die in der Art, wie gesprochen wird, zum Ausdruck kommt. Dieser Weg führt zum Sprechenlernen. Gera-

64 Siehe auch: von Maydell, A.: Sprachförderung in den ersten Lebensjahren. Betrifft KINDER, Heft 3-4/2006

de wenn Kinder die Sprache noch nicht verstehen, macht der Ton die Musik.

Die Sprachentwicklung verläuft nicht im unmittelbaren zeitlichen Zusammenhang mit der übrigen Entwicklung, etwa nach dem Motto: Wer zuerst spricht, malt zuerst. Manche Kinder sprechen schon mit einem bis anderthalb Jahren relativ klar und versuchen, Sätze zu formulieren. Andere lassen sich lange Zeit, beobachten, machen sich ein Bild und überraschen uns plötzlich mit ganzen Sätzen. Insofern ist Gelassenheit angebracht.

Entsteht allerdings der Eindruck, das ein Kind gar keine Anstalten macht, Laute zu bilden und mit anderen in sprachliche Kommunikation zu treten, müssen wir nach der Ursache forschen. Häufig handelt es sich um Hörprobleme, was leicht herauszufinden ist, wenn gezielt laute Geräusche neben oder hinter dem Kind ertönen. Reagiert das Kind nicht, dann spricht es vermutlich nicht, weil es nichts oder zu wenig hört, und professionelle Beratung ist nötig.

Noch einmal und mit Nachdruck: Die Kita als Sprachbildungsort zu gestalten erfordert die Rückbesinnung auf ursprüngliche »Methoden« aus Zeiten, in denen man sich noch keine Gedanken um diesen Vorgang machte. Der einzige Weg, wie Kinder in die Sprache gebracht werden oder schon immer in die magische Welt der Sprache eintauchten, ist: Man wiegt sie auf dem Schoß, lässt sie Nähe, Wärme, Sicherheit und Geborgenheit spüren. Voller Vertrauen lauschen sie Wiegenliedern, Reimen, Gedichten, Geschichten oder dem, was wir gerade erzählen. Sie spüren den Rhythmus der Sprache und des Atems, den Klang des Reims, der Sätze, Wörter und Laute, sie sehen Lippen, Zunge und Mund sich bewegen und auf geheimnisvolle Weise Botschaften formen – Botschaften, die schon bei einem Neugeborenen klare Gefühle auslösen: Geborgenheit oder Angst, Sicherheit oder Unsicherheit.

Durch Reime, Lieder und freundliche Erzählungen erwerben die Kleinsten ein Wissen um unseren Sprachrhythmus, unser Lautinventar, unsere Grammatik, unseren Satzbau, unsere Sprachmelodie, unsere Ausdrucksmöglichkeiten. Sich dieses Wissen später in Sprachförderkursen anzueignen ist fast unmöglich, da es für das Wunder des Sprechenlernens eben dieser wundervollen Momente der Nähe, Geborgenheit und Magie bedarf.

Deshalb ist es wichtig, dass jede Erzieherin über ein Repertoire von Liedern, Versen, Reimen, Geschichten und Gedichten verfügt, das sie auswendig kennt und jederzeit nutzen kann, um ein Kind in die magische Welt der Sprache zu begleiten. Den englischen Ausdruck für »auswendig« – »by heart« – finde ich sehr treffend. Man braucht für diese Aufgabe Material, das »von Herzen« kommt.

Vielleicht oder hoffentlich ist gar keine Rückbesinnung nötig, sondern nur die Bestätigung dessen, was den meisten Erzieherinnen klar ist. Aber in der Nach-PISA-Ära braucht man Mutmacher, um mit dem alten »Backe, backe, Kuchen« anzutreten, statt mit Kursen und Tests.

↗Siehe auch: Bilderbücher, Dialog, Individuelle Förderung, Singen, Zuhören, Zeit

Stillecke

Werden Säuglinge betreut, deren Mütter die Möglichkeit haben, zu den Stillzeiten in die Kita zu kommen, müssen wir einen Bereich schaffen, in dem das in Ruhe und angenehmer Atmosphäre tun können. Mutter und Kind brauchen eine intime und störungsfreie Situation – insbesondere dann, wenn die Mutter abgehetzt ankommt. Sie wird froh sein, wenn ihr einfühlsam begegnet wird, und die Stillecke dankbar annehmen.

Anregungen für die Stillecke

- Die Stillecke sollte ein wenig außerhalb des Getümmels liegen, am besten in dem Bereich, der auch sonst für die ruhigen Unternehmungen vorgesehen ist.
- Sie sollte mit einem großen Lehnstuhl, einem bequemen Sessel, einem Schaukelstuhl oder einem Sofa mit Armlehnen ausgestattet sein.
- Sie sollte eine warme, anheimelnde Atmosphäre ausstrahlen. Indirekte Beleuchtung empfiehlt sich.
- Für die Mutter sollte ein Getränk bereitgehalten werden und etwas zum Knabbern.

Störungen wie Durchgangsverkehr, Telefon oder neugierige Geschwisterkinder – sie sollten während der Stillzeit mit etwas Spannendem beschäftigt werden – müssen vermieden werden. Ein Schild an die Tür fordert auf: Bitte nicht stören!

↗Siehe auch: Atmosphäre, Flaschenkinder, Geschwisterkinder, Ruhephasen

TUV

wie Tagebuch, Teambesprechungen, Transparenz, Trennung der Eltern

wie Übergänge, Überraschungen

wie Verabschiedung

Tagebuch

Eine Variante, die eigene Arbeit und Entwicklungsprozesse von Kindern zu dokumentieren, ist das Kitatagebuch. Es kann als Tagebuch der Krippe, der Nestgruppe, der Abteilung oder einzelner Kinder geführt werden und muss nicht viel Zeit in Anspruch nehmen, wenn es zur Gewohnheit wird, Ereignisse in Stichworten festzuhalten.

Alles, was das Leben mit den Kindern illustrieren kann oder wichtig ist, um die Arbeit darauf aufzubauen, um Gespräche mit Eltern oder Kolleginnen zu führen, wird aufgeschrieben. Natürlich darf es dann nicht in der Versenkung verschwinden, sondern muss seinen Zweck erfüllen können: Austausch und Reflexion.

In Gesprächen mit Eltern hilft das Tagebuch den Erzieherinnen, ihre Wahrnehmungen zu belegen, statt darauf verweisen zu müssen, dass sie leider bei den vielen Kindern nicht in der Lage sind, über ein einzelnes Kind Auskunft zu geben. Auf Elternabenden ist es ein schöner Einstieg, daraus vorzulesen. Und überhaupt kann man nachschlagen: Was ist denn alles so passiert? Was haben wir zusammen erlebt? Wer erinnert sich noch woran?

Das Tagebuch kann, wenn es mit Fotos und Werken der Kinder illustriert wird, ein ansprechendes Layout und schöne Schrift hat, vervielfältigt und verschenkt werden. Oder verkauft, denn Eltern machen bestimmt gern den einen oder anderen Euro locker, um ein solches Erinnerungsstück zu erwerben.

↗Siehe auch: Beobachtungskarteikasten, Dokumentation, Fotografieren, Lebensgeschichten

Teambesprechungen

Die Ausrichtung an einem gemeinsamen Grundkonzept sowie jede Art von Zusammenarbeit und gemeinsamer Planung erfordern Besprechungstermine im Team. Kommunikation, der Austausch miteinander und die Reflexion der Arbeit sind Grundlagen für die Qualität der Arbeit und der Arbeitsbeziehungen. Deshalb sollten sich die Kolleginnen regelmäßig zusammensetzen, um anstehende Themen zu behandeln. Dazu gehören prinzipielle Fragen über Ziele und Methoden, der Austausch über einzelne Kinder, Ideensammlungen und Absprachen, Veränderungswünsche, die Vorbereitung von Veranstaltungen mit Eltern und vieles andere mehr.

Entscheidend ist, dass es einen roten Faden in der Planung und Durchführung dieser Besprechungen gibt und nicht immer erst überlegt werden muss, was eigentlich anliegt. Die gute Vorbereitung und Strukturierung, die effektive Nutzung der Zeit und Ergebnissicherung führen zu wachsender Klarheit, Gemeinsamkeit und bilden den Nährboden für die Weiterentwicklung der Arbeit.

Bei Besprechungen des gesamten Teams geht es darum, die Bedeutung der Arbeit mit den jüngsten Kindern ins Bewusstsein zu bringen und den Kolleginnen zu zeigen, was in der Krippe oder im Nest geschieht. Dies sorgt nicht nur für Anerkennung, sondern schafft die Voraussetzung dafür, dass die Zusammenarbeit intensiviert werden kann.

Kolleginnen, die mit den jungen Kindern arbeiten, sollten ihre Vorhaben anmelden und feste Termine vereinbaren. Dabei geht es um:

- die Darstellung und den Stellenwert der Arbeit mit Kleinstkindern (Bildung, Qualität, Professionalität, Kompetenz), die Auseinandersetzungen mit Vorstellungen und Vorurteilen der Kolleginnen;
- die Bedeutung der Zusammenarbeit über Abteilungsgrenzen hinweg (Übergänge, Vertretung, gemeinsame Raumnutzung);
- den Austausch über die Kinder bei wechselseitiger Vertretung, in Früh- und Spätdiensten;
- das Grundkonzept und die Außendarstellung der Einrichtung insgesamt.

↗Siehe auch: Beschlussbuch, Besprechungsprotokoll, Fortbildung als System, Planung, Zusammenarbeit mit anderen Abteilungen

Transparenz

Transparenz heißt Durchschaubarkeit, Erkennbarkeit, Nachvollziehbarkeit. In der Arbeit mit Kindern geht es um Transparenz

- von Zielen und Arbeitsweisen, Qualitätsvorstellungen und Qualitätsmaßstäben. Dadurch machen wir uns einschätzbar und überprüfbar;
- von Planung und Vorhaben. Dadurch schaffen wir Orientierung;
- von Ängsten und Befürchtungen, Unsicherheiten und Unklarheiten. Dadurch ergibt sich die Möglichkeit, zu verstehen und gegenzusteuern;
- von Besonderheiten und Vorlieben, speziellen Interessen und Fähigkeiten. Dadurch bieten sich Möglichkeiten, personelle Ressourcen gezielt zu nutzen;
- von speziellen Anforderungen und Belastungen. Dadurch wächst das Verständnis füreinander;
- von Leistungen und Erfolgen. Dadurch gewinnen wir Vertrauen bei Eltern und Ansehen in der Öffentlichkeit.

Wenn Erzieherinnen zeigen, was sie wollen, was sie tun und was sie können, lassen sie sich zugleich in die Karten gucken – von Kindern, Eltern, Kolleginnen und der Öffentlichkeit. Das sollten sie selbstbewusst und mit Freude tun, denn sie haben nichts zu verbergen, aber viele Überraschungen zu bieten und neue Möglichkeiten zu gewinnen.

↗Siehe auch: Ängste von Eltern, Dokumentation, Fotografieren, Konzeptbaustelle, Planung

Trennung der Eltern

Leider kommt es immer häufiger vor, dass Eltern sich trennen. Die Kinder, obwohl schwer betroffen, reagieren individuell unterschiedlich darauf.

Oft haben Erzieherinnen nur mit den Reaktionen eines Kindes zu tun, ohne die Ursache zu kennen. Sie sind auf Informationen der Eltern angewiesen, um im Interesse des Kindes angemessen reagieren zu können. Nur so können sie ungewohnte Verhaltensweisen situationsgemäß interpretieren.

Ein betroffenes Kind braucht möglicherweise besondere Zuwendung und Geduld, denn es steht unter Stress. Also muss alles vermieden werden, was weiteren Druck erzeugen könnte.

Zwar können wir den Schmerz des Kindes nicht lindern, aber wir können ihm die Angst nehmen, dass wichtige Beziehungen grundsätzlich nicht von Dauer seien. Neben Mutter und Vater sind Erzieherinnen oft die nächsten wichtigen Bezugspersonen. Sie haben die Chance, dieser Angst entgegenzuwirken und dem Kind in der Kita ein Gefühl von Stabilität und Sicherheit zu vermitteln.

Bei allem berechtigten Informationsbedarf, der nichts mit Indiskretion oder Neugier zu tun hat: In einem Trennungskonflikt dürfen Erzieherinnen weder Position beziehen, schmutzige Wäsche waschen noch haben Trennungsgründe zu interessieren. All dies ist kontraproduktiv, weil es die Arbeit unnötig erschwert und letztlich zu Lasten des Kindes geht.

↗Siehe auch: Bezugspersonen, Distanz zu Eltern, Signale beachten

Übergänge

Der Übergang von einer Lebenswelt in eine andere bedeutet zweierlei: Neues kennen und können lernen sowie das Gefühl von Fremdheit, Unsicherheit und Verlassensein. Er kann sich in beide Richtungen verfestigen.

Wie gut der Übergang eines Kindes in die neue Lebenswelt Kita gelingt, wirkt sich langfristig auf sein Selbstverständnis in Sachen Bewältigung von ungewohnten Lebenssituationen aus.

Die ersten Schritte eines Kindes und seiner Eltern in die Kita sind auch für die zuständigen Erzieherinnen eine schwierige Zeit – unabhängig davon, ob das Kind acht Wochen oder acht Monate alt ist. Im Mittelpunkt professioneller Arbeit muss die achtsame Wahrnehmung seiner Bedürfnisse stehen. Das ist möglich, denn was ein Kind braucht, zeigt es uns. Noch äußert es alle Regungen unvermittelt, zuweilen kippen sie von einem Extrem ins andere.

Jedes Kind zeigt auf seine Weise, was sich in seinem Gefühlsleben abspielt. Darauf angemessen zu reagieren ist unsere Hauptaufgabe. Wir müssen eine sichere Basis schaffen, es zugleich ermöglichen, dass das Kind seine Grenzen erweitert, und die Eltern ermutigen, das ebenfalls zu tun.

Zuweilen ist der Übergang für ein Kind weniger problematisch als für seine Eltern, die es fremden Menschen anvertrauen. Mütter sehr kleiner Kinder leiden nicht selten unter dem immer noch verbreiteten Vorurteil, »Rabenmütter« zu sein, wenn sie es in die Kita geben. Die Befürchtung, das Kind könne Schaden nehmen, wenn es von fremden Menschen betreut wird, ist ebenso verbreitet.

Selbst unabhängig davon, wie die Entscheidung für die Kita individuell und vom sozialen Umfeld bewertet wird, fällt es Müttern schwer, sich nach Schwangerschaft, Geburt und den ersten Wochen oder Monaten des Miteinandervertrautwerdens von ihren Babys zu trennen. Es ist unser Part, ihre zwiespältigen Gefühle ernst zu nehmen, mit Verständnis und Unterstützung zu reagieren, damit Mütter und Väter sich ohne Befürchtungen von ihren Kindern lösen können.

Auch wenn wir häufig mit Ablösungsentwicklungen befasst sind, müssen wir unser Einfühlungsvermögen bewahren und professionell reagieren. Die Aufforderung »Gehen Sie ruhig. Das Kind beruhigt sich, wenn Sie weg sind…« zeugt nicht von Sensibilität. Hilfreich kann dagegen sein, das Verhalten des Kindes in Fotos oder mit einem kurzen Videofilm zu dokumentieren, so dass die Eltern sich überzeugen können. Vertrauen kann nämlich nicht vorausgesetzt werden, sondern wächst durch entsprechende Erlebnisse und Erfahrungen.

Wie gelingt der Übergang für Kinder und Eltern ohne Ängste und schlechtes Gewissen, ohne Dramen oder Konflikte?

- Das Wichtigste ist Geduld und liebevolle Zuwendung. Weint ein Kind, trösten wir es, so lange es Trost braucht.
- Eltern, die sich schwer trennen, bringen wir Verständnis entgegen. Versetzen wir uns in ihre Situation, schauen wir aus ihrem Blickwinkel, versuchen wir, ihre Gefühle nachzuvollziehen. Dann fällt es leichter, sie zu verstehen.
- Rituale – sowohl die Übernahme häuslicher als auch die Entwicklung neuer Rituale, zum Beispiel bei der Verabschiedung – erleichtern Übergänge.
- Übergangsobjekte – ein Tuch der Mutter, der Schal des Vaters – helfen dem Kind, sich der Rückkehr der Eltern zu versichern.
- Sicherheit und Orientierung können durch personelle Kontinuität – immer die gleiche freundliche Begrüßung am Morgen – sowie klare räumliche und organisatorische Strukturen geschaffen werden.
- Eine anregende Umgebung und interessante Unternehmungen lassen den Trennungsschmerz in den Hintergrund treten. Je reizvoller die neue Welt, desto leichter ist der Verlust des Vertrauten zu verkraften.
- Berichte über Tagesereignisse und die Aktivitäten des Kindes mildern die Befürchtungen von Eltern, was in ihrer Abwesenheit passieren könnte. Fotos oder gefilmte Berichte überzeugen mehr als gute Worte.
- Besuchsmöglichkeiten auch außer der Reihe schaffen das Gefühl, jederzeit willkommen zu sein, und bilden den Grundstock für Vertrauen.
- Offenheit für die Sorgen und Ängste der Eltern fördert den Eindruck, ernst genommen zu werden.
- Hilfreich ist es, den Austausch der Eltern miteinander zu fördern und ihnen so ein Forum für die Reflexion ihrer Erfahrungen und Befürchtungen zu geben.

Vertrauensbildende Maßnahmen sind das A und O in der Beziehung zu Kindern und Eltern, denn ein gelingender Übergang setzt voraus, dass das Neue keine Angst (mehr) macht.

Übergänge stehen auch künftig an: Vom Nest in die Etage der größeren Kinder, von der Krippe in eine andere Abteilung, vom Kindergarten in die Schule. Manche Kinder wechseln den Wohnort und die Kita oder müssen sich aus anderen Gründen in einer neuen Umgebung zurechtfinden. Das Leben ist voller Übergänge. Und sie sind nicht leicht. Doch zugleich sind sie eine Herausforderung, in der die Chance der Weiterentwicklung steckt. Diese beiden Seiten zu sehen und Kinder nicht nur zu bedauern, das ist ein wichtiger Schritt auf Seiten der Erwachsenen, denn es nicht möglich, jede Veränderung zu vermeiden oder alle Unterschiede zwischen der gewohnten und der neuen Situation zu egalisieren. Das würde die Chance des Neubeginns schmälern.

Liebevolle Begleitung: ja, ängstliche Vermeidung: nein. Trauen wir Kindern zu, dass sie Übergänge nicht nur bewältigen, sondern daran wachsen. Dieses Zutrauen spüren sie, und es wird sie stärken.

↗Siehe auch: Anfangszauber, Ablösung, Ängste von Eltern, Aufsteiger, Bindung, Eingewöhnung, Verabschiedung

Überraschungen

Orientierung durch wiederkehrende Ereignisse ist gut, denn sie schafft Sicherheit. Doch wenn man jeden Tag schon vorher weiß, was kommt, wird es schnell öde. Neugier erlahmt, Freude erlischt. Deshalb ist die Devise: Öfter mal was Neues. Auch für die jüngsten Kinder.

Überraschungen für die Jüngsten

- eine neue Gestaltung der Tische beim Mittagessen: Alles in einer Farbe, mal rot, mal grün, mal gelb, mal golden oder silbern, wie in einem Schloss;
- eine Sammlung von Haushaltsgegenständen zur freien Verfügung;
- ein Korb mit Tüchern, der plötzlich mitten im Raum steht;
- Musikinstrumente, mit denen experimentiert werden darf;
- ein neu gestalteter und ausgestatteter Raum;
- ein Überraschungsnachtisch;
- Erzieherinnen mit Hut.

Auch für uns Erwachsene sind Überraschungen – sofern es keine unangenehmen sind – eine Unterbrechung der täglichen Routine. Darum steigen die meisten von uns gern darauf ein, sich etwas auszudenken oder sich überraschen zu lassen.

Meine Kollegin Mariele Diekhof hat sich zum Beispiel Folgendes ausgedacht: Alle Namen der Teammitglieder werden in einen Topf geworfen. Reihum zieht jede Kollegin einen Namen und weiß nun, wem sie in der nächsten Zeit eine angenehme Überraschung bereiten kann. Das muss nicht an einem bestimmten Tag passieren, aber in einem bestimmten Zeitraum, zum Beispiel innerhalb eines Monats, und erfordert: Man muss sich Gedanken über die Kollegin machen und herausfinden, worüber sie sich freuen würde. Unter Umständen verändert das sogar die gegenseitige Wahrnehmung.

Ähnliche Überraschungen kann man auch den Eltern bereiten.

↗Siehe auch: Quatsch machen, Rituale

Verabschiedung

Kleinkinder haben noch keinen Zeitbegriff, kein Zeitverständnis. Sie leben im Hier und Jetzt.

Der Tag strukturiert sich für sie über bestimmte Ereignisse oder Handlungen der Erwachsenen. So wissen sie nach einiger Zeit, dass sie erst nach dem Schlafen abgeholt werden, und manche von ihnen setzen sich dann schon auf das Wartebänkchen.

Die Zeit vor dem Abholen erleben die Kinder in immer wiederkehrender Form: Die Räume werden aufgeräumt, Spielzeug wird eingeräumt und weggepackt. Sie werden anderen Erzieherinnen übergeben, Eltern kommen und gehen, Freunde verschwinden. Es herrscht Aufbruchstimmung. Das heißt: Der Tag in der Kita geht zu Ende.

Was bedeutet eine solche Situation für ein Kind, das noch nicht abgeholt wird?

Das vielleicht gerade begonnene Spiel ist abrupt zu Ende. Das Kind muss sein Spielzeug hergeben, denn es in den Spätdienstraum mitzunehmen ist meist nicht erlaubt. Warum eigentlich nicht?

Es gilt, Abschied von der gewohnten Bezugsperson zu nehmen und sich einer nicht so vertrauten Person anzuschließen, sich von den bekannten Räumen zu lösen, woanders hinzuwandern, unbekannte Leute zu treffen.

Vor allem erlebt das Kind, dass andere Kinder abgeholt werden, und wartet ungeduldig auf die Eltern. Es erlebt eine Art Wartesaalsituation. Immer, wenn die Tür aufgeht, denkt es: Jetzt kommt meine Mama... Womöglich gerät es derartig unter Anspannung, dass es nicht in der Lage ist, zu spielen oder sich mit einer Sache zu befassen.

In dieser Phase des Tages sind kleine Kinder sehr anhänglich und brauchen besondere Unterstützung, die ihnen die Wartezeit erleichtert.

Irgendwann kommen Mutter oder Vater – endlich. Manche Kinder möchten dann nicht gleich aufbrechen, sondern noch ein bisschen mit den Eltern spielen, ihnen etwas zeigen. Denn jetzt ist Ruhe eingekehrt, die Eltern sind da.

Nicht nur die morgendliche Trennung von den Eltern ist schwierig für Kinder, sondern auch der nachmittägliche Abschied von der mittlerweile vertrauten Kitaumgebung. Sie müssen zwischen zwei Lebenswelten unterscheiden lernen. Täglich ist dies ein wiederkehrender Prozess des Loslassens und Neubeginns. Sie müssen den Wechsel der Bezugspersonen verkraften, und die Trennung von der vertrauten Erzieherin fällt häufig ebenso wenig leicht wie die von den Eltern.

Weint ein Kind beim Abschied von der Lieblingserzieherin, löst dies oft bei Eltern Betroffenheit und vielleicht sogar Eifersucht aus. Dies ist verständlich, aber unnötig, denn es kann sich um ein Ritual handeln, das für das Kind zum Abschiednehmen gehört. Im Unterschied zu uns Erwachsenen – wir vergießen beim täglichen Abschied keine Tränen – hat er für ein kleines Kind tatsächlich Dramatik. Dass wir uns morgen wiedersehen, ist noch nicht im Bewusstsein verankert. Erst durch längere Erfahrung wächst Gewissheit, und das Kind wird allmählich gelassener im Umgang mit Abschieden.

Was erleichtert Abschiede oder Übergänge?

- Eltern sollten ihre Kinder möglichst nicht unter Zeitdruck abholen, sondern auf deren Bedürfnis eingehen, ihnen etwas zu zeigen und sich mitzuteilen. Sie sollten die Chance nutzen, um das Spiel der Kinder zu beobachten, selbst mitspielen und zuzuhören. Dadurch merken die Kinder: Die Eltern nehmen Anteil an meiner Welt. So entsteht eine Verbindung zwischen beiden Lebenswelten der Kinder, und sie können leichter umschalten.

- Ungeduld – »Komm jetzt endlich!« – schafft Stress für alle. Besser ist es, in Ruhe abzuwarten, bis das Kind von selbst aufbrechen möchte. Dies nicht als verlorene Zeit zu verbuchen setzt voraus, dass die Eltern sie wirklich nutzen. Zum Beispiel, um Erfahrungen und Beobachtungen auszutauschen.
- Zeigt sich, dass ein Kind immer bis zum Schluss bleiben möchte, kann man Eltern das Angebot machen, Besorgungen zu erledigen, bevor sie ihr Kind abholen, und so den Familienalltag erleichtern.
- Damit Kinder erkennen, dass der Abschied nicht für immer ist, sollten am Ende des Tages – wie am Morgen – bestimmte Rituale dazugehören. Die Erzieherin darf sich nicht davonschleichen, sondern muss sich deutlich wahrnehmbar und liebevoll verabschieden. Dies signalisiert: Ich freue mich, dass wir uns wiedersehen; aber für heute trennen sich unsere Wege.

Auch vor längeren Fehl- und Ferienzeiten ist die Verabschiedung wichtig. Wenn möglich, sollten die Kinder eine Vorstellung davon bekommen, warum wir uns eine Zeitlang nicht sehen. Dazu eigenen sich zum Beispiel: Verreisen spielen, Koffer packen. Damit die Kinder ihre Freunde und Bezugspersonen in den Ferien nicht vollständig aus den Augen verlieren und später wieder von vorn beginnen, können sie ein Foto von allen Kleinen und Großen mit in Urlaub nehmen.

Der Wechsel von einer Abteilung in eine andere stellt einen Abschied dar, der zwar nicht endgültig im Sinne Nimmerwiedersehen ist – schließlich trifft man sich mindestens im Garten –, aber die vertraute Umgebung ist Vergangenheit. Dieser Übergang muss gut vorbereitet werden und sollte sich über einen längeren Zeitraum erstrecken. Handelt es sich um das Ende der Krippenzeit und den Abschied vom Kleinkindalter, muss das gebührend begangen werden. Eine kleine Feier kann das Ende einer langen gemeinsamen Zeit markieren, besonders dann, wenn ein Kind aus der Einrichtung ausscheidet. Dann ist der Abschied endgültig und vielleicht auch ein bisschen traurig. Ein Abschiedsfest, zusammen mit den Eltern, beschließt diese Zeit und bringt es noch einmal auf den Punkt: Wir hatten es gut miteinander.

↗Siehe auch: Ablösung, Orientierung, Rituale, Übergänge, Willkommen sein

WZ

wie Wasserspiele, Wickeln, Wiederholungen, Willkommen sein, Windelfrei

wie Zeit, Zeug zum Spielen, Zusammenarbeit mit anderen Abteilungen, Zuwendung, Zuversicht

Wasserspiele

Wasser übt auf Kinder große Faszination aus. Sie freuen sich, wenn sie nach Herzenslust planschen können. Kleine Kinder sind noch dabei, ihr Verhältnis zum Wasser zu klären. Sie erforschen und erfassen es mit allen Sinnen, finden lustig, dass das Wasser Geräusche macht, staunen, dass man Wasser und Schaum anfassen, aber nicht festhalten kann, und probieren, wie Wasser schmeckt. Sie beobachten Lichtreflexe auf dem Wasser oder probieren aus, was schwimmt und was untergeht.

Wer die Chance hat, Waschräume neu zu gestalten, sollte dafür sorgen, dass reichlich Raum für gemeinsames Duschen und Baden, für Experimente mit Bechern und Kannen, Schläuchen und Gießkannen geschaffen wird. Breite Wasserrinnen sind geeigneter als kleine Waschbecken, und rutschfeste Böden erleichtern es den Erwachsenen, Wasserfreuden zuzulassen.

Doch nicht nur wenn Umbauten anstehen und Geld vorhanden ist, kann Wasserspielen Raum geschaffen werden. Schon eine Schüssel oder eine kleine Wanne, mit Wasser gefüllt, löst Begeisterung aus und ermöglicht elementare Erfahrungen: spritzen, auf das Wasser schlagen, Dinge schwimmen lassen, Wasser in andere Behälter um- und ausgießen. Eine vergnügliche Gemeinschaftsaktion wird daraus, wenn mehrere Kinder zusammen planschen.

Beeindruckt sind die Kinder, dass aus den Hähnen Wasser kommt. Stolz sind sie, wenn sie die Wasserhähne selbst auf- und zudrehen können. Und so gern, wie sie selbst baden, baden sie die Puppen.

Auf Kinder, die unruhig oder stark motorisch sind, wirkt Wasser beruhigend und entspannend. Selbst ängstliche Kinder verlieren langsam ihre Scheu vor dem Wasser, wenn man sie nicht zwingt und nicht bespritzt. Sie sollen nach ihrem eigenen Willen Kontakt mit dem feuchten Element aufnehmen. Manchmal ist es anfangs hilfreich, sie aus sicherer Entfernung bei diversen Wasseraktionen zuschauen zu lassen.

Es lohnt sich, Geduld zu haben und den Kindern ihr Tempo und ihre Annäherungsweise zu überlassen. Dies nicht zu respektieren, führt nicht selten zu dauerhafter Angst vor oder Ablehnung von Wasser.

Ideen für Wasserspiele und Wasseraktionen

- Schnee sammeln und auftauen lassen, Schneebälle in der Kühlschrank legen, Schnee kochen, sauberen Schnee essen, einen Schneemann bauen und zuschauen, wie er schmilzt. Selbst Eis herstellen;
- Wasser in Plastikbeutel füllen, zuschnüren und fühlen oder in anderer Form damit experimentieren: dünne Gummihandschuhe, wassergefüllt, ähneln einem Euter, Plastiktüten mit kleinen Löchern werden zu Rundumgießkannen, Schläuche eignen sich, um Wasser auf der einen Seite ein- und auf der andern auslaufen oder hin und her fließen zu lassen;
- Wassermusik: Gläser mit Wasser füllen und auf dem Rand spielen, Flaschen mehr oder weniger füllen, verschließen und schütteln, mit dem Strohhalm ins Wasser blubbern;
- Seifenblasen aller Größen aufsteigen lassen, Schaum produzieren, Wasser färben;
- Staudämme bauen und den Weg des Wasser verfolgen, sein Kraft erleben;
- den Körper mit Lehm oder Farbe einschmieren, sich selbst und einander, anschließendes Abspritzen inbegriffen;
- in farbigem Schaum baden und riesige Schaumberge produzieren.

Der Fantasie sind keine Grenzen gesetzt – es sei denn, Erwachsene setzen sie. Das tun sie leider allzu oft. Statt die Freude und den Forscherdrang der Kinder zu nutzen und zu unterstützen, werden Waschräume häufig abgeschlossen und nur zu Sauberkeitszwecken genutzt. Statt aus dem obligatorischen Zähneputzen eine vergnügliche Aktion zu machen, findet es meist ausschließlich der Gesundheit wegen statt. Jede muntere Abweichung vom »richtigen« Putzen wird korrigiert.

Ich plädiere dafür, regelmäßig mit wenigen oder einzelnen Kindern Wasseraktionen zu initiieren und die »Nasszellen« ihrem Namen entsprechend auszustatten, damit die räumlichen Voraussetzungen für ausladende Wasseraktionen geschaffen werden. Organisatorische Voraussetzungen sind natürlich auch nötig: die Kooperation der Kolleginnen.

Wasserspiele draußen sind besonders beliebt. Rasensprenger oder Wasserschlauch lösen großes Vergnügen aus. Und ein Planschbecken für die Jüngsten gehört im Sommer in jedes Außengelände, genau wie Pumpen und Wasserhähne.

Entscheidend ist auch hier die Kombination von Möglichkeiten und freier Entscheidung. Wer quietschend unterm Rasensprenger durchlaufen will – bitteschön. Wer nicht, der muss die Chance haben, sich in einer Trockenzone zu verschanzen. Die Erwachsenen müssen nur die entsprechenden Bedingungen schaffen.

↗Siehe auch: Anregungen, Ausprobieren, Kooperation, Raumgestaltung

Wickeln

Wickeln ist für viele Eltern und Erzieherinnen ein notwendiges Übel. Sehnsüchtig warten sie darauf, dass das Kind endlich »sauber« wird. Es ist noch nicht lange her, da entschied die Windelfrage – in den westlichen Bundesländern – darüber, ob ein Kind in der Kita aufgenommen wird oder nicht. »Schmutzige« Kinder wollte niemand haben.

Wahrscheinlich ist nicht nur die Mutterideologie, sondern auch das ein heimlicher Grund dafür, dass lange Zeit die magische Marke »Drei« als Aufnahmealter galt. Dreijährige machen kaum noch in die Hose. Obwohl: Manche Kinder lassen sich lange Zeit – und werden von ungeduldigen Erwachsenen, die es satt haben, die duftenden Produkte zu entsorgen, unter Druck gesetzt. Wieder geht es um die Empfindungen – und Empfindlichkeiten – Erwachsenen, statt um das Erleben und die individuellen Entwicklungen der Kinder.

Stichwort Entwicklung: Wir wissen, dass eine Voraussetzung dafür, »Bescheid« zu sagen und selbstständig auf Topf oder Toilette zu gehen, die Körperwahrnehmung und die Fähigkeit ist, die Schließmuskeln willentlich zu steuern. Das braucht seine Zeit. Druck und Drill, voreiliges Training, »Sauberkeitserziehung« genannt, kann zwar den Zeitpunkt geringfügig vorziehen, doch rächt sich das zuweilen mit späterem Bettnässen.

Auch hier gilt: den Impulsen der Kinder folgen. Jedes Kind will tun, was die Großen tun, will können, was alle können, will groß werden. Selbstständig aufs Klo zu gehen gehört dazu. Doch wann und unter welchen Umständen sich dieses Bestreben in den Vordergrund drängt, das ist bei den Kindern unterschiedlich. Wir sollten Geduld haben und uns darauf konzentrieren, das Einpacken in eine frische Windel als angenehmes Ritual zu zelebrieren, denn beim Wickeln gehen wir dem Kind im Wortsinn »an die Wäsche«.

Es reicht nicht aus, dem Kind eine neue Windel zu verpassen, wenn's stinkt – das WIE ist ausschlaggebend. Rümpft die Erzieherin die Nase, wendet sich angeekelt ab oder ringt sich nur widerwillig durch, der Notwendigkeit nachzukommen, erlebt das Kind dies als Abwertung. Es hat den Eindruck, etwas Unerfreuliches produziert und die Erzieherin verärgert zu haben, weiß nicht, warum, und hat keine Alternative.

Um nicht missverstanden zu werden: Selbstverständlich stinkt das »Paket«, und es geht nicht darum, die Gerüche zu leugnen, sondern mit ihnen – also auch mit dem »Produzenten« – anders, lockerer, zugewandt und selbstverständlich umzugehen.

Wickeln soll für das Kind ein angenehmes Erlebnis sein, weil es dabei entscheidende Erfahrungen macht. Liebevolle Zuwendung schafft ein Gefühl des Vertrauens und ermöglicht die Entwicklung einer engen Beziehung. Lockerer Umgang begünstigt ein unverkrampftes Verhältnis zueinander und zur Sache selbst, zum Wickeln.

Es empfiehlt sich, gerade am Anfang und bei sehr jungen Kindern für Kontinuität der Pflegepersonen zu sorgen – vorausgesetzt, es handelt sich um feinfühlige und einfühlsame Menschen. Jede Grobheit schadet. Ein hastig abgefertigter Säugling wird auf diese Behandlung wahrscheinlich bald negativ reagieren und weinen, wenn man ihn auf den Wickeltisch legt, weil diese Situation eine unangenehme Erinnerung wachruft. Das Baby verspannt sich, schreit, wehrt sich – was das Wickeln nicht einfacher macht – oder reagiert passiv und lässt alles über sich ergehen. Liebevolles Berühren, Massieren und Streicheln beim Baden, Einölen und Windeln sorgen hingegen für körperliches Wohlbefinden. Hautkontakt kann zur inneren Entspannung beitragen, weil er dem Kind das Gefühl vermittelt: Nähe ist etwas Schönes, das ich angstfrei genießen kann.

Ältere Wickelkinder, die bereits sitzen, krabbeln oder stehen können, lassen sich meist nicht mehr ohne Protest in der Rückenlage versorgen. Sie stehen auf, strecken sich, angeln nach Gegenständen, die sich auf dem Wickeltisch befinden, und lassen sich manchmal kaum bändigen. Weniger anstrengend und gefährlich – denn sie könnten vom Wickeltisch fallen – ist es, sie im Stehen oder auf einer Matte auf dem Fußboden zu wickeln.

Grundsätzlich sollte darauf geachtet werden, den Kindern ein hohes Maß an Eigenständigkeit zu gewähren: Wickeln, wenn sie es wollen und signalisieren, dass es dran ist. Die Möglichkeit schaffen, dass sie ihre Windel selbst holen. Treppenstufen oder eine Leiter am Wickeltisch anbringen, damit sie selbst hochklettern können – was den Erzieherinnenrücken entlastet. Und eine Rutsche, damit sie absausen können, wenn sie fertig sind.

↗Siehe auch: Berührung, Massagen, Pflege, Raumgestaltung, Spiegel, Windelfrei

Wiederholungen

Kleine Kinder vertiefen ihr Wissen und Können durch Wiederholungen. Dabei erproben und verfeinern sie ihre Fähigkeiten, entdecken immer wieder andere Möglichkeiten und trauen sich Neues zu. Es wird ihnen nicht langweilig.

Diese ohnehin vorhandene Freude an der Wiederholung können wir nutzen, indem wir bestimmte Aktionen selbst mehrfach wiederholen. Beispielsweise beim Malen mit Fingerfarben: Während ein Kind am ersten Tag noch vorsichtig ist und lieber zuschaut, was die anderen machen, möchte es am zweiten Tag vielleicht mitmachen. Am dritten Tag malt es sich oder seinen Nachbarn an, hat sichtbar Freude an diesem Tun, und wenn die Erzieherin am vierten Tag keine Lust mehr hat, wartet das Kind vergeblich auf die Fortsetzung.

Wiederholungen im Sinne eines festen Ablaufes können auch beim pflegerischen Teil, beim Wickeln, Baden oder Anziehen, eingesetzt werden, um Verständnisprozesse zu fördern. Ist der Verlauf immer gleich, wissen die Kinder irgendwann Bescheid, was wann mit ihnen passiert, und können sich aktiv beteiligen. Aus diesem Grund haben Rituale im Tagesablauf gerade bei kleinen Kindern eine wichtige Funktion.

Ein anderes Beispiel: Bilderbücher anschauen. Während das Wort »Flugzeug« anfangs nicht mehr als eine Lautreihe ist, verbinden die Kinder es irgendwann mit dem Bild. Indem wir die korrekten Bezeichnungen nennen, entwickeln sie allmählich Verständnis für das Wort. Tägliches Anschauen von Bilderbüchern und Kommentieren der Bilder sollte daher so selbstverständlich sein wie das Mittagessen.

Wiederholung bedeutet: Üben, bis man's kann, weil man es können will. Erprobung, Erkenntnis, Ausdauer, Freude am Können – all dies klappt wunderbar, so lange die Eigenmotivation der Kinder genutzt und gefördert wird, so lange die Aktion spannend ist. Handelt es sich um Zwangsarbeit, geht die Sache schief.

↗Siehe auch: Ausprobieren, Interessen der Kinder, Lust am Spiel, Rituale, Sprache

Willkommen sein

Eltern und Kinder sollen die Erfahrung machen können, dass sie in der Kita willkommen sind. Das ist eine der zentralen Botschaften, wenn ein Vertrauensverhältnis und eine entspannte Atmosphäre entstehen sollen.

Auf der Kinderebene heißt das:

- Jedes Kind wird morgens persönlich und freundlich begrüßt.
- Jedes Kind wird auf Augenhöhe angesprochen: in die Hocke gehen und verständlich sprechen.
- Neue Kinder werden vorgestellt; der Einstieg wird ihnen liebevoll erleichtert.
- Kinder, die nach längerer Abwesenheit zurückkommen, werden aufmerksam und liebevoll empfangen, damit sie erleben: Alle freuen sich, dass ich wieder da bin.
- Rituale werden entwickelt, die dazu beitragen, dass die Kinder einander wahrnehmen und begrüßen

Auf der Ebene der Eltern wird signalisiert:

- Sie sind uns jederzeit willkommen, schauen Sie sich um, sprechen Sie mit uns...
- Wir freuen uns auf Sie und Ihr Kind.
- Wir wollen möglichst viel über Ihr Kind erfahren und es gut kennen lernen.
- Nehmen Sie Platz, ruhen Sie sich von Ihrem stressigen Tag aus, entspannen Sie sich...
- Informieren Sie sich über unsere Arbeit, fragen Sie nach, sprechen Sie mit uns und anderen Eltern.
- Äußern Sie Ihre Wünsche und Kritik; wir sind für jede Rückmeldung dankbar.
- Sprechen Sie mit uns über Ihre Ängste und Sorgen. Wir unterstützen Sie, so gut wir können.

Es sollte darauf geachtet werden, dass

- die Frage nach einem Attest ohne vorwurfsvollen Unterton gestellt wird und die Eltern nicht schief angesehen werden, wenn sie dieser Verpflichtung noch nicht nachgekommen sein sollten. Das entspannt die Stimmung und begünstigt Verständnis für Notwendigkeiten;
- alle Informationen und Mitteilungen für die Eltern von Form, Ton und Inhalt angemessen vermittelt werden: ausführlich und informativ, höflich, ansprechend gestaltet und mit der Bitte um Rückmeldung oder Mitarbeit versehen;
- alle schriftlichen Mitteilungen und Dokumentationen in die Sprachen der Eltern übersetzt werden;
- Räume und Ecken zum Verweilen einladen und die Kommunikation erleichtern;
- das gesamten Haus anfangs in einem ausgiebigen Rundgang vorgestellt wird und die Eltern mit den Kolleginnen bekannt gemacht werden.

Einladend und informativ zugleich wirken außerdem:

- ein gut durchdachter Eingangsbereich, der die konzeptionellen Kernpunkte der Arbeit auf einen Blick präsentiert;
- die Vorstellung der Teammitglieder – nebst Funktion – auf einer Fotowand;

- Fotos von allen Kindern und Erwachsenen, die zur Kita gehören;
- ein Plan, wer und was wo zu finden ist;
- ein ansprechend gestaltetes Leitungsbüro mit Platz für Gespräche.

»Willkommen sein« bezieht sich nicht allein auf Kinder und Eltern, sondern auch auf Besucher, die die Schwelle überschreiten und sich zurechtfinden sollen. Falls ein unbekanntes Gesicht auftaucht, muss dieser Besucher zunächst bemerkt und dann freundlich begrüßt werden. »Was kann ich für Sie tun?« wirkt angenehmer als die brüske Frage: »Was machen Sie denn hier?« Wir sollten uns über jedes Interesse an der Kita und der Arbeit mit jungen Kindern freuen.

↗Siehe auch: Atmosphäre, Erstgespräche, Elternbrief, Elternecke, Omas und Opas, Raumgestaltung

Windelfrei

Das Wort »Windelfrei« – im Gegensatz zu »sauber« – betont den Willen der Kinder, sich von Abhängigkeit zu befreien. Denn darum handelt es sich ja: Sie werden die Windel los und können die Welt erleichtert erkunden. Nur für das Poabwischen sind die Erwachsenen noch eine Weile zuständig. Trotzdem eine Befreiung für beide Seiten.

Drängelei ist vollkommen überflüssig. Wir wissen heute, dass Kinder von selbst »sauber« werden, wenn sie mit etwa zweieinhalb Jahren von ihrer körperlichen Entwicklung her so weit sind, die Zusammenhänge zwischen Drang und Ausscheidung zu spüren und ihre Schließmuskeln selbständig und willentlich in Gang zu setzen. Der Entwicklungsprozess hin zum eigenständigen Toilettengang ist also nicht allein eine Frage der Erziehung, sondern ein normaler Entwicklungsschritt auf dem Wege zur Eigenständigkeit. Doch noch immer gibt es Unsicherheiten und Auseinandersetzungen zu diesem Thema.

Fast immer stellen Eltern schon beim Erstgespräch die Frage: »Ab wann setzen Sie die Kinder auf den Topf? Wann muss mein Kind sauber sein?« Wenn die Antwort lautet »Gar nicht« und »Wenn es so weit ist«, sind viele Eltern erstaunt. Manche haben Einwände gegen das Abwarten und meinen, ihr Kind müsste mit einem Jahr »trocken« sein. Wenn nicht, werden sie ungeduldig.

Wir sollten mit unserer Gelassenheit auch die Eltern anstecken. Gelingt es, sie zu überzeugen, dass dieser Prozess – wie das Laufen oder Sprechen – ein

Ergebnis der individuellen körperlichen und geistigen Entwicklung ist, kann sich die Gesamtsituation entspannen. Und das begünstigt wiederum die Entwicklung des Kindes.

Das Kind muss es wollen und sich dazu entschließen, auf den Topf oder aufs Klo zu gehen, statt weiterhin die Windeln zu füllen. Früher oder später wird es diesen Entschluss fassen – oft von einem Tag zum anderen. Mit drei Jahren etwa kann das Kind seinen Schließmuskel bewusst steuern, es merkt, wann es »muss«, und kann so lange anhalten, bis es das entsprechende Etablissement aufgesucht hat.

Nichtsdestotrotz scheint es möglich zu sein, Kinder lange vor dem eigentlich angemessenen Zeitpunkt mit Erfolg auf »Sauberkeit« zu trainieren, denn das wird seit Generationen praktiziert. Die Frage ist nur, ob das wirklich ein Erfolg ist, denn die zu frühe Sauberkeit kann fatale Folgen haben: Das Kind entwickelt eventuell Versagensängste, wird rückfällig, nässt im Schlaf ein, und im schlimmsten Fall entsteht später ein gestörtes Verhältnis zum eigenen Körper. Wägt man zwischen der aktuellen Arbeitserleichterung oder Disziplinvorstellungen und solchen bedenklichen Folgen ab, dürfte die Entscheidung nicht schwer fallen.

Etwa im Alter von einem Jahr nehmen Kinder den Ausscheidungsvorgang bei sich und anderen bewusst wahr. In dieser Zeit bewegen sie sich gern ohne Windel, sind fasziniert von dem »Produkt« – zumal sie es selbst produzieren – und zufrieden, wenn Erwachsene ihr Interesse teilen, statt zurückzuschrecken. Weil sie sich wie die Großen verhalten wollen, folgen sie den älteren Kindern neugierig in den Waschraum und aufs Klo, sobald sie laufen können, und beobachten deren Tun. Dem Beobachten folgt das Nachahmen und Imitieren.

Das Beherrschen des eigenen Körpers – und in diesem Sinne Selbstständigkeit und Unabhängigkeit – wird am ehesten und nachhaltigsten erreicht, wenn

Eltern und Erzieherinnen bereit sind, den vom Kind gewählten Termin ebenso geduldig abzuwarten wie bei allen anderen Entwicklungsprozessen.

Im Interesse der Kinder muss dieses Thema mit den Eltern besprochen werden, um einen Konsens in Bezug auf Ziele und Vorgehen zu finden. Häufig unterstützen Eltern in Gesprächen die Position der Kita zwar, verhalten sich zu Hause aber anders. Die Hoffnung, nasse Hosen mögen endlich der Vergangenheit angehören, ist offenbar groß. Daher wird nicht selten wider besseres Wissen zumindest unterschwellig Druck auf Kinder ausgeübt. Eltern aus anderen Kulturkreisen haben ohnehin mitunter andere Sauberkeits- und Moralvorstellungen.

Überzeugen können wir nur, wenn wir Gelassenheit nicht nur fordern, sondern auch selbst leben.

Leider kann man nicht davon ausgehen, dass Erzieherinnen in dieser Frage auf dem gleichen Stand sind. Unterschiedliche Erziehungsvorstellungen der Kolleginnen führen womöglich zu Konflikten und machen deutlich, wie lebenslang prägend die eigene Erziehung ist und wie schwer es fällt, sich von »alten Zöpfen« zu trennen. Schon frühzeitig wurde den Älteren unter uns anerzogen, uns vor jeder Art von Körperausscheidungen zu ekeln. Äußerungen wie »Igitt!« erwecken bei Kindern das Gefühl, etwas an ihnen sei ekelhaft.

Zeigen wir also keinen Ekel, wenn ein Kind die Hose voll hat. Fallen wir aber auch nicht ins andere Extrem: Verzückung und übertriebene Wichtigkeit. Nehmen wir es, wie's kommt und als etwas völlig Normales.

↗Siehe auch: Beteiligung, Differenzieren, Wickeln

Zeit

Wenn Erzieherinnen sagen sollen, was ihnen das Leben schwer macht, dann kommt gleich nach Personalmangel: »Zu wenig Zeit.« Das ist nicht erst angesichts wachsender Vorgaben für vorschulische Bildungseinrichtungen so. Schon vor Jahrzehnten gab es die gleichen Klagen.

Das Verhältnis von zur Verfügung stehender Zeit und dem, was geschafft werden soll, scheint nie gestimmt zu haben.

Nun ist das mit der Zeit so eine Sache: Sie ist immer in gleichem Umfang vorhanden, wird nicht mehr und nicht weniger. Aber sie scheint sich zu entziehen, je älter wir werden, und rast davon.

In Wirklichkeit aber sind wir es, die rasen. Nicht der Umfang der Zeit verändert sich, sondern der Anspruch, was in welchem Zeitraum bewältigt werden soll. Das sind doch mal gute Aussichten, denn wir haben es selbst in der Hand, das Missverhältnis von Zeit und Plan zu ändern.

Wenn sich Zufriedenheit nicht daran misst, ob der Plan erfüllt wurde, sondern daran, ob sich Wünsche erfüllt haben, wenn nicht das »Machen« im Vordergrund steht, sondern das Erleben, dann ändert sich auch der Umgang mit der Zeit.

Schön wär's, werden Sie sagen, aber das können wir leider nicht selbst bestimmen. Da sind die Forderungen von oben, von außen. Wann und wie sollen wir das denn alles schaffen?

Stimmt. Doch damit dürfen wir uns nicht abfinden.

Hinter allem, was zu machen ist, verschwindet nämlich leicht das Eigentliche des Unternehmens Kindertagesstätte: das Kind. Deshalb ist es an der Zeit, sich darauf zu besinnen und Position zu beziehen. Wer sonst sollte das tun, wenn nicht diejenigen, die täglich mit Kindern arbeiten und deren Auftrag es ist, für Lebensumstände zu sorgen, die Kindern Raum und Zeit zum Wachsen geben. Es ist an der Zeit, sich darauf zu besinnen, dass die Kita nicht nur ein Ort der Bildung ist, sondern auch einer, an dem sich eine Lobby für Kinder bilden kann.

Mit Zeit angemessen umzugehen heißt: Prioritäten setzen. Das lernt man in jedem anständigen Zeitmanagement-Seminar: Zunächst klären, was der Kern der Sache ist. Dann definieren, was in Bezug darauf nötig ist und das Wichtige vom Unwichtigen trennen. Schließlich: Die verfügbare Zeit für die wichtigen Dinge einplanen. Alles Unwichtige kann verschoben werden oder entfallen.

Was ist wichtig?

In der Arbeit mit Kindern scheint diese Frage paradoxerweise mehr und mehr aus den Köpfen verschwunden zu sein, obwohl sich in den letzten Jahren alles darum drehte, Qualität zu definieren, vor allem Bildungsqualität. Das aber setzt voraus, zu klären, was die zentralen Orientierungen sind.

Die ursprüngliche Frage, wie Kinder sich entwickeln, in welchem Zusammenhang dies mit ihren Lebensumständen steht und was die Kita zu einem gedeihlichen Aufwachsen beitragen kann, hat sich im Laufe der Debatte mehr und mehr verflüchtigt. Wichtiger als Entwicklung – von Kindern, von Pädagoginnen, von Teams – scheint die Erfüllung einer diffusen Norm zu sein. Und das trifft beide, Kinder wie Erwachsene.

Nicht das Kind mit seinen individuellen Voraussetzungen, seinen Kompetenzen, seinem inneren Motor und seinen Lebensäußerungen steht im Mittelpunkt der Aufmerksamkeit, sondern mehr oder weniger standardisierte Arbeitsweisen, in die sich die Menschen einpassen müssen, kleine wie große. Die innere Orientierung droht verloren zu gehen.

Diese innere Orientierung zu suchen und wiederzufinden verschafft nicht nur Klarheit über die Richtung, in die es gehen soll, sondern auch Luft im doppelten Sinne: Zu wissen, wofür der Einsatz lohnt, trägt dazu bei, durchatmen zu können, statt sinnlosen Ansinnen hektisch hinterher zu rennen. So gewinnen wir Zeit für die wirklich wichtigen Dinge des Lebens mit Kindern:

- Zeit der Erwachsenen für die Belange der Kinder wie spontane Gespräche über das, was sie bewegt, für einzelne Kinder, die besondere Zuwendung fordern, für Ideen, die sich im alltäglichen Leben ergeben, für Mitspielen und Quatschmachen, hingucken und zuhören, fotografieren und schreiben;
- Zeit für Pausen und zum Innehalten, im Team und allein;
- Zeit für Gespräche mit Kolleginnen und Eltern.

Zeit so zu nutzen setzt voraus, dass nicht alle Zeit verplant wird, sondern möglichst viel unverplante Zeit zur Verfügung steht – Zeit der Erwachsenen und der Kinder.

Das Thema »Zeit« positiv zu wenden, heißt in der Arbeit mit Kindern nicht nur »Zeit haben«, sondern auch »Zeit lassen« für Entwicklungen in ihrer jeweiligen Besonderheit. Das Gras wächst nicht schneller, wenn man daran zieht.[65]

Nicht alle Kinder laufen oder sprechen im gleichen Alter, und sie müssen nicht alles zu einem bestimmten Zeitpunkt beherrschen. Entwicklungstabellen, die so »gelesen« werden, setzen Eltern, Erzieherinnen und Kinder unnötig unter Druck.

Unterstützung bei eigenständigen Aktionen und Anregung zu gemeinsamen Unternehmungen: ja – Forcierung bestimmter Entwicklungsschritte: nein.

Ein Kind hinzustellen, wenn es sich noch nicht von allein hochzieht, es auf den Stuhl zu setzen, wenn es noch umsinkt, das ist nicht hilfreich, sondern schädlich. Lassen wir den Kindern Zeit, ihre Kräfte zu entfalten, wenn sie Neues aus innerem Antrieb ausprobieren. Nur im Falle deutlicher Entwicklungsverzögerungen ist es erforderlich, gezielte Hilfestellung zu geben und dafür zu sorgen, dass entsprechend qualifizierte Fachleute herangezogen werden.

Gönnen wir es Kindern, eine »lange Weile« zu haben, mit sich allein zu sein, zu träumen, sich zu sammeln oder zu distanzieren, um sich anschließend mit Lust dem zuzuwenden, was passiert. Stören wir die Kinder nicht in ihren Träumen, nur weil wir denken, es gäbe Wichtigeres zu tun.

Lassen wir ihren Zeit für eigene Ideen. Kinder müssen nicht unentwegt bespielt werden. Das macht abhängig und nicht selten passiv, weil der »eingebaute« Entwicklungsmotor lahmgelegt wird. Wem Ideen fertig vorgesetzt werden, der kann keine eigenen entfalten. Auch sein Spielzeug will ein Kind selbst erreichen und nicht in die Hand gedrückt bekommen.

Oft sind wir Erwachsene ungeduldig. Es dauert uns zu lange, wenn ein Kind sich selbst an- und ausziehen oder allein essen und trinken will. Das ist in der Kita unnötig. Hier gibt es alle Zeit der Welt, um neue Kompetenzen zu entfalten. Schauen wir aufmerksam zu, wie ein Kind seine Schuhe so lange anprobiert, bis sie schließlich passen. Gewähren wir Hilfe, wenn sie verlangt wird.

Verglichen mit Erzieherinnen, haben berufstätige Eltern weniger Spielraum für Flexibilität. Morgens stehen sie meist unter Zeitdruck, haben Stress und machen Stress. Da kleine Kinder kein Zeitgefühl haben und äußere Zwänge nicht begreifen können, fühlen sie sich einer solchen Situation hilflos ausgeliefert. Sie spüren den Stress der Erwachsenen, können ihn aber nicht einordnen. Außerdem erleben sie sich als unzulänglich. Das macht unsicher, wütend oder apathisch. Umso wichtiger ist es, Zeitdruck in der Kita nicht ohne Not zu erzeugen.

Der Stress der Eltern kann gemildert werden. Zum Beispiel entspannt sich die Lage am Nachmittag deutlich, wenn Eltern dringende Besorgungen erledigen können, bevor sie ihr Kind abholen. Oder morgens: Die Forderung nach Pünktlichkeit setzt Eltern, die nicht hetzen müssen, unnötig unter Druck, und die Verweigerung von Ausnahmen – ein Kind 10 Minuten vor der Zeit bringen – erzeugt ebenfalls Stress. All das trägt nicht zu einem vertrauensvollen Verhältnis mit Eltern bei. Und den Kindern tut es überhaupt nicht gut.

Zeit lassen, im Alltag Zeit finden und schenken – das ist vielleicht der größte Luxus, den die Kita zu bieten hat. Sich darauf zu besinnen ist die eine Voraussetzung dafür, Zeit anders und für alle Seiten zuträg-

65 Ein afrikanisches Sprichwort

licher zu nutzen. Die andere Seite ist die entschlossene Suche nach flexiblen Lösungen. Kooperation, offene Planung, unverplante Zeit und variable Organisationsstrukturen sind möglich, wenn man sie will.

Der erste Schritt ist wahrscheinlich, innezuhalten und sich Zeit zu nehmen, über Grundfragen nachzudenken: Lebenszeit, Arbeitszeit, Erwachsenenzeit, Kinderzeit. Ein weites Feld und ein Thema, das sich eignet, um – eventuell als Team-Projekt und zusammen mit Eltern – vertieft zu werden. Nehmen Sie sich die Zeit dazu.

↗Siehe auch: Achtsamkeit, Angebote, Ausprobieren, Differenzieren, Individuelle Förderung, Planung, Qualität

Zeug zum Spielen

Das »Zeug zum Spielen« ist mir zum ersten Mal in einem Vortrag von Roger Prott begegnet. Die Differenzierung, die darin steckt, eröffnet einen anderen Blick auf gewohnte Dinge.

Ist Zeug zum Spielen das Gleiche wie Spielzeug? Nein, denn mit dem, was üblicherweise als Spielzeug produziert wird und in Kaufhäusern, Kinderzimmern und der Kita zu finden ist, spielen Kinder nicht unbedingt am liebsten. Mir hatte es früher die Knopfkiste meiner Großmutter angetan. Immer wieder kippte ich sie aus und sortierte die Knöpfe nach Größe, Farbe oder Form. Auf meinen Sohn übte der Inhalt des Küchenschranks mit Töpfen, Pfannen und den unterschiedlichen Gerätschaften aus Holz große Faszination aus. Kartoffelstampfer, Fleischklopfer und Töpfe eigneten sich wunderbar zum Krachmachen.

So war und ist es zu allen Zeiten: Kinder spielen gern mit den Alltagsgegenständen, die sie vorfinden, experimentieren damit und hämmern, rühren oder fegen wie die Großen. Sie lieben es, zu ordnen und zu sortieren, Taschen und Schubladen aus- und einzuräumen. Das ist Spiel und zugleich ernsthaftes Tun, bei dem Kinder ganz nebenbei ihre Fähigkeiten trainieren und Erkenntnisse gewinnen.

Kinder unterscheiden nicht zwischen Spielzeug und Zeug zum Spielen. Für sie ist alles interessant – wenn es interessant ist. Sie nutzen, was ihnen in die Finger kommt oder vor die Füße gerät. Es fasziniert sie alles, womit sie etwas anstellen, was sie verändern und benutzen können. Vor allem reizen sie Dinge, die sie nicht kennen und noch nicht beherrschen. Je älter sie werden, desto stärker wirkt der Reiz der Spielzeugläden.

Spielzeug kannten früher fast nur Kinder reicher Leute. Die raren Spielsachen in weniger wohlhabenden Familien wurden gepflegt, geflickt und von Generation zu Generation vererbt: das Schaukelpferd, die Puppenstube, der Kaufmannsladen. Puppen wurden aus Stoffresten gefertigt und – neu eingekleidet – unter den Weihnachtsbaum gelegt.

Heute wird Spielzeug in Massenproduktion hergestellt und bringt satte Umsätze, denn Eltern lassen es sich etwas kosten, ihre Kinder reichlich einzudecken. Und erst die Großeltern! Gleich nach der Geburt geht es los: Püppchen, Rasseln, Mobiles. Freunde und Verwandte schenken, bis das Kinderzimmer aus allen Nähten platzt. Darunter vieles – ob als pädagogisch wertvoll beworben oder nicht –, auf das Kinder gut verzichten können, weil es die Fantasie einschläfert oder kindlichen Entwicklungsbedürfnissen nicht entspricht. Nach kurzer Zeit verliert es seinen Reiz. Kein Wunder.

Ein Gegenstand, der unerreichbar über einem Säugling schwebt, bleibt eine Weile interessant, wenn er sich dreht, doch irgendwann will das Kind ihn anfassen und selbst bewegen. Geht das nicht, erlahmt sein Interesse. Rasseln, die Geräusche machen, wenn man sie hin und her schwenkt, werden langweilig, wenn man ihrem Geheimnis nicht auf die Spur kommen kann.

Findet der Wunsch des Kindes, etwas auszuprobieren und näher zu erkunden, keine Entsprechung, kann es seiner Neugier und Spiellust nicht folgen. Der Bildungshunger bleibt ungestillt.

Vieles von dem, womit junge Kinder immer wieder begeistert spielen, findet sich nicht im Spielzeugladen, sondern im Küchen- oder Kleiderschrank. Was heißt das für Erwachsene, die mit jungen Kindern leben und arbeiten?

Das Wichtigste ist: Genau hinschauen, um welche Kinder es sich handelt. Die häufig gestellte Frage »Was brauchen Kinder unter drei?« unterstellt nämlich, »unter drei« sei eine Kategorie für sich. Doch Kinder durchlaufen in ihren ersten Lebensjahren eine rasante Entwicklung. Zwischen einem einwöchigen, neunmonatigen und eineinhalbjährigen Kind liegen Welten! Allein ob sie liegen, krabbeln oder laufen macht einen enormen Unterschied für ihren Bewegungsradius und damit für die Reichweite ihrer Welteroberung. Das erfordert zu bedenken, welche Kräfte, Interessen und Erkundungsmöglichkeiten die Kinder haben, welches »Zeug« aus welchen Gründen für sie erreichbar sein soll, was für sie interessant und herausfordernd sein und was gefährlich werden könnte.

Besonders bei Kleinkindern sind Erwachsenen auf Schutz aus. Das ist gut und richtig – solange der Schutz nicht zur Behinderung wird. Eine Umgebung für die Kinder, die darin leben, angemessen zu gestalten, bedeutet beides: Alles, was lebensgefährlich ist, auszuschalten – was sich in der Kita von selbst versteht – und alles heranzuschaffen, was Anreize birgt, die Sinne zu verfeinern oder einen weiteren Entwicklungsschritt zu wagen.

So leicht sich das anhört, so schwierig gestaltet es sich in der Zusammenarbeit. Immer wieder wird darüber gestritten, was geeignet und was zu gefährlich ist. Häufig werden Dinge, die wunderbare Erfahrungen ermöglichen, wegen ihrer angeblichen Gefahrenpotenziale weggelassen, bis nur noch Wabbelpodeste, Gummistufen und Plastikspielzeug übrig bleiben. Garantiert ohne Kanten und hygienisch clean.
Selbst so etwas Wunderbares wie eine Bohnenkiste, in die Kinder sich setzen können, wird zuweilen mit dem Hinweis abgelehnt, die Kinder könnten sich die Bohnen in die Ohren stecken. Es scheint, als ob Erzieherinnen und Eltern pausenlos überlegen, was passieren könnte, statt zu beobachten, was die Kinder tatsächlich damit anfangen und was das für sie bedeutet.

Anregungen für passendes Zeug zum Spielen lassen sich unter anderem bei Emmi Pikler finden.[66] Sie regte an, Säuglingen ein dünnes Tuch in Reichweite hinzulegen. Das können sie greifen, damit hantieren, es mit allen Vieren bearbeiten, es sich über den Kopf legen, es zerknüllen, daran lutschen – ohne dass wir irgend etwas befürchten müssen.

Alles, was Geräusche macht, weckt die Aufmerksamkeit junger Kinder, und es ist gut, wenn sie erkennen könnten, was die Geräusche macht. Noch besser ist es, wenn sie die Chance bekommen, selbst Geräusche zu erzeugen und wahrzunehmen, wie das geschieht.

Kinder im Krabbelalter hauen entzückt mit Holzlöffeln auf Töpfe. Genauso gern rühren sie darin herum. Kisten und Kasten, die man ineinander stecken und auseinandernehmen kann, oder Taschen, die ein- und ausgepackt werden können, sind ein ständiger Quell der Freude. Dinge zu stapeln und umzuschmeißen oder etwas von oben herunterfallen zu lassen – auch das löst Begeisterung aus und ermöglicht zugleich Basiserfahrungen mit Material und physikalischen Gesetzen. Dafür eignen sich übrigens nicht nur Bauklötze. Vieles von dem, was wir jeden Tag wegwerfen, eignet sich als Zeug zum Spielen, jede Pappröhre und jeder Karton. Auch Muscheln und Steine sind bei den Kindern beliebt wie alles, was sich sortieren und einteilen lässt. Die Fantasie, die Spiel- und Experimentierfreude der Kinder ist unbegrenzt. Wie unbegrenzt ist die der Erwachsenen, wenn es darum geht, Zeug zum Spielen zu entdecken?

Kita-Teams könnten allerhand Geld sparen, wenn sie weniger Spielzeug anschaffen und dafür mehr Zeug zum Spielen zur Verfügung stellen würden. Von dem gesparten Geld können später teurere Anschaffungen oder Einbauten finanziert werden.

Was das Spielmaterial angeht, empfiehlt es sich, eine Schatztruhe anzuschaffen, in der Dinge aller Art gesammelt werden, die sich als Lieblingsspielzeuge erwiesen haben. Die Schätze wechseln natürlich: Mal

66 Informationen bei der Piklergesellschaft: www.pikler.de

stehen Wäscheklammern hoch im Kurs, mal getrocknete Naturmaterialien, Fellreste, Schlüssel, Haarbürsten oder Pergamentpapier zum Rascheln. Auch Reißverschlüsse, Schwämme, Riechsäckchen oder kleine Dosen können zeitweise zum Lieblingsspielzeug avancieren.

In der Schatztruhe sollten persönliche Dinge ebenso aufbewahrt werden wie gemeinsame. Und: Nicht die Erwachsenen, sondern die Kinder bestimmen, was aufgehoben wird.

Eine Verkleidungskiste mit Hüten, Tüchern und Schuhen lockt zu spielerischen Verwandlungen. Kaum etwas bereitet kleinen Kindern mehr Vergnügen, als sich einen großen Hut überzustülpen und sich vor dem Spiegel zu bewundern oder sich unter einem Tuch zu verstecken. Das Vergnügen steigert sich noch, wenn auch wir uns auch einen Hut überstülpen oder beim Versteckspiel mitmachen.

↗Siehe auch: Anregungen, Beobachtung, Eigensinn, Lust am Spiel, Neugier, Signale beachten

Zusammenarbeit mit anderen Abteilungen

Wenn es eine eigene Krippenabteilung gibt, ist die Zusammenarbeit mit anderen Abteilungen nötig und birgt viele Vorteile für Kinder, Eltern und Kolleginnen:

- Man lernt die Arbeit der Kolleginnen kennen. Erzieherinnen, die bisher nur mit älteren Kindern zu tun hatten, erleben, dass Krippenarbeit viel mehr ist als Po abwischen. Vorurteile und Geringschätzung können abgebaut werden.
- Wechselseitige Vertretungen sind bei kontinuierlicher Zusammenarbeit unproblematisch, da die vertretenden Erzieherinnen den Kindern nicht fremd sind. Selbst bei knapper Besetzung kann für ein gewisses Maß an Kontinuität der betreuenden Personen gesorgt werden.
- Ein festes System wechselseitiger Vertretung der Abteilungen kann Planungszeiten absichern.
- Der Übergang der Kinder von der Krippe in den Kindergarten wird für alle Beteiligten leichter: Die Kinder kennen sich schon aus und knüpfen erste Bekanntschaften. Die Eltern können sich genauere Vorstellungen machen. Erzieherinnen und Kinder lernen sich bereits im Vorfeld des Wechsels kennen, was die Zuordnung zu den Bezugspersonen erleichtert.
- Die Räume des Hauses können optimal genutzt werden.
- Den Kindern steht jenseits ihrer eigenen Abteilung Raum für Welterkundungs- und -eroberungswünsche zur Verfügung. Sie können sich zu neuen Ufern aufmachen, ohne dass wir uns sorgen müssen, denn sie bewegen sich weiterhin in einem geschützten Raum. Schritt für Schritt können sie sich abnabeln.

Schritte auf dem Weg zu einer guten Zusammenarbeit

- Gemeinsame Unternehmungen planen und durchführen;
- Besuche mit Kindern in anderen Abteilungen in regelmäßigen Abständen durchführen;
- den Austausch über Bedingungen und Arbeitsweisen, Erfahrungen und Überzeugungen als festen Bestandteil von Dienstbesprechungen einplanen. Zum Beispiel: Ansprüchen an die Arbeit mit den jüngsten Kindern klären und sich über die Kompetenzen der Erzieherinnen verständigen;
- den Austausch über einzelne Kinder pflegen;
- Beobachtungen und kollegiale Beratung verabreden;
- Absprachen treffen. Zum Beispiel, wann Besuche günstig sind oder wann welche Räume genutzt werden können;
- gemeinsame Planung des Außengeländes;
- abteilungsübergreifende Verabredungen über Zeiten und Zuständigkeiten auf dem Außengelände.
- einen gemeinsamen Modus für den Übergang der Krippenkinder in die nächste Abteilung entwickeln;
- gemeinsame Elternabende veranstalten und den Austausch der Eltern untereinander fördern;
- eventuell: Ringtausch im Haus, damit alle Mitarbeiterinnen mit allen Altersgruppen, Organisationsstrukturen und Abteilungsteams vertraut werden und Erfahrungen sammeln können.

↗Siehe auch: Fortbildung als System, Kooperation, Loslassen, Planung, Teambesprechungen

Zuwendung

Junge Kinder sind besonders auf Zuwendung angewiesen, weil sie sonst kein Vertrauen in sich und die Welt entwickeln, keine reichen Erfahrungen mit Beziehungen und Gefühlen machen und sich nicht optimal entwickeln können. Zuwendung brauchen sie nicht nur von erwachsenen Bezugspersonen, sondern ebenso von Kindern. Je älter sie werden, desto wichtiger werden die Gleichaltrigen. Aber am Beginn ihres Lebens besetzen die Erwachsenen den ersten Platz.

Was heißt Zuwendung?

- Die Botschaften und Signale eines Kindes wahrnehmen und verstehen wollen – und darauf reagieren.
- Wünsche wenn irgend möglich erfüllen.
- Zuhören und mit dem Kind auf Augenhöhe kommunizieren.
- Sich Zeit nehmen und dem Kind Zeit lassen.
- Individuelle Besonderheiten und Unterschiede berücksichtigen und respektieren.
- Liebevoll mit dem Kind umgehen – egal, worum es sich handelt.
- Interesse für die kleinen und großen Erlebnisse des Kindes zeigen und sich mit ihm freuen.
- Anstrengungen, Erfolge und Entwicklungen wahrnehmen.
- Besonderen Vorlieben erkennen und fördern.
- Besondere Situationen für das einzelne Kind schaffen.
- Unterstützung geben, wenn ein Kind das wünscht.
- Solidarität üben, wenn ein Kind ausgegrenzt, stigmatisiert oder in anderer Weise herabgesetzt wird.

Zuwendung kann in allem zum Ausdruck kommen, was wir tun. Das Kind spürt sie und baut darauf. Es spürt aber auch, wenn Zuwendung fehlt und mechanisch gesprochen oder gehandelt wird. Zuwendung ist nur echt und wirksam, wenn sie von Herzen kommt.

↗Siehe auch: Achtsamkeit, Atmosphäre, Berührung, Emphatie, Erfolgserlebnisse, Pflege, Signale beachten, Verabschiedung, Wickeln, Willkommen sein

Zuversicht

Zuversicht ist da, wenn ein Kind auf die Welt kommt und das Leben mit seinen Mitteln beginnt. Sie wächst, wenn das Kind die Erfahrung macht:

- Es lohnt sich zu rufen, denn dann kommt jemand und kümmert sich um mich.
- Ich bin so, wie ich bin, in Ordnung und werde geliebt – ohne Wenn und Aber.
- Mir wird vertraut und etwas zugetraut. Ich kann zwar noch nicht alles, was die Großen können, aber jeden Tag kann ich mehr.
- Die Welt hat viele aufregende Erlebnisse zu bieten.
- Schwierigkeiten kann ich bewältigen – manchmal allein und manchmal mit Unterstützung.
- Ich kann etwas bewegen – allein und mit anderen Menschen.
- Ich werde gesehen und gehört, ich bin wichtig.
- Ich bin nicht allein, werde nicht allein gelassen und nicht verlassen.

Wer solche Erfahrungen macht, hat die Chance, ein positives Selbstbild zu entwerfen, Selbstvertrauen, Lebensfreude und Zuversicht zu entwickeln.

Auch wenn der erste und wichtigste Lebenserfahrungsraum die Familie ist – einen Teil ihrer Erfahrungen machen Kinder in der Kita, mit anderen Kindern und anderen Erwachsenen.

Sorgen wir dafür, dass sie sich eingeladen und willkommen fühlen, dass sie Vertrauen und Gelassenheit erleben, damit sie eine Menge Zuversicht in ihren Lebenserfahrungsrucksack packen können.

↗Siehe auch: Abenteuer

Anhang

Ruhepol – spätes …

Literaturempfehlungen

Joachim Bauer
Warum ich fühle, was du fühlst – Intuitive Kommunikation und das Geheimnis der Spiegelneurone
Heyne, München 2006
Wer sich mit dem Phänomen der Spiegelungen zwischen Menschen näher befassen will, erfährt hier eine Menge Verblüffendes – unter anderem über die Liebe.

Johannes Beck-Neckermann
Mit Kindern Musik entdecken
Klett/Kallmeyer, Seelze-Velber 2008
In diesem Buch werden Anregungen gegeben, die jenseits der üblichen musikalischen Früherziehung liegen und an der Lust am musikalischen Experimentieren und Gestalten ansetzen.

Angelika von der Beek
Bildungsräume für Kinder von Null bis Drei
verlag das netz, Weimar/Berlin 2006
Dieses Buch ist aus meiner Sicht das Beste, was es zum Thema Raumgestaltung und dessen Begründungszusammenhängen derzeit auf dem Büchermarkt gibt.

Angelika von der Beek
Pampers, Pinsel und Pigmente – Ästhetische Bildung von Kindern unter drei Jahren
verlag das netz, Weimar/Berlin 2007
Dieses Extraheft der Zeitschrift Betrifft KINDER macht Lust auf Gestaltungsprojekte mit kleinen Kindern und gibt praktische Anregungen dafür.

Christel van Dieken
So geht's – Kleinstkinder in Krippe und Kita
Spot-Extraheft von kindergarten heute
Hier finden Sie – kurz und knackig – alle wesentlichen Themenkomplexe rund um die Arbeit mit jungen Kindern, einschließlich praxisnaher Hinweise und passender Literaturtipps.

Rosy Henneberg, Lothar Klein, Herbert Vogt
Freinetpädagogik in der Kita – Selbstbestimmtes Lernen im Alltag
Klett/Kallmeyer, Seelze-Velber 2008
Wer die Grundgedanken Freinets verstehen und deren heutige Konkretisierung in der Arbeit auch mit jungen Kindern kennen lernen will, sollte sich dieses Buch vornehmen.

Gerald Hüther
Bedienungsanleitung für ein menschliches Gehirn
Vandenhoeck & Ruprecht, Göttingen 2004
Ein vergnüglich zu lesendes Buch, das Erkenntnisse der Neurobiologie über Funktionsweise und Entwicklung des Gehirns verständlich vermittelt

Dorothee Jacobs
Die Konzeptionswerkstatt in der Kita
verlag das netz, Weimar/Berlin 2009
Hier finden sich jede Menge Anregungen für die Klärung von gemeinsamen Grundorientierungen und die kreative Gestaltung von Prozess und Ergebnissen.

Erika Kazemi-Veisari
Kinder verstehen lernen – Wie Beobachten zu Achtung führt
Kallmeyersche Verlagsbuchhandlung, Seelze-Velber 2004
Der Titel spricht für sich – ein Basisbuch für den Perspektivenwechsel

Lothar Klein, Herbert Vogt
Eltern in der Kita – Schwierigkeiten meistern, Kommunikation entwickeln
Klett/Kallmeyer, Seelze-Velber 2008
Wer in der Zusammenarbeit mit Eltern zu veränderten Perspektiven finden, Stolpersteine genauer betrachten und die eigene Position klären will, findet in diesem Buch viele praxisnahe Diskussionsanregungen.

Janusz Korczak
Wie man ein Kind lieben soll
Vandenhoeck & Ruprecht, Göttingen 2008
Ein Klassiker, der mit vielen Gedanken und offenen Fragen eigenes Denken inspiriert und zu einem eher unpädagogischen Blick auf Kinder, unser Verhältnis zu ihnen und unsere Verantwortung anregt

Remo H. Largo
Babyjahre – Die frühkindliche Entwicklung aus biologischer Sicht
Piper, München 2001
und
Kinderjahre – Die Individualität des Kindes als erzieherische Herausforderung
Piper, München 2000
Beide Bücher liefern Argumente für eine differenzierte Sicht auf Kinder und die Wahrnehmung ihrer Unterschiedlichkeit, tragen zur Gelassenheit bei und dazu, Kindern ihre individuellen Entwicklungswege und ihr eigenes Tempo zu gönnen.

Gerlinde Lill
Einblicke in Offene Arbeit
verlag das netz, Weimar/Berlin 2006
Ein Extraheft von Betrifft KINDER, das in kurzen Stichwörtern beschreibt, was das Netzwerk Offene Arbeit Berlin (NOA) unter Öffnung und Offener Arbeit versteht.

Gerlinde Lill
Begriffe versenken – Sinn und Unsinn pädagogischer Gewohnheitswörter
verlag das netz, Weimar/Berlin 2007
Die Sammlung von Unwörtern in Kombination mit witzigen Zeichnungen von Tasche regt zum Umdenken an.

Emmi Pikler
Friedliche Babys – zufriedene Mütter
Herder, Freiburg 1982
Ein leicht lesbares Elternhandbuch mit Impulsen für die Arbeit in der Kita. Dieses und andere Bücher von Emmi Pikler gaben seinerzeit viele Anstöße für ein Umdenken in der Arbeit mit jungen Kindern und sind noch heute in vielen Fragen wegweisend.
Die Pikler Gesellschaft Berlin e. V. veröffentlicht in unregelmäßigen Abständen eine Schriftenreihe zu pädagogischen Fragen der kindlichen Entwicklung in Zusammenarbeit mit dem Pikler-Institut in Budapest. Zwei Beispiele:
Margret von Allwörden und Marie Wiese: Vorbereitete Umgebung für Babys und kleine Kinder Ein Handbuch für Familien, Krippen und Krabbelstuben
Eva Kálló und Györgyi Balog: Von den Anfängen des freien Spiels

Roger Prott
Rechtshandbuch für Erzieherinnen
Luchterhand, Neuwied/Kriftel/Berlin 1999
Das Rechtshandbuch sollte in jeder Kita greifbar sein und für eine inhaltliche Auseinandersetzung mit dem Verhältnis von Bildungsauftrag und Aufsichtspflicht genutzt werden. Viele Ängste und Missverständnisse können dabei ausgeräumt werden.

Roger Prott, Annette Hautumm
12 Prinzipien für eine erfolgreiche Zusammenarbeit von Erzieherinnen und Eltern
verlag das netz, Weimar/Berlin 2004
In diesem Heft sind die Basispunkte für eine gelingende Zusammenarbeit mit Eltern versammelt. Sie helfen jedem Team, die eigene Position zu klären.

Gerd E. Schäfer (Hrsg.)
Bildung beginnt mit der Geburt – Förderung von Bildungsprozessen in den ersten sechs Lebensjahren
Beltz, Weinheim/Berlin/Basel 2003
Pflichtlektüre für alle, die ihr Bildungsverständnis überprüfen, weiterentwickeln und auf solide Füße stellen wollen. Wer verstehen will, was Selbstbildung heißt, kommt an diesem Buch nicht vorbei.

Danksagung

Anregungen und Inspiration fand ich in Diskussionen mit Kolleginnen aus der Praxis und in diversen Arbeitszusammenhängen, zum Beispiel dem Netzwerk Offene Arbeit (NOA Berlin) oder dem Netzwerk Bildung. Meinem Kollegen Roger Prott verdanke ich Anstöße zum Querdenken und in Klärungsprozessen ebenso wie Kornelia Schneider und Anja von Maydell. Unverblümte Rückmeldungen bekam ich von Erika Berthold und von Natascha Welz die ebenso unverblümten Illustrationen.
Bei allen, die an diesem Buch – direkt oder indirekt – Anteil nahmen, bedanke ich mich herzlich.

Gerlinde Lill